国家民委中华民族共同体研究基地
宁夏大学中华民族共同体研究院　主办

铸牢中华民族共同体意识研究

**ZHULAO ZHONGHUAMINZU
GONGTONGTI YISHI YANJIU**

2022

杜建录　于光建　主编

甘肃文化出版社

甘肃·兰州

图书在版编目（CIP）数据

铸牢中华民族共同体意识研究．2022 / 杜建录，于
光建主编．-- 兰州：甘肃文化出版社，2025.2.
ISBN 978-7-5490-3042-2

Ⅰ．C955.2

中国国家版本馆CIP数据核字第2025QL9573号

铸牢中华民族共同体意识研究 2022

杜建录 于光建丨主编

责任编辑丨党 昀
封面设计丨苗亚婻

出版发行丨甘肃文化出版社
网　　址丨http://www.gswenhua.cn
投稿邮箱丨gswenhuapress@163.com
地　　址丨兰州市城关区曹家巷1号丨730030（邮编）

营销中心丨贾 莉　王 俊
电　　话丨0931-2131306

印　　刷丨西安国彩印刷有限公司
开　　本丨787毫米×1092毫米　1/16
字　　数丨268千
印　　张丨14.5
版　　次丨2025年2月第1版
印　　次丨2025年2月第1次
书　　号丨ISBN 978-7-5490-3042-2
定　　价丨88.00元

目　录

扎实推进中华民族共同体建设

王延中

摘　要：2021年中央民族工作会议明确提出，要以铸牢中华民族共同体意识为主线，推进新时代民族工作高质量发展。在这次中央民族工作会议上，习近平总书记第一次提出了"不断推进中华民族共同体建设"的问题。本文论述了如何进一步铸牢中华民族共同体意识、推进中华民族共同体建设的5个问题：正确理解中华民族共同体的科学内涵，牢固树立中华民族的共同体理念，深刻把握中华民族共同体建设的主要任务，扎实推进中华民族共同体建设的基础工作，切实提高推进中华民族共同体建设的能力和水平，作为学习中央民族工作会议精神的一些体会。

关键词：民族；中华民族；中华民族共同体；中央民族工作会议；铸牢中华民族共同体意识

中华民族有着5000多年源远流长的文明历史。在中华大地上，各民族创造了辉煌灿烂的中华文明，为人类文明进步作出了不可磨灭的贡献。党的十八大以来，习近平总书记反复强调大力培育和铸牢中华民族共同体意识，2019年9月在民族团结进步表彰大会上第一次将其概括为新时代民族工作的主线[1]；2021年中央民族工作会议将其确定为新时代党的民族工作主线，进一步阐述了铸牢中华民族共同体意识的基本内涵、重大意义与四个"必然要求"（铸牢中华民族共同体意识是维护各民族根本利益，实现中华民族伟大复兴，巩固和发展平等团结互助和谐社会主义民族关系，以及党的民族工作开创新局面的必然要求）。[2]习近平总书记在强调铸牢中华民族共同体意识

---

[1] 习近平：《在全国民族团结进步表彰大会上的讲话》，《人民日报》2019年9月28日，第2版。

[2]《习近平总书记在中央民族工作会议上强调以铸牢中华民族共同体意识为主线　推动新时代党的民族工作高质量发展》，《人民日报》2021年8月29日，第1版。后文出自该文献的内容，不再引注。

的同时,进一步明确提出了"推进中华民族共同体建设"的问题。本文围绕这个问题进行进一步论述。

一、正确理解中华民族共同体的科学内涵

铸牢中华民族共同体意识,其前提是承认中华民族是一个共同体。理解中华民族共同体的关键,是正确理解"中华民族"的内涵与属性,在此基础上正确认识"中华民族"与中国境内各民族(中华人民共和国成立后就是中华民族与56个民族)的相互关系。这个问题也是树立正确的"五观"(国家观、民族观、历史观、文化观、宗教观),尤其是正确的中华民族历史观的理论前提。

在召开中央民族工作会议之前,相关部门进行了大量调查研究和理论分析。一些基本概念问题是当时讨论最热烈、分歧最显著的部分。比如,什么是中华民族?中华民族是如何形成的?中华民族与中华民族共同体是不是一回事?如果是一回事,为什么还要用两个概念来表述?与此相关的问题还包括:中华民族或中华民族共同体的范围如何确定,海外华人能不能纳入中华民族共同体的范围之内等。学术界关于这些基本概念问题的研究与讨论十分热烈,其中有共识,但也存在明显的分歧。中央民族工作会议的文件,特别是习近平总书记在会议上发表的重要讲话,对这些问题进行了新的阐发和概括。学习和掌握这些新概括、新表述,是理解中华民族共同体科学内涵的钥匙,对于完整准确全面把握中央民族工作会议精神至关重要。

关于民族问题的讨论,一般是从"民族"的概念入手。长久以来,中国学术理论界一直沿用斯大林的定义,即民族"是人们在历史上形成的一个有共同语言、共同地域、共同经济生活,以及表现在共同文化上的共同心理素质的稳定的共同体"。从20世纪50年代开始的民族识别,到20世纪80年代费孝通先生提出"中华民族多元一体格局"的理论①,在一定程度上都受到斯大林民族定义的影响。这一定义与中国这样一个统一的多民族国家的历史不能完全匹配,也不能客观反映中国多民族国情的现实。民族概念传入中国以来,其内涵不断演进,包括20世纪30年代关于"中华民族是不是一个"的讨论,都说明来自国外的"民族"概念和"民族理论话语",如何与中国统一的多民族国家的国情相结合并不是十分容易的事情。这不仅需要理论界的探索和努力,

---

① 费孝通:《中华民族多元一体格局》,《北京大学学报》1989年第4期,第1—19页。

更需要我们党在这些问题上提出自己的观点和立场。

其实,中国共产党一直坚持马克思主义的中国化、时代化的道路。在百年历史发展中,中国共产党实现了三次伟大理论飞跃。每次理论飞跃都结合时代变化和现实国情,明确自己的指导思想,指导革命、建设和发展道路。在相关具体工作领域和一些重大问题上,都会形成指导某一领域工作的新思想、新理论、新概括。具体到民族工作领域,2021年中央民族工作会议就是在总结中国共产党解决中国民族问题正确道路实践经验基础上,根据现阶段民族工作的历史方位和重要使命,提出了习近平加强和改进党的民族工作重要思想。这一思想被概括为"十二个必须",不仅阐明了新时代民族工作的基本原则、工作主线和重大问题,而且针对理论界十分关注的"中华民族"或"中华民族共同体"等基本概念问题,也给出了更加明确的界定与概括。

习近平总书记的讲话从中华民族伟大复兴的历史方位,明确新时代党的民族工作的主线是铸牢中华民族共同体意识;从共同体和大家庭的角度,概括"中华民族"的内涵与本质。在中华人民共和国成立之后的很长时间内,我国关于"民族"的内涵和民族工作的重点,主要都是面向56个民族,尤其是汉族之外的55个少数民族,而不是"中华民族"这样一个整体或者共同体。尽管这样满足了民族识别、实现各民族共同当家做主和建立平等、团结、互助、和谐的社会主义民族关系的需要,但也在很长时间内使民族研究主要关注各民族而忽略了中华民族这个整体,使民族工作主要围绕少数民族与民族区域自治地方的需要进行政策设计和工作部署,并没有将工作重心真正落脚在实现各民族"共同团结奋斗、共同繁荣发展"的目标与主题上。对于民族领域出现的诸多问题,特别是片面强调特殊性、忽略共同性的导向问题,难以做出有效的回应和适当的政策调整。

20世纪80年代末,费孝通先生提出"中华民族多元一体格局"理论,一方面从历史发展的角度叙述了中华民族的形成、发展和实现整体自觉的历史过程,另一方面用"多元一体"的理论,分析了中华民族与各民族的关系,指出各民族属于"民族"的底层,中华民族才是"民族"的上层,这种上下层关系说明中华民族对各民族的包容关系,各民族都是中华民族的组成部分,各民族是实体,由各民族实体组成的中华民族自然也是实体,而且这个实体也是不断发展变化的。这个理论不仅更加客观全面地解释了中华大地上民族关系的状况和现实,而且提出了符合中国实际的民族理论,对于转变片面强调各民族的差异性、忽略中华民族的共同性的导向具有重要作用。他用"多元一体格局"理论,论述56个民族与中华民族的关系及相关理论问题的探索,成为中国民族理论研究的一个里程碑。此后关于"多元"和"一体"的关系讨论十分热烈,"多元一体"的理论得到了广泛的认同。但是,由于这一理论主要是从学术方面分析了"多元"和"一体"的辩证关系,并没有明确给出理论的侧重点和工作的着眼点,受历史惯性的制约和改革开放以来"多元文化主义"等西方民族理论的影响,在民族理论界和民族工作实践部门强调各民族差异性、忽略共同性的倾向并没有发生实质性改变。

2014年,中央民族工作会议提出了中国特色解决民族问题的正确道路的"八个坚持"①,同时提出了"建设各民族共有精神家园"、加强"四个认同"(2015年增加为"五个认同")、树立正确的"五观"的指导思想和工作导向。但是,虽然中央已经表态,理论界的学习领会还有一个过程。在此后的几年时间里,一些中央已经明确的理论观点在理论界还没有形成真正的共识,直到党的十九大报告中明确提出"铸牢中华民族共同体意识",新时代民族理论和实践工作的正确导向才真正确立下来。在承认中华民族"多元一体"格局的基础上,习近平总书记对"多元"与"一体"的关系进行了新的概括,既没有忽略哪一个方面,又指明了"一体"是"根本"和"方向",为中华民族是一个共同体的提法奠定了理论前提。在多个场合,习近平总书记反复强调中华民族是一个大家庭、各民族都是家庭成员的"大家庭论",以及强调民族团结是各民族的生命线、各民族要像石榴籽一样紧紧拥抱在一起,从根本上指明了中华民族是什么的问题,深化并进一步厘清了中华民族和各民族的关系,明确指出各民族都是大家庭的平等成员,都不能等同于、更不能自外于中华民族。这为反对两种民族主义、加强民族团结、打击"三股"势力、促进民族团结进步事业发展指明了方向、澄清了理论误区。

在2021年中央民族工作会议上,习近平总书记进一步明确了"中华民族共同体"的概念。这实际上是对关于"中华民族"的历史讨论做出了结论,中华民族是由56个民族组成的共同体。在漫长的历史进程中,中华大地上的各民族逐步形成了一个"你中有我、我中有你、你离不开我、我离不开你"的历史共同体和命运共同体。习近平总书记2019年在全国民族团结进步表彰大会上的讲话中指出,"一部中国史,就是一部各民族交融汇聚成多元一体中华民族的历史,就是各民族共同缔造、发展、巩固统一

---

① 评论员:《坚定不移走中国特色解决民族问题的正确道路》,《求是》2014年第20期,第12—13页。后文2014年中央民族工作会议的讲话同此,不再加注。

的伟大祖国的历史"①。他用"四个共同"（中国辽阔的疆域是各民族共同开拓的、悠久的历史是各民族共同书写的、灿烂的文化是各民族共同创造的、伟大的精神是各民族共同培育的），清晰地概括了"中华民族共同体"的科学内涵，为明确铸牢中华民族共同体意识的工作主线奠定了理论基础，为推进中华民族共同体建设、开展"五观"教育，特别是树立正确的中华民族历史观教育工作指明了正确方向。

二、牢固树立中华民族共同体理念

习近平总书记在2021年中央民族工作会议上的讲话中指出，铸牢中华民族共同体意识，就是要引导各族人民牢固树立休戚与共、荣辱与共、生死与共、命运与共（简称"四个与共"）的共同体理念。这是对中华民族共同体理论的又一个创新性观点。从前面的内容可以看到，习近平总书记关于加强和改进民族工作的思想是不断发展完善的。党的十八大以来，党中央，特别是习近平总书记不仅高度重视民族工作，而且根据时代需要和现实问题，在民族工作方面提出了一系列的新思想、新论断、新认识，有些论断在党的民族工作历史上具有原创性，是重大的理论创新。比如，提出要把铸牢中华民族共同体意识摆在"五位一体"总体布局和"四个全面"战略布局中统筹谋划，提出"四个与共"的共同体理念，提出推进中华民族共同体建设的重大命题，提出各民族交往交流交融是推动中华民族共同体建设的重要途径，提出加强和改进新时代民族工作必须坚决维护国家主权、安全和发展利益，提出坚持正确的中华民族史观，提出民族工作创新发展要重点把握好四大关系，提出赋予所有改革发展以彰显中华民族共同体意识的意义，提出新时代加强民族事务治理体系和治理能力现代化、推进党的民族工作高质量发展的新格局，等等。这些新思想、新论断在2021年的中央民族工作会议上被集中概括为"十二个必须"，说明习近平新时代民族工作思想基本成熟，我们党关于加强和改进新时代民族工作已经形成了比较系统完整的理论体系。

铸牢中华民族共同体意识是这个理论体系的"纲领"和"主线"，不断推进中华民族共同体建设就是"目标"和"任务"。做好民族工作的重要标志，是推动各民族坚定对伟大祖国、中华民族、中华文化、中国共产党、中国特色社会主义的高度认同（简称"五个认同"），带领全国各族人民为全面建设社会主义现代化国家共同奋斗，实现中

---

① 习近平：《在全国民族团结进步表彰大会上的讲话》，《人民日报》2019年9月28日，第2版。

华民族的伟大复兴,这也是新时代民族工作的出发点和落脚点。把树立"四个与共"的共同体理念作为铸牢中华民族共同体意识、推进中华民族共同体建设的重要内容,具有多方面的重要意义。

一是清晰阐明了中华民族共同体的基本内涵。"四个与共"的共同体理念是总书记首次完整阐述中华民族共同体意识的具体内容,也为中华民族或者说中华民族共同体"是什么"做了明确界定。针对学术理论界对中华民族的内涵与外延、性质与属性的不同认识,特别是针对相关问题的争执不休给实践部门带来的困扰,习近平总书记强调中华民族与中华民族共同体的一体性,指出了56个民族组成的中华民族就是中华民族共同体,中华民族共同体就是中华民族。把这两个概念统一起来认识,两个概念之间的关系也就说清楚了。

二是为正确把握铸牢中华民族共同体意识与推进中华民族共同体建设的关系指明了方向。党的十八大以来,习近平总书记反复强调民族工作既要重视物质层面的工作,更要重视精神层面的工作。铸牢中华民族共同体意识是对精神层面工作的集中概括和理论提升。从铸牢中华民族共同体意识与推进中华民族共同体建设的关系而言,这次会议不仅进一步强调铸牢中华民族共同体意识的主线定位,而且首次提出并明确了推进中华民族共同体建设的目标和任务。铸牢中华民族共同体意识,目的是推进中华民族共同体建设。中华民族共同体建设,反过来就会进一步增强中华民族共同体意识。从提出铸牢中华民族共同体意识到强调推进中华民族共同体建设,是我们党在民族理论认识上的又一次飞跃。

三是为铸牢中华民族共同体意识与推进中华民族共同体建设指明了实践路径。中华民族作为56个民族组成的大家庭,是利益攸关、荣辱与共、生死相依的命运共同体。习近平总书记提出中华民族共同体意识就是引导各族人民树立"四个与共"的共同体理念,为团结各族人民凝聚起维护各民族根本利益、巩固和发展平等团结互助和谐社会主义民族关系、开创民族工作新局面、实现中华民族伟大复兴的磅礴力量提供了理论指引,也为新时代党的民族工作及所有改革发展举措赋予彰显中华民族共同体意识的意义指明了方向,即要在实践工作中推动各民族更加坚定"五个认同"。牢固树立"四个与共"的共同体理念,是引导各族人民树立正确的国家观、民族观、历史观、文化观、宗教观的强大思想武器,更是坚定"五个认同"的重要理论根基。党的十八大以来,针对民族宗教工作领域的诸多问题,习近平总书记反复强调要引导各族人民特别是青少年树立正确的"五观",这是铸牢中华民族共同体意识、建设各民族共有精神家园、实现中华民族伟大复兴历史任务的战略举措。中国共产党带领全国人民建立的是中华民族的现代国家,而不是近代西方那种所谓的"一族一国"的"民族国家"。新中国按照马克思主义民族平等原则,建设平等团结互助和谐的社会主义民族关系,与剥削阶级建立的不平等的民族关系有着本质的不同。用"四个与共"的共同体理念,看待中华大地上各民族共同开拓祖国辽阔疆域、共同书写辉煌历史、共同创造灿烂中华文化、共同培育伟大民族精神的历史与现实,就可以使各族人民更好地把握中华民族共同体意识和各民族意识、中华文化和各民族文化的关系,形成和树立正确的历史观、文化观和宗教观。有了正确的"五观",引导各族人民坚定对伟大祖国、中华民族、中华文化、中国共产党、中国特色社会主义的高度认同,不是简单的宣传话语或政治口号,而是拥有深厚历史底蕴和扎实现实支撑的学术话语和理论表达,是铸牢中华民族共同体意识、推进中华民族共同体建设的理论武器。

树立"四个与共"的共同体理念,不仅要认识到中华民族本身已经是一个实现了从自在到自觉转变的共同体,更要正确地把握中华民族与其组成部分(56个民族)之间的相互关系,坚持民族工作创新发展的基本原则。中华民族共同体作为56个民族组成的大家庭,共同利益是靠各族人民共同维护的。中华民族作为一个命运共同体,各民族是一荣俱荣、一损俱损的关系。各民族只有把自己的命运同中华民族的命运紧紧联系在一起,才有前途,才有希望。中华民族是各民族最大的依托和依靠,在此前提下,处理好各民族之间共同性和差异性的关系,对于树立"四个与共"的共同体意识至关重要。

习近平总书记在讲话中特别强调了正确把握中华民族共同体意识和各民族意识、中华文化和各民族文化的关系,这是正确认识和更好把握共同性与差异性的两大基本问题。正确把握中华民族共同体意识和各民族意识的关系,就是引导各民族始终把中华民族利益放在首位,本民族意识要服从和服务于中华民族共同体意识,要在实现好中华民族共同体整体利益进程中实现好各民族具体利益。同时,要坚决反对大汉族主义和地方民族主义,因为那都是不利于铸牢中华民族共同体意识和推进中华民族共同体建设的大敌。正确把握中华文化和各民族文化的关系,要认识到各民族优秀传统文化都是中华文化的组成部分,各民族文化既为中华文化的产生与发展提供了不竭的源泉和动力,中华文化又成为各民族集大成的优秀文化,民族文化不能自外于中华文化而不受其引导或规范。在中华文化和各民族文化关系中,中华文化是主干,各民族文化是枝叶,根深才能叶茂。有了这样的认识,把握各民族之间的共同性与差异性就有了方向和依据,那就是把"增进共同性、尊重和包容差异性"作为新时代民族工作的基本原则。树立正确的"五观"、坚定"五个认同",增强各族群众的国家意识、公民意识、法律意识,就是增进共同性的基本要求和基本任务。按照这个要求推进民族工作创新发展,"就是要坚持正确的,调整过时的",及时调整过时的法律法规和政策规定,逐步完善差别化、精准化的区域支持政策。同时,针对各民族在建筑服饰、饮食习惯、社会风俗等方面的差异性,还必须按照"尊重和包容差异性"的原则予以尊重和保护,不要搞一刀切、千篇一律,更好地保障各族群众的合法权益。做到这一点,才能使"四个与共"的共同体理念深入人心,中华民族共同体建设才能稳步推进,中华民族共同体才能更加牢不可破。

三、深刻把握中华民族共同体建设的历史方位

把铸牢中华民族共同体意识作为新时代民族工作的主线,在一定程度上意味着党的十八大以来"中华民族"(或"中华民族共同体")建设进入了更加自觉(一些专家认为"自为")的新阶段。这不仅是中华民族发展史的自然延续,更是回顾总结中国共产党诞生百年来民族工作实践经验得出的客观结论,对开启中国特色社会主义现代化建设第二个百年征程和完成中华民族伟大复兴的历史使命,具有承上启下、继往开来的重要意义。这一转变不是自然产生的,而是以习近平同志为核心的党中央根据国内外形势的发展变化,从实现中华民族伟大复兴的战略高度,统筹谋划和推进新时代党的民族工作高质量发展的自觉抉择,具有深刻的历史逻辑、现实逻辑、理论逻辑和工作逻辑。

中华民族共同体是历史形成的。在广袤的中华大地上,多元分散的各个族群经过长时间的分散发展、组团发展到相互连接、密切交往、交流与交融,形成了以中原为中心、辐射周边的庞大国家。尽管这个古老的文明和国家时而统一、时而分裂,但是,追求"大一统"的历史传统,使"中国"最终凝聚为统一的多民族国家。这块土地上的各民族在长期的交流交往过程中,形成了你中有我、我中有你、你离不开我、我离不开你的"多元一体"格局。根据费先生的论述,中华民族作为一个"自在"的民族实体,已经存在了数千年。有些学者把中华民族的形成史划分为三个阶段,即远古到秦统一之前为中华民族的孕育阶段,从秦汉到1840年为"自在阶段",从鸦片战争开始算起进入了中华民族的"自觉阶段"。作为一个古老的、统一的多民族国家和客观存在的民族实体,中华民族从自在到自觉阶段的转变是一个艰难的过程,按照费孝通先生的研

究,这个转变是在近百年来中国和西方列强对抗中出现的。

地理大发现之后,特别是近代以来,西方国家通过资产阶级民主革命和产业革命,进入了西方列强兴起、古老帝国没落的时代。这一时期也是"民族国家"纷纷崛起的时代,即民族与国家"同构"的时代。鸦片战争之后,中国逐步沦落为半殖民地半封建社会,作为历史上形成的统一的多民族国家,如何在这个进程中不要持续地沉沦下去,不要成为西方列强完全的殖民地,而是建设中华民族独立自主的新国家,也就是从传统意义上的封建国家转变为近代意义上的"民族国家",这是一个跨越上百年、整整数代人苦苦追求的时代之问。不论是孙中山先生领导的旧民主主义革命,还是新文化运动,乃至中国共产党诞生之后的"国共合作","民族""建国"都是一个绕不过去的重大问题。国民党一个时期内把"中华民族"确定为由汉族为主干、各民族为支系的单一民族("中华民族是一个"),这在一定程度上算是传统天下观的延续。高举马克思主义民族平等原则的中国共产党则主张各民族一律平等的马克思主义民族观和"人民主权"的民族建国理论,并提出各民族共建"中华民族"的新中国和新社会。人民选择了中国共产党,在各族人民群众的支持下,中国共产党带领全国人民建立了与历史上任何政权都不相同的政权。中华人民共和国的成立,意味着"中华民族"的新中国和新社会已经确立。海峡两岸的中国人及全球爱国华侨努力实现中华民族伟大复兴的中国梦,永远都不会放弃建立统一的多民族国家的梦想。在纷繁复杂的国际国内背景下,中华民族大团结、中华民族大家庭、中华民族一家亲,就是中华民族共同体理念在不同时期的不同表达,也是新中国中华民族共同体建设的逻辑起点。

中华人民共和国成立后,党的民族工作大体划分为三个阶段。在社会主义建设时期(1978年之前),我们党确立了以民族平等、民族团结、民族区域自治、各民族共同繁荣为主要内容的民族理论和民族政策基本框架,形成民族工作的一系列基本制度和政策。党的十一届三中全会以来,我们党适应国内国际形势的发展变化,不断丰富和发展民族理论和民族政策,强调各民族共同团结奋斗、共同繁荣发展、坚持和完善民族区域自治制度、促进各民族交往交流交融、依法治理民族事务。党的十八大以来,我们党立足中华民族伟大复兴的历史方位和战略全局,强调中华民族大家庭、中华民族共同体、铸牢中华民族共同体意识等理念,形成了比较系统完整的民族工作指导思想和理论体系,这些也成为指引新时代中华民族共同体建设的理论指南。

在百年发展历程中,中国共产党团结带领各族人民进行革命、建设与改革开放,实现了中华民族从站起来到富起来再到强起来的三次伟大飞跃,为中华民族的民族解放、民族发展和民族复兴作出三大历史性贡献。目前我们已经进入第三次飞跃时期,但仍处于走向强大尚未真正强起来的阶段。目前我国尚未完成统一大业,影响我国安全和发展利益的因素众多。面对中国蓬勃发展的势头,以美国为首的西方国家对我国和平崛起的遏制、打压日益加剧,我们维护国家主权、安全、发展利益的外部环境变得十分严峻。国内发展不平衡不充分问题日益凸显,灾害频发、能源资源短缺与各种社会问题,都对我国的持续发展和社会稳定形成冲击和制约。民族宗教和思想文化领域的形势好转,但仍存在诸多问题,其中有认识问题、理论问题,也有法律政策调整滞后、改革发展举措效果不显著的问题。对此,我们不应对取得的成绩过于乐观。民族领域重大风险隐患和意识形态安全问题不容忽视,维护国家统一和民族团结的思想基础还不十分坚固,有效抵御各种极端、分裂思想渗透颠覆的体制机制还不十分完善。我们前进路上还面临着很多艰难险阻与困难挑战。

上述困难挑战大致可以概括为国际国内两种类型和物质精神两个方面。以美国为首的西方国家主导的国际秩序对中国发展的约束与遏制,是中国和平崛起、实现中华民族伟大复兴道路上绕不过去的最大外部障碍。对此我们也要全面分析、辩证评估。外国资本主义、帝国主义的侵略压迫无疑是导致近代中国沉沦的外部因素,但根本原因还是在中国内部的应对策略和治理能力。如果应对得当,外部压力是可以克服的,甚至在一定程度上还可以将外部压力转化为激发全国各族人民爱国主义热情的动力,成为凝聚国民团结起来一致对敌的有利因素。近代以来中华民族完成从自在到自觉的转变,中华人民共和国成立以来在西方围堵、封锁、打压、遏制下中华民族的奋斗崛起,都是我们将外部压力转化为凝聚人民群众进行爱国抗争和团结各民族共同奋斗的例证。但是,外部因素与内部因素的互动是双向、多层的,外部因素冲击对中国发展稳定带来的影响也是全面、巨大的,如果我们无法有效应对或者应对能力不足,外部冲击的反噬作用也会极其强大。近代以来中国现代化进程几次被外部冲击所打断,中国现代化崛起之路极其艰难,也是不争的历史事实。如何处理好中国内部与外部的关系,应对来自外部因素的压力和冲击,特别是防范西方国家利用所谓"民族牌"干涉我国主权、安全和发展利益的行为,防止其对我国营造和平发展的空间与外部环境设置障碍,是铸牢中华民族共同体意识与推进中华民族共同体建设不得不重视的重大战略问题。

然而,唯物辩证法告诉我们,外因是通过内因起作用的,影响稳定发展的各种国内问题仍是我们必须关注的根本问题。处理好改革、发展、稳定、开放等一系列重大关系,解决好各地区、各区域、各社会群体之间存在的发展不均衡、不充分的问题,对于我国长期稳定发展发挥着决定性作用。在改革开放以来很长一段时间内,我们强调经济发展,过于看重经济利益、物质因素在发展中的决定作用,对于非经济因素和精神因素的作用重视不够、举措不到位,没有充分实现经济发展期待的那种文明程度和文明素质同步提高的预期结果。特别是在民族工作领域,物质与精神的关系没有处理好,物质层面的政策优惠、支持、帮扶、援助是关注重点,精神层面的建设明显薄弱。党的十八大以来这种局面虽然发生了明显的改变,要从根本上扭转"重物质、轻精神"的倾向却不是一个简单、容易的工作,取得扎扎实实的成效还需较长的时间。

当然,不论是应对外部压力还是解决内部存在的诸多问题,我们都无法等待上述转变可以自然而然地发生,这必须通过我们的努力和卓有成效的工作才可以实现。被动地等、靠、要是不会有好结果的。这些年在调研过程中,经常接触相关领域,特别是民族地区的干部群众,对一些地方和部门如何处理涉及民族领域的问题有一些感触。这一切都说明,处理好民族领域的问题,是解决好国内问题的重要内容。在这方面确实不能认识模糊、得过且过,对近在眼前的问题看不到、无动于衷。

习近平总书记在多次讲话中反复强调,全面建成社会主义现代化强国、实现中华民族伟大复兴绝不是靠敲锣打鼓、轻轻松松就可以实现的。"一百年来,我们取得的一切成就,是中国共产党人、中国人民、中华民族团结奋斗的结果"[①]。实现伟大梦想,仍要"依靠顽强拼搏、不懈奋斗",必须准备"付出更为艰巨、更为艰苦的努力"。如何把56个民族的14亿各族人民团结凝聚起来,继续依靠顽强拼搏和不懈奋斗实现社会主义现代化强国建设的新成就,其难度和困难不亚于第一个百年。在这种背景下,中央民族工作会议从四个"必然要求"出发,进一步强调铸牢中华民族共同体意识,以应对实现中华民族伟大复兴过程中民族领域可能发生的风险挑战,为党和国家兴旺发达、长治久安提供重要思想保证。同时,在党的历史上第一次明确提出推进中华民族共同体建设,努力增进各民族对中华民族的自觉认同,推动中华民族成为认同度更高、凝聚力更强的命运共同体。把铸牢中华民族共同体意识与推进中华民族共同体建设结合起来,统一谋划部署,为新时代民族工作高质量发展指明了正确方向,提供了根本遵循。

---

① 习近平:《在庆祝中国共产党成立100周年大会上的讲话》,《人民日报》2021年7月2日,第2版。

四、扎实做好中华民族共同体建设的基础工作

习近平总书记强调,铸牢中华民族共同体意识是新时代党的民族工作的"纲",所有工作要向此聚焦。抓住铸牢中华民族共同体意识工作主线,全面准确完整把握新时代加强和改进党的民族工作的重要思想,民族工作的方向和重点就不会偏;扎实推进中央民族工作会议确定的工作部署和重点任务,民族工作就可以取得实实在在的成效。围绕铸牢中华民族共同体意识这条主线做好民族工作,不仅有利于推进民族地区的发展与稳定,而且有利于推动各地区各民族共同走向社会主义现代化。在这个进程中,中华民族共同体建设将不断向前推进,各民族的共同性、凝聚力、大团结将进一步增强。做好教育和宣传工作是基础和前提。民族工作聚焦主线,就是要把铸牢中华民族共同体意识贯穿新时代党的民族工作的全过程各方面。这样做,首先还是要把道理讲清楚,做好思想引导和宣传教育工作,这样才能把工作要求变成大家的自觉行动。

中央民族工作会议对如何加强新时代民族领域的教育宣传工作做出了全面部署:一是明确规定了教育宣传工作的领域和范围,"要构建铸牢中华民族共同体意识宣传教育常态化机制,纳入干部教育、党员教育、国民教育体系,搞好社会宣传教育",实现全领域教育,覆盖全社会。在四大群体中,各级干部教育工作是关键,国民教育是基础,这也是做好教育工作的重点群体,必须采取更大的力度来推进。二是明确规定了教育宣传工作的目标和任务,就是要全面推进"中华民族共有精神家园建设",按照"增进共同性、尊重和承认差异性"的原则处理好"四大关系",使教育和宣传工作的结果有利于增强铸牢中华民族共同体意识、有利于建设中华民族共有精神家园的目的。三是明确规定了当前做好教育宣传工作的内容和形式,要把铸牢中华民族共同体意识的教育宣传工作与党的中心工作有机结合起来。2021年正是中国共产党成立100周年,全党开展了党史学习教育主题活动,可以自然而然地把铸牢中华民族共同体意识的教育工作与党史学习教育主题活动结合起来。2022年中国共产党将召开党的二十大,也部署了很多教育宣传工作,应当在各类教育学习活动中进一步有机结合。同时,要充分运用我们党在思想宣传领域切实有效的工作载体和抓手,把铸牢中华民族共同体意识的教育宣传工作,嵌入在党史、新中国史、改革开放史、社会主义发展史学习教育中,纳入实施文明创建、公民道德建设、时代新人培育等工程中,落实到现代文明教育中,引导各族群众在思想观念、精神情趣、生活方式上跟上时代步伐,向

现代化迈进。四是特别强调了国家通用语言文字的学习问题。会议明确要推广普及国家通用语言文字,科学保护各民族语言文字,尊重和保障少数民族语言文字学习和使用。这一表述既强调了国家通用语言文字的主体地位和推广普及的总要求,又明确了科学保护、尊重和保障少数民族语言文字的学习和使用问题。推广普及国家通用语言文字的明确要求,澄清了一个时期以来在语言文字政策上的一些模糊认识,调整与完善了语言文字政策,对民族教育工作的健康发展具有重要作用。五是强调了哲学社会科学工作者在铸牢中华民族共同体意识方面的特殊地位与作用,期待大家深入总结我们党百年民族工作的成功经验,深化对我们党关于加强和改进民族工作重要思想的研究,加快推进中国特色民族学学科体系、学术体系、话语体系的建设,为做好民族领域的实践工作提供更加有效的理论引导和学理支撑。这些工作部署既是对铸牢中华民族共同体意识工作主线的强调,更是推进中华民族共同体建设的基础性工作。推动各民族共同走向社会主义现代化是目标和关键。没有持续的经济增长和物质条件的改善,人民的生活水平就无法提高,获得感、幸福感就缺乏基础支撑。强调正确认识和处理好物质和精神的关系,不是不重视经济发展和物质基础建设,相反,是在注重经济发展的同时,要把物质因素与精神因素有机结合起来。把物质与精神的关系处理好,就可以保证全国经济,尤其是民族地区的经济建设,在有利于铸牢中华民族共同体意识的前提下持续发展,社会主义现代化建设水平不断提高,铸牢中华民族共同体意识的物质基础不断夯实。

中央民族工作会议不仅指明了推动各民族共同走向社会主义现代化的目标,而且指出了民族地区推动各民族共同走向现代化的重点任务与基本路径。一是按照国家"十四五"规划的指导思想和基本原则,推动实施"三新"现代化,也就是立足民族地区的资源禀赋、发展条件、比较优势等实际情况,"立足新发展阶段、贯彻新发展理念、构建新发展格局"。二是提倡共同走向现代化,继续完善民族地区的差别化支持政策。民族地区实现脱贫攻坚和全面小康不容易,但是完成这个任务,也是在充分发挥民族地区广大干部群众积极性的同时,通过大力实施国家财政转移支付等各种支持扶持政策、动员沿海城市和发达地区支持援助的结果。这也充分体现了"共同团结奋斗、共同繁荣发展"的原则和要求,更是充分发挥社会主义制度优越性和全国一盘棋整体发展战略的结果。下一步要同步走向现代化,民族地区仍要立足于发挥好自己的比较优势,在扩大开放和竞争中努力形成竞争优势,同时,积极争取国家的支持和发达地区的援助。国家区域发展和差别化支持政策也要与时俱进,更好地把民族因素和区域因素结合起来,切实完善并提升差别化区域性支持政策的效果。当然,这方面还有很多问题需要研究,需要及时总结实践经验,及时解决存在的问题,及时完善政策体系,促进各地区的平衡发展、协调发展。三是明确了民族地区经济高质量发展的重点任务。比如,加大对民族地区基础设施建设和产业结构调整的支持力度,优化经济社会发展和生态文明建设整体布局。支持民族地区实现巩固拓展脱贫攻坚成果同乡村振兴有效衔接,推动公共服务的均等化。促进农牧业高质高效、乡村宜居宜业、农牧民富裕富足。进一步完善沿边开发开放政策,深入推进固边兴边富民行动,努力把沿边地区打造成一个增长带和民族团结、边境稳定的示范区,实现边疆发展与国家安全的有机统一。四是更加强调生态文明建设,民族地区大多是生态脆弱地区,同时承担着维护国家生态资源安全、保障中华民族永续发展生态安全屏障的使命。在新发展阶段抓经济建设,不能是粗放式的资源开发,必须贯彻更加注重污染治理和生态环境保护的新发展理念和高质量发展方式,坚持绿色发展、守住生态底线,推动生态产业化、产业生态化,把生态文明建设的任务和要求落到实处。五是把铸牢中华民族共同体意识的要求融入共同走向社会主义现代化建设的进程中。要通过同步现代化(但不一定是“同一速度”或“同一标准”的现代化)不断缩小地区之间、城乡之间、民族之间、群体之间发展水平的差距,不断增强各族群众的获得感、幸福感、安全感和归属感,不断激发和强化全体人民的共同体意识。如果做到这一点,现代化进展越快,各族人民群众“五个认同”程度也就越高,中华民族共同体就会越牢。促进各民族交往交流交融是重要结果和归宿。在历史长河中,频繁的人口流动促进了各民族之间的交往交流交融,甚至民族之间的融合。近代以来的工业化、城镇化和现代化进程,进一步加速了各地区、各民族的人口流动。交往交流越密切,交融与融合就越深入,各民族之间的共同性也就越强。这既是自然的历史过程,也与一个国家或政府采取的政策法规密切相关。中华人民共和国成立以来,我们建立了社会主义新型民族关系,倡导民族平等、民族团结和相互帮助,密切了各民族之间的联系。改革开放以来快速的现代化,进一步扩大了我国人口流动的范围与规模。当前我国民族交往交流交融的广度与深度,超过了历史上任何一个时期,这为铸牢中华民族共同体意识、推进中华民族共同体建设奠定了日益深厚的社会基础。

中央民族工作会议为促进各民族的交往交流交融指明了方向,为进一步夯实中华民族共同体的社会基础明确了任务。一是要不断优化社会结构,下更大的力气推动人口的跨区域流动。要尽量吸引更多的少数民族人口进城,使其更好地融入城市和现代化进程中来,同时吸引更多的其他民族人口到边疆,特别是南疆、西藏等地工作、就业、守边、护边,进一步优化大区域的人口结构。二是营造嵌入式的社会环境和社区格局,逐步打破按民族抱团聚居的社区或学校,通过规划的引领、政策的引导和均等化的公共服务,打造嵌入式的社区、学校、企业、单位,实现各民族之间的共居、共学、共事、共乐。三是推动促进各民族交往交流交融的平台建设。中央部委已经启动了三项工作计划,即各族青少年交流计划、各族群众赴县市发展计划、旅游促进各民族交往交流交融计划。各地正在打造铸牢中华民族共同体意识的博物馆、展览馆、体验馆和大批旅游观光景点,在宣传、体验中把各地区、各民族丰富多彩的文化元素与彰显中华民族共同体意识的中华文化建设、爱国主义教育、优秀传统文化传承、现代文明行为培育有机结合起来。四是特别强调深入开展民族团结进步创建工作,结合新时代铸牢中华民族共同体意识、推动中华民族共同体建设的新要求,着力深化创建工作的内涵、丰富创建工作的形式和方法,提升创建工作的实际效果。五是推动全方位嵌入,不仅要在民族团结进步创建工作中实现铸牢中华民族共同体意识内容的全覆盖,而且要通过创建工作推动各民族的广泛交往、深入交流、深度交融,"逐步实现各民族在空间、文化、经济、社会、心理等方面的全方位嵌入",为真正把中华民族打造成为一个密不可分的共同体,实现中华民族的大团结和大融合夯实社会根基。

铸牢中华民族共同体意识、建设中华民族共同体,不是满足于对中华民族多元一体格局中56个民族与中华民族进行不同层次的区分,或者仅仅在理论上把中华民族确定为具有国家民族的属性那么简单,而是具有十分丰富的理论内涵和更加实际的工作要求。我们不仅要牢固树立"四个与共"的共同体理念,而且要把思想与行动落到各项工作中。中华民族共同体的形式、推进民族事务治理体系和治理能力的现代化民族工作关乎大局,古今中外概莫能外。世界各国不论什么样的历史传统和现实国情,维护好国家统一和民族团结,都是国家的最高利益和国内各族人民的根本利益。世界各国在这方面既积累了丰富的经验,也留下了很多值得反思的教训。中国在民族事务治理方面不仅拥有数千年来积累的经验教训,更有中国共产党成立百年来把民族工作作为"国之大者"积累的宝贵经验。这些宝贵财富弥足珍贵,是做好今后民族工作的重要借鉴和参考。

中央民族工作会议在总结历史经验,尤其是在新时代民族工作最新实践的基础上,总结提炼出新时代加强和改进党的民族工作重要思想,如何把铸牢中华民族共同体意识、推进铸牢中华民族共同体意识建设的各项任务落实到位,成为全党和全国当前一个时期的重要政治任务,必须引起各级党委政府及各系统、各部门的高度重视,全面准确把握会议精神,全面落实工作部署,努力提高民族工作的质量和水平,实现从传统民族工作模式向新时代民族工作模式的转型与升级。这种转型的一个重要标志,就是把民族工作与民族事务治理从一个部门为主,转变为全党和全国各地区、各部门都要抓民族工作,加快民族事务治理体系与治理能力的现代化,实现民族事务治理的新格局。

民族工作是政治性、政策性都很强的工作。2021年中央民族工作会议上,习近平总书记强调指出,"要坚持从政治上把握民族关系、看待民族问题"。在2014年的中央民族工作会议上,习近平总书记就提出不要泛化民族问题和民族工作要精准化的问题。"要分清楚什么是民族问题,什么不是民族问题,既不能把不是民族问题的问题当成民族问题来处理,也不能把民族问题不当作民族问题来处理,是什么问题就按什么问题处理,讲政治原则、讲政策策略、讲法治规范"。在2021年中央民族工作会议上,习近平总书记进一步提出"三个区分",提出不要把"一般社会现象与民族现象、一般社会问题与民族问题、一般社会矛盾与民族矛盾"相混淆,对于做好民族工作、处理民族问题(如治理"三化"、反对"三股"势力等)具有极强的针对性,有利于准确把握民族工作的政治定位、政策导向和工作力度,也是加强党对民族工作全面领导的充分体现。

加强和完善党的全面领导,是做好新时代党的民族工作的根本保证,也是铸牢中华民族共同体意识、加强各民族大团结、推进中华民族共同体建设的根本保证。党的十九大之后,党和国家机构进行了重大改革,民族工作的领导体制机制发生了重大转变。中央民族工作会议进一步提出构建党委统一领导、政府依法管理、统战部门牵头协调、民族工作部门履职尽责、各部门通力合作、全社会共同参与的新时代党的民族工作新格局,这是加快民族事务治理体系和治理能力现代化的战略部署。根据民族工作形成新格局、开创新局面的统一部署,要加快完善六项新机制:一是要完善党委统一领导的机制,把民族工作纳入"五位一体"总体布局和"四个全面"总体布局,要纳入党的建设、意识形态工作责任制、政治考察、政绩考核等各项工作,确保党的领导制度化、具体化。二是要完善政府依法管理的机制,建立地方政府首长联系,甚至直接管理民族工作的制度,发挥好民族事务治理委员会工作职责的作用,把民族事务治理纳入国民经济和社会发展规划,纳入法治建设规划和综合执法范畴。三是完善统战部门牵头协调的机制。统战部门负责把方向、管大局、保落实,党政分工不分家,加强工作协调和衔接。四是完善民族工作部门履职尽责的机制,为党和政府治理民族事务、协调民族关系、处理民族问题当好参谋助手,提出政策建议,落实工作部署,协调有关部门来齐抓共建。五是完善各部门通力合作的机制,探索建立民族工作专项协调机制,发挥好民委委员制度的作用。六是完善全社会共同参与的机制。广泛教育和动员,把全社会各方面的力量汇聚到参与铸牢中华民族共同体意识、推进中华民族共同体建设中来,形成浓厚的社会氛围,让全社会自觉行动起来。这种新格局,就是要切实改变把民族工作当成"一域"(局部)或"单一"工作部门之事的状态,使全党、全国和全社会都重视起来、行动起来。

推进民族事务治理现代化,要坚持法治思维,实现依法治理。要认真贯彻落实宪法精神和依法治国理念,依法保障各族群众合法权益,依法妥善处理涉民族因素的事件,依法打击各类违法犯罪行为,做到法律面前人人平等,不断提高民族工作的法治化水平。法治在新时代民族工作中的地位与作用十分"重要",三个"依法",强调的都是法治精神。坚持法治化应当成为"提升民族事务治理体系和治理能力现代化"的重要内容。无论是"保障""处理"还是"打击",都要坚持"依法"而行。同时,要认识到民族工作与国家统一、社会稳定、国家安全息息相关,积极稳妥处理涉民族因素的意识形态和国家安全问题,坚决防范民族领域重大风险隐患,确保国家统一、民族团结和社会稳定。

伴随工业化、城镇化、现代化进程的不断加快,中国各民族人口在全国范围内大规模流动,民族工作的范围、内涵及内容都在发生着变化。民族地区与其他地区人口的双向流动、少数民族大规模进入城镇和沿海地区,城乡社区,尤其是大中城市中少数民族人口的聚集,各民族嵌入式居住工作格局的形成,已经极大地改变了"民族地区""民族工作"的传统内涵。新时代民族工作一定要重心下沉、工作向基层倾斜,要把提升民族工作能力,尤其是基层民族工作能力建设放在突出位置。要加强基层民族工作机构建设,充实民族工作力量,确保党的民族理论和民族政策到基层有人懂,确保民族事务治理在基层有人抓、无盲区,确保基层民族工作有效运转。

进一步加强民族干部队伍建设,是做好新时代民族工作的人才保障。办好民族地区的事,做好民族工作,要靠好干部,要靠大批忠于马克思主义、忠于党、忠于人民的干部队伍。中央民族工作会议提出,建设更加广泛的民族工作干部队伍,极大地拓展了民族工作干部的范围,进一步明确提出新时代民族工作干部队伍建设的总体要求。"坚持新时代好干部标准,努力建设一支维护党的集中统一领导态度特别坚决、明辨大是大非立场特别清醒、铸牢中华民族共同体意识行动特别坚定、热爱各族群众感情特别真挚的民族地区干部队伍"。同时,提出要更加重视、关心、爱护在条件艰苦地区工作的一线干部。重视培养和用好少数民族干部,对政治过硬、敢于担当的优秀少数民族干部要充分信任、委以重任。这不仅大大拓宽了民族工作干部的范围和视野,而且为民族干部队伍建设指明了方向和路径。当然,民族干部队伍建设的数量很重要,提高质量和能力更关键。要采取切实有效的举措,努力提高民族干部队伍的政治素质、理论素养和综合能力,为开创新时代民族工作新局面提供坚强的人才保障。

铸牢中华民族共同体意识是实现中华民族
伟大复兴的精神力量

王换芳　路亚迪

摘　要：实现中华民族伟大复兴是中华民族近代以来最伟大的梦想，也是中国共产党百年奋斗主题。该梦想的实现，不仅需要坚实的物质基础，同样需要具备强劲的精神力量。铸牢中华民族共同体意识因其具有深厚的理论与实践基础、深刻的国际及国内背景，为实现中华民族伟大复兴提供了智力支持和精神力量。因此，要增强铸牢中华民族共同体意识的政治自觉，不断夯实中华民族伟大复兴的精神基础。

关键词：中华民族共同体意识；中华民族伟大复兴；政治自觉

2021年7月1日，习近平总书记在庆祝中国共产党成立100周年大会上的讲话中指出："一百年来，中国共产党团结带领中国人民进行的一切奋斗、一切牺牲、一切创造，归结起来就是一个主题：实现中华民族伟大复兴。"[1]党的十八大以来，习近平总书记站在统筹中华民族伟大复兴战略全局和世界百年未有之大变局的时代高度，多次强调"要大力培育中华民族共同体意识"，并在第五次中央民族工作会议上将铸牢中华民族共同体意识确定为新时代党的民族工作的"纲"。铸牢中华民族共同体意识，是新时代马克思主义民族理论中国化的最新成果，为新时代做好民族团结工作、促进各民族共同发展、实现中华民族伟大复兴指明了方向、提供了根本遵循。

基金项目：国家社科基金思政专项"铸牢中华民族共同体意识融入大中小学思想政治教育一体化路径研究"（22VSZ157）、宁夏回族自治区教育厅高等学校科学研究项目"'单家集夜话'背景下宁夏加快建设铸牢中华民族共同体意识示范区路径研究"（NYG2022005）的阶段性成果。
① 习近平：《在庆祝中国共产党成立100周年大会上的讲话》，《人民日报》2021年7月2日，第2版。

一、铸牢中华民族共同体意识的理论与实践基础

铸牢中华民族共同体意识成为新时代以来中国共产党民族工作的主要思路与努力方向,也成为学界研究的热点。然而,铸牢中华民族共同体意识并不是横空出世的,而是有着深厚的理论与实践基础。

（一）理论基础

铸牢中华民族共同体意识是习近平总书记对民族工作的集中表述,也是马克思主义与中国实际相结合的最新理论成果。马克思主义经典作家一直关注殖民地半殖民地的民族解放运动且对其进行理论上的指导,列宁又将马克思、恩格斯处理民族问题的理论应用到俄国革命的实际。俄国革命一声炮响,为中国送来了马克思主义,中国的工人阶级从此有了科学理论的指导。1921年,中国发生了开天辟地的大事——中国共产党成立了。中国共产党作为马克思主义武装起来的政党,深刻认识到中国民族问题的复杂性和重要性,马克思主义处理民族问题的基本原则成为一代又一代中国共产党人共同遵循的准则。

1.民族平等

民族平等曾经是西方资产阶级扫清封建主义障碍时所举起的大旗,一度成为资产阶级革命有力的战斗口号。然而,在代替了封建地主阶级成为统治阶级后,民族平等就被揭开了虚伪的面纱而名不副实。马克思主义从无产阶级的根本利益出发,将民族平等作为解决民族问题的首要原则,其民族平等思想的最初表述集中反映在《神圣家族或对批判的批判所作的批判》,指出:"古往今来每个民族都在某些方面优越于其他民族。"[1]在马克思看来,各民族之间在人口数量、历史长短、宗教信仰、生活方式等方面会存在差异,但并没有高低优劣的差别,在社会交往中都应享有平等的地位和权利,应"承认和坚持一切民族的一律平等,坚决反对任何民族享受任何特权;承认和坚持各民族在社会生活一切方面的一切权利上完全平等,并无条件地保护一切少数民族的权利;承认和坚持各民族在形式上、法律上,乃至事实上的完全平等"[2],反对任何形式的民族偏见、种族歧视。

---

① 《马克思恩格斯全集》(第2卷),人民出版社,1957年,第194页。
② 李晓华、谢清松等:《恩格斯关于民族独立和平等是一切国际合作的基础的理论》,《黑龙江民族丛刊》2020年第6期,第58—63页。

同时,马克思恩格斯还主张只有实现民族平等和独立,才能进行国际合作。恩格斯在《恩格斯致卡·考茨基》一信中指出:"国际合作只有在平等者之间才有可能。"①各民族只能在平等、自愿、协商的基础上进行国际联合,"任何一次国际行动,都必须就其实质和形式进行协商"②,反对某一民族干涉其他民族的内部事务,"甚至是强加于人的善行,都不能补偿民族独立的丧失"③,充分说明了民族平等、独立的重要性,成为推动民族解放运动不断发展的指导思想。

2.民族团结

在民族平等的基础上,马克思主义民族理论的另一个重要原则是民族团结,也是马克思主义民族理论的重要组成部分。马克思恩格斯在承认各民族有所差异的前提下指出:"要使各民族真正团结起来,他们就必须有共同的利益。要使他们能一致,就必须消灭现存的所有制关系,因为现存的所有制关系是造成一些民族剥削另一些民族的原因。"④为此,马克思恩格斯号召全世界无产阶级联合起来,共同反抗资产阶级进而取得胜利。马克思恩格斯所倡导的民族团结,颇具有国际主义思想的韵味,因为全世界的无产阶级有着共同的利益,为民族团结提供了社会基础。可见,马克思恩格斯包括列宁民族团结思想在俄国的实践均表明,马克思主义经典作家所谈及的民族团结"大多是指不同民族(国家)之间工人阶级之间的团结,是服从于阶级斗争和人类解放的整体目标的"⑤。

3.各民族共同繁荣

马克思恩格斯都倡导实现各民族共同繁荣发展,特别是列宁和斯大林,在俄国革命的实践中,特别重视帮助少数民族发展和进步,不仅"尽力帮助每个民族得到独立自由的发展,帮助他们多出版、多发行本民族语言的书报"⑥,"竭尽全力提高落后民族的文化水平,广设学校和教育机关"⑦,要"消灭沙皇政府的野蛮政策留给边疆地区的

---

① 《马克思恩格斯全集》(第35卷),人民出版社,1971年,第261页。

② 《马克思恩格斯全集》(第39卷),人民出版社,1974年,第185页。

③ 《马克思恩格斯全集》(第5卷),人民出版社,1958年,第377页。

④ 中共中央马克思恩格斯列宁斯大林著作编译局:《马克思恩格斯选集》第1卷,人民出版社,1972年,第287页。

⑤ 陈建樾、刘泓等主编:《民族理论研究》(第三辑),社会科学文献出版社,2019年,第76页。

⑥ 中共中央马克思恩格斯列宁斯大林著作编译局:《列宁全集》(第37卷),人民出版社,1986年,第108页。

⑦ 中共中央马克思恩格斯列宁斯大林著作编译局:《斯大林全集》(第4卷),人民出版社,1956年,第211页。

遗产——疏远和闭塞,宗法制度和文化落后,对中部的不信任"[1],因为这些政策的结果是"使这些民族不能充分发展并造成了他们政治上的落后"[2]。因此,"党对这些民族的劳动群众的任务,就是帮助他们消灭父权制封建关系的残余,并且以劳动农民苏维埃为基础,通过在这些民族中间建立坚强的共产党组织的办法帮助他们参加苏维埃经济建设"[3],民族问题的实质就是要"消灭过去遗留下来的某些民族的事实上的落后性"[4]。

（二）实践基础

中国共产党有了科学理论的武装,还必须和中国的具体国情相结合,要使马克思主义处理民族问题的"良方"服中国的"水土"。为此中国共产党从成立之日起,就不断进行理论与实践相结合的相关探索,不断丰富和发展了马克思主义民族理论,也不断探索出一条适合中国实际的解决民族问题的道路,为培育和铸牢中华民族共同体意识提供了深厚的实践基础。

1.以毛泽东为代表的第一代领导集体创立了中国社会主义民族理论,开创了民族工作的第一个"黄金时代"。

中国共产党从成立之日起,就十分重视国内民族问题的解决,并提出解决民族问题的方针、政策。1949年10月1日,随着毛主席在天安门城楼庄严宣布中华人民共和国成立了! 从此中国共产党带领全国各族人民完成了民族独立、人民解放的历史任务,得以将解决民族问题的方针、政策贯彻实施。中央人民政府民族事务委员会成为最早成立的部委之一,在民族区域自治、在内蒙古实践经验的基础上,中国采取单一制的国家结构形式,同时充分考虑了国家的多民族性,确立民族区域自治制度,成为解决民族问题的制度安排与政策框架;要保障人民当家做主的权利,就必须了解我国的民族家底。1953年第一次人口普查,各地上报的民族有400多种,仅云南就260多种,贵州80多种。为了获得少数民族对新生政权的认同,党和国家专门派出中央访问团与慰问团,另外还通过请上来的方式让少数民族代表了解中国,同时还进行少数民族社会历史大调查和语言大调查,进行民族识别,最终从法律层面确认了56个民族。

---

① 中共中央马克思恩格斯列宁斯大林著作编译局:《斯大林全集》(第4卷),人民出版社,1956年,第316页。
② 中共中央马克思恩格斯列宁斯大林著作编译局:《斯大林全集》(第5卷),人民出版社,1957年,第20页。
③ 中共中央马克思恩格斯列宁斯大林著作编译局:《斯大林全集》(第5卷),人民出版社,1957年,第21页。
④ 中共中央马克思恩格斯列宁斯大林著作编译局:《斯大林全集》(第5卷),人民出版社,1957年,第31页。

在摸清我国多民族家底的同时,生动践行了没有调查就没有发言权,民族社会历史五种丛书也成为民族研究的第一手资料。在这一时期,党和国家还通过创办民族院校大力培养少数民族干部,成为做好民族事务的桥梁和纽带。通过轰轰烈烈的现代化国家建设,逐步建立了平等、团结、互助、和谐的社会主义新型民族关系,开创了民族工作新局面。

2.中国特色社会主义民族理论的丰富与发展。

"文化大革命"结束后,邓小平73岁高龄复出之后,主抓教育和科技工作,恢复高考、召开全国科技工作大会,80多岁高龄的郭沫若带病参加了这次大会,并以诗人般的语言盛赞道:"这是革命的春天,这是人民的春天,这是科学的春天,让我们张开双臂热烈地拥抱这个春天吧!"

实际上,这一时期也是少数民族和民族地区发展的春天。十一届三中全会召开后,党和国家在民族工作方面将少数民族及民族地区的发展提上了议事日程。1980年,第一次西藏工作座谈会召开,确定了解决民族问题关键看发展的思路。1984年,《中华人民共和国民族区域自治法》颁布实施,意味着民族工作步入了法治化的轨道,解决民族问题有法可依。但受东欧剧变、苏联解体的影响,全世界社会主义发展步入了低潮,社会主义如何救中国转变为中国如何救社会主义。为此,党和国家适时召开第一次中央民族工作会议,动员全国各族人民为中国特色社会主义不懈奋斗起到了重要的作用,同时开启了以召开中央民族工作会议确定一定阶段解决民族问题指导原则的先例。

党的十三届四中全会之后,中国特色社会主义民族理论进一步完善,将民族问题概念的内涵和外延扩展到不仅包括民族自身的发展,还包括民族之间、民族与国家、民族与阶级之间的关系;1999年中央民族工作会议在世纪之交做出西部大开发的重大战略决策;确立民族区域自治制度为国家的基本制度之一;2005年中央民族工作会议将新世纪新阶段党的民族工作主题确定为"共同团结奋斗、共同繁荣发展",将"和谐"作为社会主义新型民族关系的核心要义之一,深入开展民族团结创建活动,不断丰富和发展了马克思主义民族观。

二、铸牢中华民族共同体意识的国际及国内背景

铸牢中华民族共同体意识是习近平总书记站在实现中华民族伟大复兴战略全局和世界百年未有之大变局的背景之下,提出的新时代解决民族问题、做好民族工作的根本指向,是马克思主义民族理论在新时代的最新成果与体现,具有深刻的国际及国内背景。

(一)国际上,以美国为首的西方国家以民族问题为由粗暴干涉我国内政

1840年,英国用坚船利炮打开了中国的大门,马克思深刻评价这场战争:"英国不管犯下多少罪行,它造成这个革命毕竟是充当了历史的不自觉的工具。"什么叫作历史的不自觉的工具呢? 随着中国大门的打开,不仅进来一些西方先进的思想、理念,还迫使我们开始睁眼看世界,从洪秀全领导的农民阶级的探索、洋务运动学习西方制度、戊戌变法学习西方的制度,抑或是辛亥革命推翻了两千多年的封建专制统治,都没能解决中国的问题,帝国主义与中华民族的矛盾是他们无法克服的硬伤。一百年前,中国共产党的成立、中华人民共和国的建立是实现中华民族伟大复兴的重要里程碑。然而,从近代以来的英法殖民者,到后起的日本,再到以美国为首的西方国家,无论过去、现在还是将来,都不愿意看到强大中国的出现。"知己知彼,百战不殆",面对西方国家的意图,习近平总书记放眼世界,一方面以新发展理念促进经济增长,同时将中华民族共同体意识置于"国家认同、民族交融的情感纽带,祖国统一、民族团结的思想基石,中华民族绵延不衰、永续发展的力量源泉"的战略高度,不断增强物质和精神的双重力量,来应对百年未有之大变局。

(二)在国内,需要中华民族共同体意识为实现中华民族伟大复兴注入精神力量

党的十八大以来,习近平总书记不仅提出实现中华民族伟大复兴的中国梦,还表示"这个梦想一定会实现",显示了习近平总书记巨大的决心与自信。这份自信主要来自改革开放之后中国所取得的前所未有的成就,特别是在2010年,中国超过日本成为第二大经济体,为实现中华民族伟大复兴提供了坚实的物质基础。物质的基础具备了,同时还要关注精神的力量,"要赋予所有改革发展以彰显中华民族共同体意识的意义,以维护统一、反对分裂的意义,以改善民生、凝聚人心的意义,让中华民族共同体牢不可破"①。

中华人民共和国成立之后,在全国各族人民的共同努力下,确立了平等、团结、互助、和谐的社会主义新型民族关系,各民族交往、交流、交融的广度及深度不断发展,

---

① 《习近平在中央民族工作会议上强调以铸牢中华民族共同体意识为主线 推动新时代党的民族工作高质量发展》,《人民日报》2021年8月29日,第1版。

"三个离不开""两个共同"已经成为各族人民的共识。然而,理论界也存在一些不和谐的杂音,针对理论的杂音和实践的质疑,党中央适时召开第四次中央民族工作会议,"目的就是要准确把握新形势下民族问题、民族工作的特点和规律,统一思想认识,明确目标任务,坚定信心决心,提高做好民族工作能力和水平"①。

实现中华民族伟大复兴的中国梦,是中国近代以来无数仁人志士的美好愿景与追求目标,中华民族的伟大复兴,建立在全国各族人民同心同德、携手共进的团结关系基础之上,可以说,铸牢中华民族共同体意识为中华民族伟大复兴提供了强大凝聚力与牢固向心力。

三、增强铸牢中华民族共同体意识的政治自觉

中华民族伟大复兴关乎中华民族的整体利益,而铸牢中华民族共同体意识本身具有维护一体的价值蕴含,因为"中华民族共同体意识是实现中华民族伟大复兴的题中之义,中华民族伟大复兴的主体是中华民族,中华民族共同体意识是中华民族自立于世界民族之林的自我意识。铸牢中华民族共同体意识必然成为引领新时代加强和改进党的民族工作的'纲'"②,为中华民族伟大复兴提供强大的智力支持与精神动力。因此,各族人民要增强铸牢中华民族共同体意识的政治自觉,为实现中华民族伟大复兴奠定坚实的精神基础。

(一)深刻领悟铸牢中华民族共同体意识的重大意义

1.铸牢中华民族共同体意识,是维护各民族根本利益的必然要求。

党的十九大报告将新时代我国社会的主要矛盾确定为人民对美好生活的向往与不平衡不充分发展之间的矛盾,意味着我国在今后一段时间内,仍然要加快经济社会的高质量发展,必须维护我国团结稳定的社会局面。只有铸牢中华民族共同体意识,把人民对美好生活的向往才能转化为共同奋斗的目标,才能同心协力创造更美好的生活,最大程度维护各民族根本利益。

2.铸牢中华民族共同体意识,是实现中华民族伟大复兴的必然要求。

实现中华民族伟大复兴,是中华民族近代以来最伟大的梦想,是中国特色社会主

① 国家民族事务委员会编:《中央民族工作会议精神学习辅导读本》,民族出版社,2015年,第8页。
② 郝时远:《民族工作以铸牢中华民族共同体意识为"纲"》,《贵州民族研究》2021年第5期,第1—7页。

义的发展目标。该目标的达成,不仅需要强大的经济基础,更需要强劲的精神动力。铸牢中华民族共同体意识,各民族像石榴籽一样紧紧抱在一起,才能汇聚起强大的精神力量,实现中华民族伟大复兴的中国梦。

3.铸牢中华民族共同体意识,是巩固和发展平等团结互助和谐社会主义民族关系的必然要求。

中国是一个统一的多民族国家,有民族存在,就会有这样那样的民族矛盾与问题。纵观中国历史,创造辉煌成就的朝代,一定呈现大一统状态。参照其他多民族国家破坏国家统一的不稳定因素,必定和处理民族问题相关。因此,铸牢中华民族共同体意识,才能引导家庭成员在中华民族大家庭手足相亲、守望相助,促进各民族共同团结奋斗、共同繁荣发展。

4.铸牢中华民族共同体意识,是党的民族工作开创新局面的必然要求。

中国共产党百年光辉历程的实践表明,对于多民族的中国来说,党的民族工作是国家各项事务中非常重要的政治事务之一,做好党的民族工作,必须将马克思主义民族理论与中国具体实际相结合。随着中国特色社会主义进入新时代,特别是面临两个一百年的历史交汇期,面对中华民族伟大复兴战略全局和世界百年未有之大变局,党的民族工作面临新的机遇与挑战,只有铸牢中华民族共同体意识,凝聚全体中华儿女的力量,才能应对并开创民族工作新局面。

(二)不断夯实铸牢中华民族共同体意识的基础

1.政治基础:民族区域自治制度

民族区域自治是我国解决民族问题的基本方针和顶层设计,是中国特色社会主义基本政治制度之一,是我国做好民族事务的制度安排。我国第一个省级民族自治地方——内蒙古自治区的成立,是民族区域自治政策在内蒙古的成功实践,显示了巨大的优越性。中华人民共和国成立后,在我国单一制国家结构形势下不断完善民族区域自治制度,发挥其民族性、地域性的优势,有效处理"一"和"多"的关系。中华人民共和国成立70多年的经验表明,民族区域自治是符合我国国情的处理民族问题的方式,必须不断坚持下去,成为铸牢中华民族共同体意识坚实的政治基础。

2.物质基础:各民族共同繁荣发展

如前所述,各民族共同繁荣是马克思主义处理民族问题的基本原则之一。在此原则基础上,中国共产党从中国的具体实际出发,在不同历史发展时期制定了灵活多样的政策,促进少数民族和民族地区发展。在中华人民共和国成立初期,国家整体处于"一穷二白"的状态,少数民族和民族地区更是处于全国水平之下。为此,党和国家出台了一系列扶持、帮助少数民族的政策,专门召开西藏、新疆工作座谈会,加快少数民族和民族地区的经济发展速度。改革开放以来,各族人民在中国共产党的领导下,逐步实现了富起来的发展目标,在西部大开发、兴边富民、扶持人口较少民族发展等政策的指引下,少数民族和民族地区实现了全面小康的奋斗目标。只有各民族共同繁荣发展,才能为铸牢中华民族共同体意识提供丰厚的物质基础。

3.思想基础:对中华文化的广泛认同

中华民族具有五千多年的文明史,形成了丰富的文化宝库。中华灿烂的优秀文化是各民族共同创造的,离不开各族人民对中华文化的共同维护。各族人民对本民族的认同与对中华民族的认同具有一致性,同样,对本民族文化的认同也与对中华文化的认同是一致的。文化是一个民族最深层次的特征,中华民族亦是如此。因此,加强对中华文化的广泛认同,可以为铸牢中华民族共同体意识提供深厚的思想基础。

4.社会基础:各民族交往交流交融

我国历史上虽然存在阶级统治和民族压迫,但各族人民交往交流是历史发展的主流。在交往交流的过程中,各民族之间相互了解的广度和深度都有所增加,共同性的因素愈来愈增强,不断形成你中有我、我中有你的交往关系。中华人民共和国成立后,社会主义新型民族关系逐步建立并进一步巩固加强。改革开放以来,随着城市化进程的不断加快,城市逐渐成为民族工作的重要场域,各民族交往交流交融的程度进一步加深,为铸牢中华民族共同体意识提供了牢固的社会基础。

5.法治基础:依法治理民族事务

民族事务和其他社会事务一样,必须在法治的框架内才能有序进行,因此,民族事务也要做到有法可依、依法治理。1984年,《中华人民共和国民族区域自治法》的颁布并实施,使我国的民族工作步入了法治化轨道,自治条例、单行条例的颁布,充实并完善了我国社会主义民族工作法治体系,为铸牢中华民族共同体意识提供了扎实的法治基础。

(三)切实践行铸牢中华民族共同体意识的核心要义

1.对伟大祖国的认同

人的本质特征是其社会性,人是社会的一分子,正是单个的个体构成了集体,而国家是集体的集合。只有维护国家的整体利益,才能保障个人的正当利益。因此,必须切实增强对伟大祖国的认同,加强爱国主义、集体主义、社会主义教育,践行社会主义核心价值观,树立正确的祖国观,自觉维护国家利益,同一切妄图分裂祖国的言行作斗争。

2.对中华民族的认同

认同是民族成员对于其民族归属的自觉认可。如同我国民族的两个层次,即国家层次的中华民族和微观层次的各民族,民族认同也包括两个层次,即对本民族的认同和对中华民族的认同。中华民族是由我国各民族凝聚而成的,56个民族的"多"和中华民族的"一"共同构成了中华民族多元一体格局。因此,对各民族的认同和对中华民族的认同非但不冲突,而且是相互统一的。增强对中华民族的认同,是民族认同的最高层次。

3.对中华文化的认同

文化认同是最深层次的认同,是民族团结之根、民族和睦之魂。各民族在不断发展过程中,都创造了辉煌的民族文化,构成了中华文化灿烂的艺术瑰宝。因此,对中华文化的认同,是最高层次、最根本的认同。

4.对中国共产党的认同

近代以来,随着中国逐步积贫积弱,各阶级纷纷登上历史舞台探索现代国家建构之路,然而,历史证明,农民阶级、地主阶级、资产阶级都不能解决中国的问题,只有中国共产党改变了中国的命运、改变了中华民族的命运。因此,坚持党的领导,是党和国家的根本所在、命脉所在,是全国各族人民的利益所在,更是铸牢中华民族共同体意识的根本保证。增强对中国共产党的认同,就是要坚决维护党在民族工作、民族事务中的主心骨地位,夯实我国民族团结的政治保障。

5.对中国特色社会主义的认同

中国特色社会主义道路是中国共产党将马克思主义普遍真理与中国实际相结合的典范,改革开放以来的实践证明,中国特色社会主义是符合中国国情的正确道路,它不仅使中华民族实现了站起来、富起来、强起来的伟大飞跃,而且为世界其他国家提供了可借鉴的中国模式与中国智慧。因此,增强对中国特色社会主义的认同,就是要通过"中国之治"与"西方之乱"的鲜明对比,深刻认识到只有坚持中国特色社会主义,坚定不移走中国特色解决民族问题正确道路,才能在百年未有之大变局中实现中华民族伟大复兴。

民族交往交流交融的典型例证
——中国古代合璧文字文献刍论

史金波

摘　要：中国作为统一的多民族国家，在存世的大量文献中有很多两种或两种以上民族文字书写、镌刻在一起的文献，形成颇具特色的合璧文字文献。本文从大量存世和出土的文献，包括碑刻、印章、钱币、符牌、书籍、社会文书、题记等中搜集合璧文字文献，按朝代顺序系统梳理论述。同时，进一步探讨合璧文献的成因，认为这些文献源于中国历史上民族之间的密切关系，有的宣示中央和地方政权的关系，有的记录重大历史事件，有的显示社会生活、培养双语人才、科举考试和传播宗教的实际需要。分析了合璧文献有历时长、文种多、数量大、以汉文为主体、呈渐增趋势等特点。论证了合璧文献在历史学、民族学、文字学、语言学和文化交流方面的重要学术价值，形成中华民族文化的一道亮丽的风景，折射出中华民族多元一体的内在联系，体现出其多学科、多方面的学术价值和文物价值，是中华优秀传统文化的瑰宝，值得珍视。

关键词：文字；合璧文献；汉文；民族文字；交往交流交融

中国自古以来是一个多民族国家。中国的历史是各民族共同缔造、发展、统一为伟大祖国的历史。历史上很多民族创造了记录自己语言的文字，并形成了大量文献，这不仅对各民族文化发展起到重大的推动作用，同时也为光彩夺目的中华民族文化宝库增添了重要内容。汉文历史悠久，文献数量巨大，内容丰富。此外还有30多种少数民族古文字，如佉卢字、焉耆—龟兹文、于阗文、粟特文、突厥文、回鹘文、吐蕃文、契丹文、西夏文、女真文、蒙古文、八思巴字、彝文、傣文、白文、水文、察合台文、满文等。各种民族文字书写或镌刻的文献种类多样、丰富多彩，争奇斗艳，是多民族历史文化的重要载体，是中华优秀传统文化的重要组成部分。在众多的文献中，有一类是两种或两种以上文字书写在一起的文献，形成颇具特色的合璧文字文献，凸显出中华民族多元一体的特色,具有十分重要的文物价值和学术价值。

一、历代合璧文献纵览

两种或两种以上文字的合璧文献,起始悠远,流布广泛。保存至今的这类文献多种多样,琳琅满目。从现在已发现的文献看,至少从汉代就已经有了合璧文字文献。

(一)汉代的汉文、佉卢字合璧钱币"马钱"

古代鄯善国位于丝绸之路南道,在今新疆若羌县一带,是西域三十六国之一,与汉朝有着密切的友好关系。汉神爵二年(前60年),设置西域都护府,这一带直接隶属中央管辖。东汉明帝永平十六年(73年),班超出使西域,首先到达鄯善。

鄯善国使用的文字是佉卢字。由于民族之间商贸交换的需要,受汉朝五铢钱的影响,在当地铸造的一种钱币,一面用汉文篆字标明币值,另一面正中为马或骆驼图案,钱币周围一圈是佉卢字母,为国王的名字,是汉文和佉卢字二体文字钱,又称马钱(图1)①。这种二体钱币,反映出当时汉族和少数民族在经济、文化上的密切关系。

图1 汉文、佉卢文合璧马钱

(二)魏晋至唐朝的合璧文献

1.最早的双语词汇表《汉语—于阗语词汇》

于阗王国历史悠久,早在西汉时期就与中原王朝有联系,后来是唐代安西四镇之一。境内通行汉文,年号、纪年都仿汉制。

记录于阗语的于阗文,文献多为7—10世纪的遗存。在于阗文中有大量汉语借

---

① 夏鼐:《和阗马钱考》,《文物》1962年第2期,第60—63页。

词,有的文献还在于阗文中夹写汉字。已发现的《汉语—于阗语词汇》表明了当时使用双语的实际情况。此外,《突厥语—于阗语词汇》等文献反映出于阗地区与同时代的突厥有密切的关系。[①]

2.汉文、突厥文合璧《阙特勤碑》和《毗伽可汗碑》

6世纪,在蒙古高原上建有突厥汗国,后分为东、西两个汗国,至8世纪灭亡。突厥汗国的文字为突厥文,使用时间为7—10世纪。现存的突厥文文献大部分是突厥文碑铭,最著名的两方碑是《阙特勤碑》(图2)和《毗伽可汗碑》。阙特勤是后突厥汗国可汗阿史那骨咄禄之子,拥立其兄默棘连为毗伽可汗。毗伽可汗与唐保持友好关系,连年向唐遣使朝贡,后被其大臣毒死。唐玄宗派使臣吊祭,开元二十年(732年)七月敕命立碑,亲撰碑文。[②]《毗伽可汗碑》四面皆刻字,西面汉文,为唐玄宗所撰;其余三面为突厥文,内容为两位可汗生平事迹。两碑记录了后突厥汗国的历史,有重要的文献价值。

图2　汉文、突厥文合璧《阙特勤碑》

3.汉文、突厥文、粟特文合璧《九姓回鹘可汗碑》

《九姓回鹘可汗碑》(图3)是回鹘汗国时期的碑刻,回鹘在中国西北部地区,与唐

---

① 黄振华:《于阗文研究概述》,《中国民族古文字研究》,中国社会科学出版社,1984年,第64—86页。
② [宋]欧阳修、宋祁撰:《新唐书》卷二百一十五下《突厥下》,中华书局,1975年,第6054页。

图3　汉文、突厥文、粟特文合璧
《九姓回鹘可汗碑》

朝保持友好的关系,后分几支西迁,分别成为"甘州回鹘""沙州回鹘"和"西州回鹘"。碑石为唐元和九年(814年)立,记述回鹘建国后至保义可汗在位时的史事、与唐朝的关系及摩尼教传入回鹘的情况。石碑正面左侧刻汉文19行,左转角1行,左侧面14行。粟特文在正面右侧,正面27行,右转角1行,右侧面17行。突厥文横书,刻在碑阴面,约116行。此碑是唐与回鹘友好关系的见证。[1]

4.汉文、藏文合璧的文献

居住在青藏高原的藏族,古代称吐蕃。7世纪初,藏族领袖松赞干布建立了吐蕃王朝。他大力发展同唐朝的友好往来,努力吸取唐朝的先进文化和生产技术,先后两次派遣大臣赴唐朝请婚,迎娶了文成公主。

保存至今的藏文文献十分丰富。吐蕃王朝与中原汉族地区有广泛的文化往来,翻译了中原地区的不少经典著作,如《今文尚书》《战国策》等。[2]以藏文和汉文书写的合璧文献也有多种。

(1)汉文、藏文合璧《唐蕃会盟碑》

唐长庆元年(821年)唐朝和吐蕃会盟于长安,翌年又会盟于逻些(今西藏拉萨),后在逻些立《唐蕃会盟碑》(图4),又称《甥舅和盟碑》《长庆会盟碑》。碑正面西向是汉、藏文两体对照,左半藏文横书76列,右半汉文直写楷书6行,文义相同。北面为吐

---

① 中国国家图书馆、中国古籍保护中心:《第四批国家珍贵古籍名录图录》第6册,11366号,2014年。
② 藏族简史编写组:《藏族简史》,西藏人民出版社,1985年,第83—85页。

蕃与盟官员 17 人名单,藏、汉文对照,上为藏文,40 列。南面为唐廷与盟官员 18 人名单,有藏语译音 49 列。东面为藏文盟词,78 列。碑文赞美了汉、藏之间的友谊,记录了会盟的经过,有重要的历史和文物价值。此碑现仍矗立在拉萨大昭寺前,一直受到藏汉人民的敬仰,为全国重点文物保护单位。

图 4　汉文、藏文合璧《唐蕃会盟碑》

(2)汉文、藏文对音文献《千字文》等

敦煌石室藏书是多民族文化宝藏,其中有大量古藏文文献,也包括古藏文与汉文对音文献。如汉藏对音《千字文》,原卷残,存汉文 53 行,竖写,字左侧注藏文对音。还有两种文字对照的佛经《大乘中宗见解》《阿弥陀经》《金刚经》,以及《开蒙要训》等。此外还有《汉藏对音词语表》等。这么多汉文、藏文译音资料,反映出汉、藏之间在文化、宗教方面的密切联系。

5.汉文、回鹘文合璧题记

回鹘人西迁后,逐渐废弃了在漠北使用的突厥文,改用回鹘文。在 9 世纪前后已有大量回鹘文文献形成,并用回鹘文翻译了很多经典。①回鹘人信奉佛教,在新疆和

---

① 耿世民:《回鹘文》,《中国民族古文字研究》,中国社会科学出版社,1984 年,第 97—104 页。

图5 有汉文、回鹘文合璧题款的供养人像

图6 汉文、粟特文合璧的《大唐故安优婆姨塔铭》

敦煌一带留存不少回鹘佛教石窟。有的石窟中绘制有回鹘贵族供养人，一些供养人像旁书写有回鹘文、汉文合璧题款(图5)，反映了当时民族间的密切联系。

6.汉文、粟特文合璧《大唐故安优婆姨塔铭》

隋唐时期，粟特人活跃在西域丝绸之路上，他们擅长经商，有较先进的文化。[1]粟特人使用粟特文。《大唐故安优婆姨塔铭》(图6)由汉文和粟特文两部分组成。汉文11行，粟特文17行，叙述粟特人死者家世原属昭武九姓，迁居姑臧(今甘肃省武威)，后居住于长安的史实，反映了当时民族间的密切交往。

这一时期还有一些少数民族政权，以汉文为官方文字。如南方的南诏国，其统治者是乌蛮，受汉族文化影响很深，推行儒学，使用汉文。南诏王阁罗凤时所立的《南诏德化碑》、南诏王舜化贞授意绘制的《南诏图传》款识和题记都是汉字。再如南诏王异牟寻与唐朝使者会盟的誓文也用汉文书写。此外，南诏王给朝廷和剑南节度使的表奏、书信也都用汉文书写。

---

① [唐]李延寿撰:《北史》卷九十七《魏本纪》,中华书局,1974年,第3221页。

（三）宋、辽、夏、金时期的合璧文献

宋、辽、夏、金时期，是中国几个王朝分立时期。辽、夏、金先后创制了契丹文、西夏文和女真文，都以民族文字书写了很多文献，其中也包括合璧文字文献。

1.多种类型的汉文、西夏文合璧文献

西夏以党项族为主体民族，境内还有汉族、藏族、回鹘等民族。西夏时期文教兴盛，大力吸收其他民族文化，特别是中原地区宋朝的文化。

西夏创制和推行党项族的文字（蕃文），后世称为西夏文。其境内同时使用汉文、藏文、回鹘文。西夏时期合璧文献种类繁多。

（1）汉文、西夏文合璧《凉州重修护国寺感通塔碑》

夏天祐民安三年（1093年），由皇帝、皇太后发愿重修凉州（今甘肃省武威市）感通塔及寺庙，翌年完工后立碑赞庆。该碑系西夏文、汉文合璧碑，一面刻西夏文28行，另一面刻汉文28行（图7）。两面内容相近，记建塔后的感应故事、西夏重修塔寺的经过及庆典活动。①此碑今存甘肃省武威市博物馆，为全国重点文物保护单位。

图7 汉文、西夏文合璧《凉州护国寺感通塔碑》

---

① 史金波、白滨、吴峰云：《西夏文物》，文物出版社，1988年，图102，图103，图104，第138—139页。

（2）双语双解西夏文、汉文对照词语集《番汉合时掌中珠》

西夏仁宗乾祐二十一年（1190年）编印了西夏文、汉文双解词语集《番汉合时掌中珠》（图8）。全书37页，将常用词语分类编排。每一词语都有四项，中间两项分别为西夏文和相应意义的汉文，左右两项分别为中间西夏和汉文的相应译音字。此书便于两族互相学习对方语言文字，是一部特殊的工具书，是世界上最早的双语双解的辞书。①

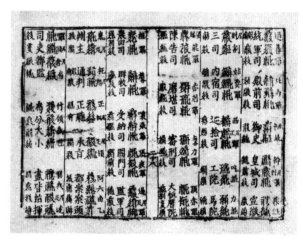

图8　西夏文、汉文刻本《番汉合时掌中珠》

（3）西夏文、汉文合璧历书

历书是常用书籍，因其仅能当年使用，用过即废，所以保存下来的古代历书极少。出土的西夏历书种类多样，其中一件记录了长达86年的历书，每年一页，西夏文和汉文混写。这种用西夏文、汉文两种文字制作的历书，表明在西夏，党项族和汉族共同使用统一历书。②

（4）西夏文、汉文合璧社会文书

黑水城出土文献和敦煌出土文献中有多件西夏文、汉文合璧社会文书，其中有户籍、契约等。一件手实（户籍原本）文书，存西夏文草书56行，间有涂改。该件列诸多财物项目，如土地、牲畜、衣物等，并在旁边用汉字标注出估算的价值，以合粮食多少石来计算。③

---

① 骨勒茂才著，黄振华、史金波、聂鸿音整理：《番汉合时掌中珠》，宁夏人民出版社，1989年。
② 史金波：《西夏的历法和历书》，《民族语文》2006年第4期，第41—48页。
③ 俄罗斯科学院东方研究所圣彼得堡分所、中国社会科学院民族研究所、上海古籍出版社：《俄藏黑水城文献》13册，上海古籍出版社，2007年，第270页。

又有西夏皇建元年(1210年)卖人口契,编号Инв.No.7903。此契写西夏文草书16行,契尾签署上部有汉文小字3行,较大汉文1行,注明契约的主要内容:立契者卖"私人一户""价钱一百贯"。这应是买卖双方分别为汉人和党项人的原因。①

(5)西夏文、汉文合璧壁画题记

西夏信奉佛教。在敦煌莫高窟中有很多西夏时期的石窟,其中有的绘有供养人像,有的供养人像旁有西夏文、汉文合璧题记。如莫高窟第65窟的供养比丘像旁皆有汉文和西夏文对照榜题(图9),表明其身份和名字。②

图9 莫高窟第65窟供养人西夏文、汉文合璧题记

2.汉文、藏文合璧文献

(1)汉文、藏文合璧《黑水建桥碑》

西夏仁宗于乾祐七年(1176年)在甘州(今甘肃省张掖市)的黑水河立建桥碑,并亲临祭神。该碑阳面刻汉文13行,阴面刻藏文21行,内容记仁宗褒扬贤觉菩萨兴建此桥并祭神以求水患永息、桥道久长(图10)。此碑镌刻汉、藏两种文字,反映出这一

① 史金波:《黑水城出土西夏文卖人口契研究》,《中国社会科学院研究生院学报》2014年第3期,第121—129页。

② 史金波、白滨、吴峰云:《西夏文物》,文物出版社,图406,第281页。

地区在西夏时期多元的文化现象。①

图 10　汉文、藏文合璧《黑水建桥碑》

（2）用藏文注音的西夏文文献

黑水城还出土有多纸特殊的西夏文佛经写本，其中每一个西夏字都用藏文注音，便于懂藏文的人学习西夏文佛经。②此外黑水城遗址还出土有"汉文而用藏文注释"的残页（图11）。由此可见当时西夏境内主要民族在文化交流中的密切关系。

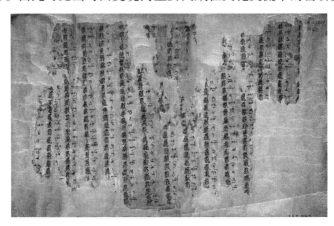

图 11　用藏文注音的西夏文佛经

---

① 史金波、白滨、吴峰云：《西夏文物》，文物出版社，图105，106，第140页。
② 米开罗·皮欧特洛夫斯基：《丝路上消失的王国——西夏黑水城的佛教艺术》，台湾历史博物馆，1996年，第261页。

3.汉文、契丹文合璧的《大金皇弟都统经略郎君行记》

契丹族建立的辽朝文化发达,重视儒学,先后创制契丹大字、契丹小字,用契丹文翻译了不少中原地区典籍。存世的契丹文文献多为碑刻,以墓志铭为最多。

汉文、契丹文合璧碑刻《大金皇弟都统经略郎君行记》(图12),是辽朝灭亡后在金天会十二年(1134年)刻于陕西省乾县唐乾陵前的《无字碑》上,正文为契丹小字,左侧刻有汉字译文。[①]当时虽已创制女真文,但契丹字仍在金朝流通。此碑记录了金朝皇弟完颜撒离喝重修乾陵的缘由和经过,反映了当时多种文字使用的状况,以及汉族、契丹族、女真族文化上的相互交融。

图12 汉文、契丹文合璧的
《大金皇弟都统经略郎君行记》

4.女真文、汉文合璧碑刻

金朝用女真文翻译了很多中原的汉文儒学、史学典籍。[②]女真文和汉文合璧文献有多种碑刻。

(1)《大金得胜陀颂碑》

该碑坐落在吉林省松原市扶余市德胜镇石碑崴子屯,金世宗大定二十五年(1185年)刻,碑额阳面汉文篆字"大金得胜陀颂",阴面刻女真字。碑身阳面刻汉文30行,碑阴为女真文32行。碑文分序文、献文,序文记阿骨打誓师起兵反辽之事,献文为颂词。此碑对研究早期金史和女真字有重要的价值,为全国重点文物保护单位。

(2)《女真进士题名碑》

该碑为金哀宗正大元年(1224年)刻。碑阳为汉文,明代将原文磨平,改刻顺河庙

① 傅懋勣:《中国民族古文字图录》,中国社会科学出版社,1990年,第268、394页。
②[元]脱脱等撰:《金史》卷八《世祖本纪》,中华书局,1975年,第184页。

碑记;碑阴为女真文,记金哀宗御隆德殿举行女真进士科考试及进士名录。碑原立于开封郊外宴台,现藏开封博物馆。

(3)《昭勇大将军同知雄州节度使墓志》

该志为金代汉文、女真文合璧碑碣,于吉林省舒兰市小城镇的马路村出土。志的右边小字有汉字与女真字。

(四)元代的合璧文献

13世纪初,蒙古族建立起强大的蒙古汗国,先后攻灭西辽、西夏、金朝、南宋,建立元朝。

元朝首先用回鹘文书写蒙古语言,为回鹘式蒙古文。中统元年(1260年)忽必烈命八思巴创制蒙古新字,用以"译写一切文字"①,被称为"国字",近代称为"八思巴字"。元代用蒙古文翻译了汉文典籍中很多儒学、史学著作。②此外还翻译了当时的《列圣制诏》及《大元通制》等。③元代合璧文字文献很丰富,并拓展了多体文字合璧形式,反映了当时多民族文化的丰富多彩和密切交流。

1.六体文字石刻

(1)居庸关过街塔六体文字石刻

元至正五年(1345年)修建的居庸关过街塔云台门洞内壁,由巨石砌成,其上镌刻六种文字,有汉、梵、藏、八思巴、回鹘、西夏文,内容为经题和三种《陀罗尼经》(图13)。④六种文字中除梵文外,其余5种文字在当时都是通行文字。此过街塔是全国重点文物保护单位。

(2)莫高窟六体文字真言碑

速来蛮西宁王在敦煌莫高窟建造像碑,其上用汉、梵、藏、八思巴、回鹘、西夏文六种文字镌刻了六字真言。

(3)甘肃省永昌六体文字石刻

甘肃永昌圣容寺附近的山石上也凿刻了汉、梵、藏、八思巴、回鹘、西夏文六体文字真言。

---

① [明]宋濂等撰:《元史》卷二百二《释家传》,中华书局,1976年,第4518页。
② [明]宋濂等撰:《元史》卷十二《世祖本纪》,中华书局,1976年,第242页
③ [明]宋濂等撰:《元史》卷二十九《泰定帝本纪》,中华书局,1976年,第643页。
④ 傅懋勣:《中国民族古文字图录》,中国社会科学出版社,1990年,第282、396页。

　　以上三处石刻皆用相同的六种文字，并非偶然，反映了当时多民族语言文字通用的情况。

图13　居庸关过街塔门洞内六体文字石刻

　　2.五体文字合璧夜巡牌

　　元代夜巡牌，铜质，圆形牌身，覆荷状牌顶。牌顶正反两面为梵文六字真言之"嗡"字。牌身正面正中楷书汉文"元"字，左右分别为藏文和汉文"天字十二号夜巡牌"。背面分别是回鹘式蒙古文、八思巴字和察合台文。藏文、蒙古文、八思巴文、察合台文的译文均为"夜巡牌"。该牌为元上都卫戍部队夜间巡逻所佩戴的腰牌（图14）。该牌反映了元朝多民族文字并用、文化交融的时代特征。现该牌为内蒙古兴安盟科右中旗博物馆收藏。

图14　五体文字合璧夜巡牌

图15　八思巴字、汉文合璧
《安西王令旨碑》

3.四体文字合璧至元通宝钱

至元通宝四体文钱,一面有"至元通宝",背面有三种文字,穿上、穿下为蒙古文八思巴字"至元",穿右为察合台文"通",穿左为西夏文"宝"。

4.汉文、八思巴字合璧文献

(1)八思巴字、汉文合璧《安西王令旨碑》

碑文八思巴字23行,汉文24行,内容为皇子安西王下令旨保护寺庙。碑文附刻三行回鹘式蒙古文(图15)。

(2)汉文、八思巴字合璧《大元累授临川郡吴文正公宣敕》

系元政府颁发给官员吴澄的授官文书,共11件,宣8件,敕3件,皆在汉字旁以八思巴字注音,后于明代永乐四年被吴氏后人复制入文集中。

(3)八思巴字、汉文合璧《百家姓》(图16)

该书收录在宋陈元靓编《事林广记》(元增修重版)中。每半页11行,每行先写八思巴字,于其下写汉文姓氏。①

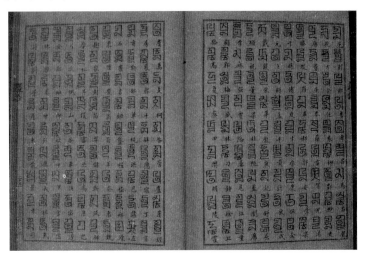

图16　八思巴字、汉文合璧刻本《百家姓》

---

① 史金波、黄润华:《中国历代民族古文字文献探幽》,中华书局,2008年,第174—175页。

(4)汉文、八思巴字合璧《蒙古字韵》

此书系元代用八思巴字拼写汉语的范本,分为上、下两卷,上卷34页,下卷31页。每一韵又分为若干韵类,每一韵类中按声类传统顺序排列同音字组,上冠八思巴字母的字头,下列所拼汉字,是研究由八思巴字母拼写汉语最为重要的文献资料。

5.汉文、回鹘式蒙古文合璧文献

(1)汉文、蒙古文合璧《孝经》

元代有汉文、蒙古文合璧的《孝经》(图17),线装刻本,行款按蒙古文惯例由左向右,每句汉文后用蒙古文对译。现藏故宫博物院。[①]

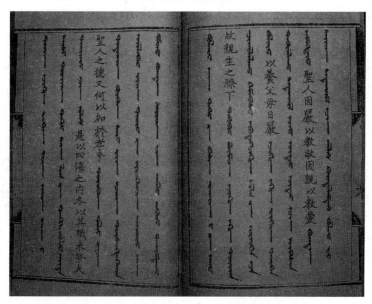

图17 汉文、回鹘式蒙古文合璧刻本《孝经》

(2)汉文、蒙古文合璧《云南王藏经碑》等

元代云南王阿鲁于1340年颁布给筇竹寺的一道令旨,记述云南王阿鲁捐赠给该寺"楮币一百五十锭"以其利息诵《地藏经》。令旨碑额为八思巴字拼写汉语"云南王藏经碑"六个大字,碑文一面有20行回鹘式蒙古文,另一面是1316年元仁宗的21行汉字圣旨。现立于云南昆明筇竹寺内。

另外还有多通汉文、蒙古文合璧碑刻,如《济源十方大紫宫圣旨碑》(1240年)、《释

① 道布:《回鹘式蒙古文》,《中国民族古文字图录》,中国社会科学出版社,1990年,第295页。

迦院碑记》(1257年)、《少林寺圣旨碑》(1253—1268年三通)、《只必帖木儿大王令旨碑》(1277年)、《忽必烈牛年圣旨碑》(1277年或1289年)、《张氏先茔碑》(1335年)、《竹温台公神道碑》(1338年)、《西宁王忻都公神道碑》(1362年)等。

6.汉文、回鹘文合璧文献

(1)汉文、回鹘文合璧《亦都护高昌王世勋碑》

元顺帝元统二年(1334年)立,碑身两面分别刻汉文、回鹘文,上部残。汉文36行,回鹘文分栏刻字,残存碑下半部四栏半,每栏50或52行,文多漫漶不清,记载八代高昌王及其后裔的历史事迹,现存武威市文庙(图18)。①

图18 汉文、回鹘文合璧《亦都护高昌王世勋碑》

(2)汉文、回鹘文合璧《大元肃州路也可达鲁花赤世袭碑》

元末至正二十一年(1361年)立于肃州(今甘肃省酒泉市),汉文、回鹘文合璧。汉文23行,回鹘文32行,磨损严重。内容记元太祖征西夏时,肃州党项人举立沙献城归顺,后助太祖征讨战死,其子阿沙为肃州路大达鲁花赤,遂12世袭不绝,历130余年。此碑是西夏灭亡后河西走廊党项族活动的珍贵史料。②

---

① 耿世民:《耿世民新疆文史论集》,中央民族大学出版社,2001年,第400页。
② 白滨、史金波:《〈大元肃州路也可达鲁花赤世袭之碑〉考释——论元代党项人在河西的活动》,《民族研究》1979年第1期,第68—80页。

（3）汉文、回鹘文合璧《佛说温室洗浴众僧经》

出土于吐鲁番的《佛说温室洗浴众僧经》是13世纪的写本，残存两页4面38行，为汉文、回鹘文对照。此外还有《佛名经》也是汉文、回鹘文合璧。

7.汉文、藏文合璧《大元国师法旨碑》

该碑位于山东长清大灵岩寺内千佛殿前，上半为藏文，自左向右横书，共12列，为无头字体，下半为汉字。碑文为保护灵岩寺财产的规定（图19）。[1]

8.汉文、西夏文合璧《小李钤部墓碑》

河北省大名县出土元至元十五年（1278年）汉文、西夏文墓碑。顶部篆书"小李钤部公墓志铭"八字。碑文一面为西夏文两行11字，译为"田氏夫人母亲小李钤部大人"；一面刻汉文21行，记载小李钤部归附成吉思汗随从蒙古军征战，最终任职大名路达鲁花赤事迹。

图19　汉文、藏文合璧《大元国师法旨碑》

9.汉文、回鹘文、叙利亚文合璧《也里世八墓碑》

江苏扬州出土的元延祐四年（1317年）大都忻都妻也里世八之墓碑，右刻汉字3行，记"次丁巳延祐四年三月初九日三十三岁身故五月十六日明吉大都忻都妻也里世八之墓"。左刻叙利亚文字母拼写的回鹘语12行，记墓志主人33岁亡故事。[2]

（五）明代的合璧文献

明朝统一了中国的大部分地区。元朝王室的后裔各部总称鞑靼或瓦剌，退守长城以北，有时与明朝对抗，有时归顺明朝，他们之间保持着友好往来。

---

① 王尧:《山东长清大灵岩寺大元国师法旨碑考释》,《文物》1981年第11期,第45—50页。

② 有专家认为此碑是汉文、古维吾尔语即回鹘文和叙利亚语合刻,见王丽燕《基督教徒忻都妻也里世八墓碑》,《图书馆工作与研究》2006年第4期,第63—64页。

1.汉文和少数民族文字对照的《译语》

明朝与少数民族的交往逐渐增多,为解决语言交流问题特建四夷馆。四夷馆除教学外,还翻译民族地区和外国的来文,以及皇帝给他们的敕谕和朝廷回函。[1]四夷馆编撰了一套《译语》供各馆使用,包括女真馆、鞑靼馆、高昌馆、西番馆、百夷馆译语等。《译语》分两部分:一是"杂字",分类排列,每个词先写民族文字,再写汉文词义。二是"来文",为各地方政权进贡、求赏的奏文和皇帝给他们的敕谕及回函(图20、图21)。[2]

 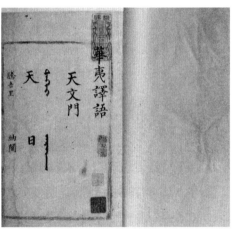

图20　蒙古文、汉文合璧《华夷译语·杂字》　　图21　蒙古文、汉文合璧《华夷译语·来文》

2.标注蒙古语字音的《蒙古秘史》

明洪武十五年(1382年)翰林院侍讲火源洁、编修马沙亦黑奉敕将蒙古文本《蒙古秘史》译成汉文,后收入《永乐大典》。此译本蒙古文用汉字译音写出,每个词旁译注汉文词义,每节附有内容意译择要,被称为汉字标音本。蒙古文原本已佚。

3.汉文、藏文合璧的《圣妙吉祥真实名经》

中国国家图书馆藏有明永乐九年(1411年)北京刻印的汉藏对照的《圣妙吉祥真实名经》方形木刻本,首尾有明成祖撰写的序和藏文译文,形成合璧文献(图22)。

又明代刻印永乐版藏文《大藏经》,其封题为金文,汉文、藏文合璧。

---

① 郎瑛:《国事类》,《七修类稿》,卷十二,上海书店出版社,2009年,第215—218页。
② 史金波、黄润华:《中国历代民族古文字文献探幽》,中华书局,2008年,第207—209页。

4.汉文、彝文合璧碑刻

彝族有悠久的历史,文化发达,使用彝文很早,但早期彝文文献都没有留存下来。明代留存有一些彝文文献,另有汉文和彝文合璧文献,多是铜钟铭文和碑刻。

(1)汉文、彝文合璧《成化钟》

明成化二十一年(1485年)由彝族罗甸水西酋长、贵州宣慰使安贵荣与其妻奢脉捐资铸造,重约300公斤,中部周围有彝文、汉文8幅。钟文记捐资建庙铸钟事。现存贵州大方县文物管理所(图23)。①

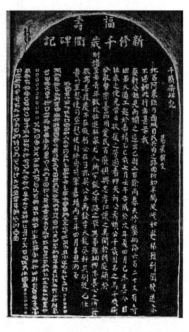

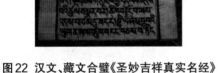

图22 汉文、藏文合璧《圣妙吉祥真实名经》　　图23 汉文、彝文合璧《成化钟》及铭文

(2)汉文、彝文合璧新修《千岁衢碑》

该碑于明嘉靖二十五年(1546年)刻于道旁岩石上,由彝族罗甸水西摄职彝君长、贵州宣慰使安万铨捐资兴建。碑面右幅刻汉文,左幅刻彝文,记开山、凿石修筑千岁衢事(图24)。②

---

① 史金波、黄润华:《中国历代民族古文字文献探幽》,中华书局,2008年,第237页。
② 史金波、黄润华:《中国历代民族古文字文献探幽》,中华书局,2008年,第238页。

图24 汉文、彝文合璧新修《千岁衢碑》

5.汉文、女真文合璧《永宁寺碑》

明初建州女真和海西女真还在东北地区使用女真文。明永乐十一年(1413年)建于黑龙江岸的石岩上的《永宁寺碑》,又名《奴儿干都司永宁寺碑》,用四种文字镌刻,阳面汉文30行,阴面女真文、蒙古文各15行,两侧为用汉文、女真文、蒙古文、藏文刻写的佛字六字真言。[①]

6.西夏文、汉文合璧经幢

在河北省保定市西郊韩庄的寺庙遗址出土了两座八面石幢,上刻西夏文《佛顶尊胜陀罗尼经》,并有明弘治十五年(1502年)西夏文、汉文造幢的年款。幢上刻人名上百,其中有党项姓,证明至明中期还有一批党项人在中原活动(图25)。[②]

图25 西夏文、汉文合璧经幢

---

① 史金波、黄润华:《中国历代民族古文字文献探幽》,中华书局,2008年,第288—289页、第397页。
② 史金波、白滨:《明代西夏文经卷和石幢初探》,《考古学报》1977年第1期,第143—164页。

（六）清代的合璧文献

建州女真首领努尔哈赤于明万历四十四年（1616年）建立后金。其子皇太极于天聪八年（1634年）十月改国号为清。

努尔哈赤于明万历二十七年（1599年）下令创制满文，被称为老满文。天聪六年（1632年）皇太极命对老满文进行改进，创制新满文。用满文翻译的汉文文献和撰写、记录的书籍、档案数量巨大，同时也形成了很多两种或两种以上文字合璧的文献。

1.多种合璧文字的《译语》

清代借鉴明朝经验，设立会同四译馆，编撰了一批《译语》（图26），这批译语除一种外均为汉文与少数民族文字对照。译语所涉及的地域大多包括四川、云南、西藏一带，有民族名称的共31种，另有琉球、暹罗、缅甸、印度和欧洲等外国语言的共11种。①《译语》中每一词语先写民族文字，中为汉文释义，后为民族语言汉字对音。这一大批合璧文字文献，反映了当时民族相互交往的需要。

图26　会同四译馆汉文、藏文合璧《译语》

2.满文、汉文合璧文献

（1）满文、汉文合璧《禁绝烟草的告示》

中国第一历史档案馆藏有一件后金户部示谕官民禁绝烟草的刻本告示，为满文、汉文合璧，左为满文11行，右为汉文10行，年款"崇德四年六月二十六日"（1639年）满

① 冯蒸：《"华夷译语"调查记》，《文物》1982年第2期，第57—68页。

文汉文各一行,上钤满文篆字"户部之印"。这是一件珍贵的满族入关前的印刷品。①

(2)满文、汉文合璧《四书五经》

《四书五经》是儒家的经典,很早便译成了满文。现在最早的刻本是顺治十一年(1654年)听松楼刻印的《诗经》,共6卷6册,满文、汉文合璧,每叶上半面是满文,下半面是汉文。这样满汉文分别上下刻印的图书仅见于清初,以后都是间行刻印。

康熙三十年(1691年)刻印了满文、汉文合璧《四书》。乾隆时期对《四书》译本重新做了厘定,坊间大量刊印。满文、汉文合璧本《四书》在清代也是最畅销的坊刻书之一。②

(3)满文、汉文合璧《格言》

中央民族大学图书馆藏有一种刻本,全书两册,内容是格言。每页两行,左为满文,右为汉文。据刻书的风格判断是顺治年间的坊刻本。

(4)满文、汉文合璧《大清全书》《圣谕广训》《清文启蒙》

康熙二十二年(1683年)由京都宛羽斋刊印了《大清全书》(图27),其中有满语的语音、语法和包括12000字左右的满汉对照辞书。③

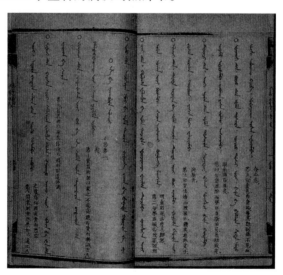

图27 满文、汉文合璧刻本《大清全书》

① 史金波、黄润华:《中国历代民族古文字文献探幽》,中华书局,2008年,第256页。

② 史金波、黄润华:《中国历代民族古文字文献探幽》,中华书局,2008年,第274—275页。

③ 李德启:《国立北平图书馆、故宫博物院图书馆满文书籍联合目录》,国立北平图书馆、故宫博物院图书馆,1933年,第22页。

雍正二年（1724年）刊印过满文、汉文合璧《圣谕广训》，后又有满文、蒙古文合璧本，以及满文、蒙古文和汉文三合本。内容源于康熙皇帝的《圣谕十六条》，训谕世人遵守法律和应有的德行、道理。雍正八年（1730年）编著满文教科书《清文启蒙》，满汉合璧，四卷，以汉文解释满文语法，从语音十二字头开始到满语套词、虚字等。[①]

（5）满文、汉文合璧《御制增订清文鉴》

此书是第一部由清朝皇帝敕修的满文、汉文合璧辞典，乾隆三十六（1771年）武英殿刻本，四十七卷，48册，其中将全部满文词条对译成汉文。后来又发展到满文、汉文、藏文、蒙古文四体清文鉴和满文、汉文、藏文、蒙古文、维吾尔文五体《清文鉴》（图28）。[②]

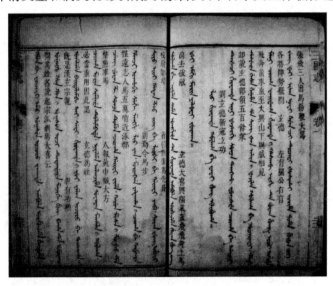

图28　满文、汉文、藏文、蒙古文、维吾尔文内府抄本五体《清文鉴》

（6）满文、汉文合璧《西厢记》《三国演义》《聊斋志异》

《西厢记》有两个译本，一是康熙四十七年（1708年）由寄畅斋刻印的《精译六才子词》，每页汉文列上，满文列下。两年后出现了一个全译本，由文盛堂刊印，也是满文、汉文合璧。

《三国演义》满文、汉文合璧本，共48册，每页满汉文各七行，汉文列在满文之右，为雍正年间坊刻本（图29）。

① 史金波、黄润华：《中国历代民族古文字文献探幽》，中华书局，2008年，第277—278页。
② 史金波、黄润华：《中国历代民族古文字文献探幽》，中华书局，2008年，第265页。

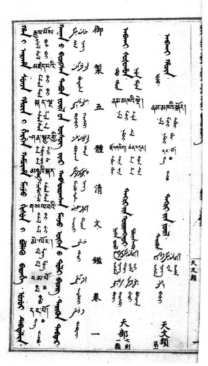

图29　满文、汉文合璧刻本《三国演义》

道光年间盛京工部主事札克丹选《聊斋志异》书中129篇故事译成满文,于道光二十八年(1848年)刊印,每页满、汉文相间。①

(7)满文、汉文合璧《音韵逢源》《翻译词联诗赋》《分类汉语入门》

道光二十年(1840年)刻满文、汉文合璧《音韵逢源》,其中用满文标记汉语词语。现藏中央民族大学图书馆。

《翻译词联诗赋》四卷,满文、汉文合璧。首卷为词,卷二为楹联,卷三为诗,卷四为赋,此书流传不多。

清末光绪三十三年(1907年)北京石印馆刻了满文、汉文、蒙古文三体合璧《分类汉语入门》。②

(8)满文、汉文合璧佛经

清朝刻过许多佛经,其中一部分是蒙古文、藏文或满文、汉文、蒙古文、藏文合璧。如满文、汉文合璧刻本《佛说阿弥陀经》等。

(9)满文、汉文合璧碑刻

自清以来留下了数量可观的碑刻,其中有满文与其他文字合璧的碑刻,主要是满文、汉文合璧的石刻,以墓碑为主,此外还有诰封碑、谕祭碑,以及庙碑、纪念碑等。

《大金喇嘛法师宝记》碑天聪四年(1630年)立于辽宁省辽阳市喇嘛园村,记载西藏僧人经蒙古至后金传播佛教,受努尔哈赤的礼遇,圆寂后建塔立碑之事(图30)。碑阳为老满文、汉文合璧,碑阴有汉文20行,载喇嘛门徒、职官姓名。③

① 史金波、黄润华:《中国历代民族古文字文献探幽》,中华书局,2008年,第275—276页。
② 史金波、黄润华:《中国历代民族古文字文献探幽》,中华书局,2008年,第273—275页。
③ 史金波、黄润华:《中国历代民族古文字文献探幽》,中华书局,2008年,第286—287页。

图30　满文、汉文合璧《大金喇嘛法师宝记》碑

3.多文种合璧文献

(1)六体文字合璧《西域同文志》

乾隆十五年(1750年)完成的六体文字合璧《西域同文志》,把中国西北地区的地名和一部分人名用汉文、满文、蒙古文、藏文、托忒蒙古文、维吾尔文六种文字对照汇编在一起,是研究清代西北地区地理历史和语言文字的重要资料。

(2)汉文、满文、蒙古文、藏文合璧《普济杂方》

内蒙古阿拉善高世格编著的《普济杂方》(图31),同治十二年(1873年)刻本,有250余种方剂,附有藏文、蒙古文、汉文三种文字的药名表,用满文标注药名的汉文读音,便于不懂汉字者使用。[①]

---

① 史金波、黄润华:《中国历代民族古文字文献探幽》,中华书局,2008年,第307—308页。

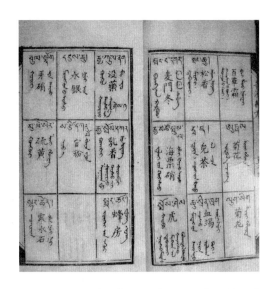

图31　汉文、满文、蒙古文、藏文合璧《普济杂方》

(3)满文、蒙古文、汉文合璧《满蒙汉合璧教科书》

此书系宣统元年(1909年)印本,正文半页9行,满文、蒙古文、汉文各3行,从内容上看已有"新学"的内容。这是满文图书时代的尾声。①

(4)满文、汉文、蒙古文、藏文四体文字合璧碑

康熙六十年(1721年)允准在安定门外"建立十方院为饭僧所",竣工后康熙皇帝为该庙落成撰写碑文,以满文、汉文、蒙古文、藏文四体文字合璧镌刻,内容为庆贺驱逐准噶尔保卫西藏的胜利。

乾隆十九年(1754年),乾隆皇帝在改建承德避暑山庄丽正门时,以满文、蒙古文、汉文、维吾尔文、藏文五种民族文字题写门额。后来又下令将清朝祖陵的石碑亦用上述五种民族文字镌刻。

此外,有些著作,特别是大部头的重要著作的序言也是多种文字合璧的。如康熙二十二年(1683年),皇帝命刊刻《如来大藏经》,其序言与目录是满文、汉文、蒙古文、藏文四体文字合璧。

有的印章也是两种文字合璧的。如国家博物馆藏云南西双版纳傣族车里宣慰司印,柄长11.8厘米,印方形,边长8.4厘米,有汉文、满文和傣文三种文字合璧印文"车

---

① 史金波、黄润华:《中国历代民族古文字文献探幽》,中华书局,2008年,第273页。

里宣慰司印"（图32），印一侧面有"道光十五年正月"年款，另一侧有"道字一千二百五号"。此前，道光十四年（1834年）五月，土司刀绳武被清廷免职，以刀太康长子刀正宗过继给前土司刀太和为嗣，袭位为车里宣慰使。可能此印即清政府赐予刀正宗土司的官印。

图32 汉文、满文、傣文合璧车里宣慰司印

《朝城县志略》每页装帧线的骑缝处均钤有汉文、满文合璧的朱文官印"朝城县印"。

清代钱币也多是满文、汉文合璧的。钱币正面是汉文，不同朝代有不同的年号；背面是满文，左侧为钱局简称，右侧为"宝"字（图33）。

图33 康熙、雍正汉文、满文合璧铜钱（正面、背面）

由上不难看出，中国古代各民族文字合璧文献琳琅满目，丰富多彩。和其他文献一样，未保存下来的这类合璧文献应该数量更多。

中华人民共和国成立后，实行各民族一律平等的民族政策，各民族都有使用民族语言、文字的权利。在各民族自治地方使用双语，这样就产生了大量文字合璧现象。如人民币上的"中国人民银行"正面用汉文，背面还有汉语拼音和蒙古文、藏文、维吾尔文、壮文。各民族自治地方政府部门的标牌都是两种文字合璧的。汉文和各民族文字对照的词典及各类书籍更是层出不穷。

二、合璧文献的成因

在历史悠久、民族众多的中国,各民族间有着广泛、密切、深厚的联系。自古以来中国各族人民共同开拓广阔疆域,书写文明历史,创造灿烂文化,培育民族精神。作为起交际作用的语言、文字,在各民族政治、经济、文化交流方面起着特殊的纽带作用,反映了各民族之间的交往交流交融大势。中国历史上各民族之间共同发展、共同进步的进程,必然会如实地反映在文献上。有文字的民族将各民族间密切往来、共同发展的历史事件,用两种文字具体、形象地展现出来,更加凸显出各民族间的深层次交往和亲密关系。

中国历史上两种或两种以上合璧文献是具有中国特色的文化现象,有其特定的历史背景,生动地反映了中华民族多元一体的历史事实,是各民族深度交往交流交融的真实写照。

(一)反映民族之间水乳交融的密切关系

民族关系融洽是产生合璧文字文献的基础。将两种或两种以上文字同时写刻在一件文献上,是各民族间共同欣赏彼此文化的结果。两个民族在接触、交往的过程中,关系不断深入,交流不断加强,当仅用一种文字难以表达双方的特殊关系时,才逐渐产生两种文字合璧的文字文献。合璧文献显示出各民族交往密切,美美与共的精神世界。

如矗立在拉萨大昭寺前的汉文、藏文合璧的《唐蕃会盟碑》,是1200年前唐朝和吐蕃友好往来、和平相处的真实写照,双方期望在经济文化上实现更为频繁密切的交流,这也适应了唐朝和吐蕃社会的发展需要,符合了当时汉藏两个民族人民的愿望,体现了汉藏两个民族友好关系的进一步加强,顺应了历史的潮流。

(二)宣示中央和地方政权的关系

用两种或多种合璧文字表达中原王朝和地方政权的上下、从属关系。

如立于西藏拉萨的《唐蕃会盟碑》,表明唐朝和吐蕃政权的密切关系。汉文、突厥文合璧的《阙特勤碑》和《毗伽可汗碑》中,汉文碑铭为唐玄宗亲撰,宣示唐朝和突厥的"父子"关系。

国家博物馆藏清代云南傣族土司车里宣慰司印,有汉文、满文和傣文,是清朝道光年间对新任命的土司颁发的官印,显示了中央政府对土司的任命权。

（三）记录有关重大历史事件

中原王朝与少数民族政权之间或两个民族之间的大事，特别是涉及双方友好关系的大事，往往需要用当事者双方的两种民族文字书写下来。

前述的《唐蕃会盟碑》就属于这类合璧文献。又如唐代《九姓回鹘可汗碑》记述回鹘建国后至保义可汗在位时的史事，追述回鹘汗室先世葛勒可汗、牟羽可汗参加平定唐朝安史之乱的功勋，从中原内地传播摩尼教于回鹘地区，使回鹘人改变了旧的萨满教信仰，以及保义可汗保卫北庭、龟兹，维护祖国统一的重要史实。

再如汉文、女真文合璧《大金得胜陀颂碑》，立于女真族杰出首领完颜阿骨打誓师起兵反辽之地，是金朝第五代皇帝金世宗为追记先祖完颜阿骨打建国的丰功伟业而立。

元末立于肃州的回鹘文、汉文合璧《大元肃州路也可达鲁花赤世袭之碑》，记肃州党项人举立沙归顺成吉思汗后，子孙世袭肃州达鲁花赤历时130余年的重要历史。

元顺帝元统二年（1334年）立于武威的《亦都护高昌王世勋碑》记载八代高昌王家族的历史事迹。

（四）社会生活的实际需要

在中国多民族大家庭中，往往因实际社会生活需要，必须有两种或两种以上文字来合璧表达，才能解决问题。

如在新疆东南部出土的汉文和佉卢文合璧的钱币，当时汉朝在西域一带影响扩大，在丝绸之路进行贸易时，使用的钱币既要有汉文，又要有在当地有一定影响的佉卢文，只有这样在两个民族之间进行交易时才会更加顺利。

又如在西夏文献中的一些基层实用社会文书中，有一些契约是西夏文和汉文合璧的。这些契约的当事人有党项人和汉人，为使契约双方当事人都能明白契约内容，而用两种文字书写。西夏卖人口契有西夏文、汉文两种文字，是因为买卖双方分别为汉人和党项人。有的户籍手实（户籍登录原本）列诸多财物项目，在旁边用汉字标注出估算的价值，也是当时多民族杂居实际情况的反映。①再如石窟中的供养人题记用两种民族文字书写供养人的身份和人名，因为石窟往往在少数民族和汉族杂居之处，

---

① 俄罗斯科学院东方研究所圣彼得堡分所、中国社会科学院民族研究所、上海古籍出版社：《俄藏黑水城文献》13册，上海古籍出版社，2007年，第270页。

这样可以使汉族和少数民族都能知晓供养人的身份,达到绘制、宣扬供养人的目的。

中国第一历史档案馆所藏后金户部示谕官民禁绝烟草的满文、汉文合璧刻本告示,反映了当时烟草的嗜好者中既有满族,也有汉族,在告示中用两种文字才能达到众所周知、一体禁绝的实用效果。

可以说每一件合璧文献都有其社会生活的实用功能,只不过表现在不同的层面、不同的领域。

(五)培养双语人才的需求

在中国多民族大家庭中,各民族之间的交往需要大量双语人才。中原王朝接待各地方政权、各民族的使节需要双语人才,少数民族要加强与中原王朝的往来更需要双语人才,在民间各民族杂居、共居的地区,由于生产、生活、贸易、文化的密切交流,更是需要双语人才。而双文的合璧文献则是培养双语人才的最好教材。这就不难理解很多合璧词语、教科书文献的出现了。

诸如前述一千多年前在西域的《汉语—于阗语词汇》《突厥语—于阗语词汇》等文献,不仅反映了当时使用双语的实际情况,更显示了当时已经有便于两个民族之间学习语言、文字的双语对照的词汇文献,这也是培养双语人才的工具书。

又如西夏编印的西夏文、汉文合璧的词语集《番汉合时掌中珠》,在该书序言中明确提出"不学番言,则岂和番人之众;不会汉语,则岂入汉人之数"。当时番汉两族之间相互学习对方语言、文字有着客观的需求,编纂此书的目的就是为满足番汉两族互相学习对方语言、培养双语人才的需要。

明朝建立四夷馆,编撰的合璧文字《译语》显示了其教科书的性质,是培养双语人才的重要资料,为培养各民族之间的翻译人才起到重要作用。清朝的四译馆也编纂了很多双语《译语》,成为培养双语人才的教科书。

(六)科举考试的需要

在中原地区形成了以儒学为代表的高度发展的文化,因此很多重要的儒学典籍被翻译成少数民族文字书籍,这往往容易形成合璧文献。一些以少数民族为主体的政权,境内也包括汉族在内的多民族,多种民族文字同时流行。中原朝廷所推行的科举制度,也被少数民族所效法,如辽、西夏、金朝都实行科举制度,也曾将《四书五经》中的著作分别译成契丹文、西夏文、女真文,特别是清代为适应科举考试,经典著作有很多是两种文字合璧的,《四书五经》以满文、汉文合璧刻印,成为最畅销的坊刻书之一。

（七）传播宗教的需要

各民族间宗教联系也很密切，很多民族信仰同一宗教，特别是佛教影响到很多民族。佛经的不同文字翻译，也形成了很多合璧文字文献。如敦煌出土的唐代两种文字对照的佛经《大乘中宗见解》《阿弥陀经》《金刚经》等。黑水城出土用藏文注音的西夏文佛经。元代居庸关过街塔六体文字石刻，每一种文字都刻三种《陀罗尼经》。

又如元代《云南王藏经碑》记述云南王阿鲁捐赠给该寺"楮币一百五十锭"以其利息诵《大藏经》。明永乐年间汉文、藏文对照的《圣妙吉祥真实名经》，有明成祖的序，是汉文和藏文合璧文献。

再如清朝刻印的佛经中，多有合璧者，特别是康熙时期刊刻的《如来大藏经》，序言与目录是四体文字合璧。

合璧文字佛教文献对宣扬佛教、传播佛法有特殊的作用。

三、合璧文字文献的特点

中华民族文化源远流长，根深叶茂，文献典籍、文物遗存丰富多彩，仅两种或两种以上文字的合璧文献，也是琳琅满目，令人目不暇接。由上述众多合璧文献可以概括出如下重要特点。

（一）历时长

中国至少从汉代就已经有合璧文字实物留存下来。汉文和佉卢字合璧的"马钱"，已有差不多2000年的历史。此后断断续续、衍生拓展，历代都有合璧文字文献。这样一种持续流行、发展的文化现象，具象地表现了中华民族多元一体、和合共进、源远流长的文明历史。

（二）文种多

作为多民族国家，绝大多数民族文字都参与了合璧文献的创造，其中既有汉文和少数民族文字合璧的，也有少数民族文字之间合璧的，还有多种文字合璧的，林林总总，品类众多。在中国的合璧文献中，不分文字类型，不分语言系属，都可以形成合璧形式。如汉文是表意文字，它不仅能与同属表意文字的西夏文合璧，也能与属标音文字的佉卢文、突厥文、于阗文、回鹘文、藏文、女真文、蒙古文、满文合璧。而汉语、藏语、西夏语属汉藏语系，于阗语等属印欧语系，回鹘语、契丹语、女真语、蒙古语、满语等又属于阿尔泰语系。总之，中国是世界上保存合璧文献种类最多的国家。

（三）数量大

上述合璧文献总量已经不啻百余种，其文字载体有碑刻、印章、钱币、符牌、书籍、社会文书、题记等。还可以看到，在丝绸之路一带的合璧文献更为集中，反映了这一带既是国内的民族走廊，又是中西文化交流的大通道。以上所论合璧文献仅是存世合璧文字文献的一部分。不难想象，历史上的合璧文字文献要比存世的文献多得多。这样大量的合璧文字文献，在世界上也是独一无二的。

（四）以汉文为主体

在中国历史上，汉族人口最多，经济、文化持续走在前列，成为各少数民族学习、借鉴的榜样。汉文历史悠远，底蕴深厚，形成了异常丰富的文献。在民族地区往往是汉文与少数民族文字同时使用、流行。在合璧文字文献中大多数是汉文和某种少数民族文字合璧，一部分是汉文与两种以上民族文字合璧的，汉文往往成为合璧文字文献的主体，出现频率最高。这反映了在多民族、多语言、多文字的中华民族共同体中，汉语、汉文逐渐、自然成为主流，成为这个共同体中日常交流、经济交往、政令传输的通用语言文字。特别是少数民族为统治者的王朝，使用合璧文献最多，在使用民族文字的同时，更加突显汉文的主体地位。

（五）呈渐增趋势

随着时代的发展和民族间相互交流的加深，合璧文字文献不断发展，呈现逐渐增多的趋势。这可能有多方面的原因。一是随着时间的推移，创制民族文字的少数民族越来越多，汉代及其后一段时期，只有西域几种民族文字和南方的彝文。唐代北方增加了突厥文和回鹘文，青藏高原出现了藏文。宋辽夏金元时期则是民族文字创制的繁荣时期，先后创制了契丹文、西夏文、女真文、老蒙古文、八思巴字等，南方则有傣文、纳西东巴文等，清代又增加了满文。二是各民族交往越来越密切，特别是自元、明以后，各民族交往交流交融更加密切，合璧文献随之增加，甚至出现了很多三种、四种、五种乃至六种文字合璧文献。至清朝合璧文献更多。三是一般文献形成后，历经时代的消磨损失很多，尤其是纸质文献难以保存，时代越远，保存越少，时代越近，保存越多。

中华人民共和国成立以后，实行各民族一律平等的政策，尊重各民族语言、文字的使用。随着各民族更加紧密的团结，更加密切的交往，形成你中有我，我中有你，谁也离不开谁的局面。民族地区实行国家通用文字和当地少数民族文字并用，在包括政府在内的各部门的牌匾上都有双语合璧文字标识，政府也编纂了很多相互学习语言、文字的双语教学书籍。特别是在国家发行的人民币上,除通用文字汉文外,还有藏文、维吾尔文、壮文、蒙古文4种少数民族文字,显示了中国各民族平等,以及各民族间密切的血肉关系。

四、合璧文字文献的价值

中国的大量合璧文字文献,内容十分丰富,具有多方面学术价值和文物价值,值得深入发掘,认真研究。

(一)历史学的价值

语言和文字是一个国家、民族历史记忆的载体和文化传统的象征,承载着悠远庞大的知识体系。这些合璧文字文献真实而生动地反映了中国历史上各民族之间的密切关系,是各民族之间交往交流交融的生动体现。每一件合璧文献都展示了民族间交往的特别事例,都有一段不平凡的历史,有自身独特的历史价值和文物价值。比如前述汉文、佉卢文合璧的钱币"马钱",不见于传统文献记载。它的出土立即使学术界了解到古代的西域与汉朝的经济和政治关系,为丝绸之路的文化交流研究提供了新的资料,填补了历史的空白。又如唐蕃会盟碑详细记载了唐朝与吐蕃之间、汉族与藏族之间相互通婚、吊庆、修好、献礼、互市、和盟往来频繁,累世不绝的密切关系,成为各族人民友好团结的历史见证,这比起一般的史书记述更显得真实、生动。再如,汉文、突厥文合璧《阙特勤碑》《毗伽可汗碑》与历史文献《新唐书》的记载相印证,使唐朝和后突厥汗国的友好关系有了双重证据。可以说多数合璧文字文献都增加了新的历史知识,其中不少涉及重大历史事件,具有重要的史学价值。

(二)民族学的价值

中国历史上民族众多,有的民族一直延续至今,有的民族消失在历史的长河之中。一些合璧文字文献保存着消失民族的最后记录。西夏灭亡后,党项族在元代被归为色目人,其上层仍有一定地位,西夏文在继续使用。明朝时期史书中则没有关于党项族的记载,似乎这个民族已经不存在了。但在河北省保定市西郊出土的西夏文、汉文合璧经幢证实,在远离原西夏故地的河北省仍有党项族后裔存在,并以其民族文字记载了佛事活动,使党项族活动的时间下限延续到明朝弘治年间。由此我们看到一个民族在消亡的过程中,其民族文化顽强地延续着民族生命。元代的居庸关的六体文字石刻,明代《译语》的编修,清代大量多文种合璧文献的出现,都反映了中国各民族之间越来越紧密的联系。

（三）文字学的价值

有的合璧文字文献开创了新文种，并为深入研究它提供了依据。例如，原来学界不知突厥文，自19世纪末发现汉文、突厥文合璧的《阙特勤碑》和《毗伽可汗碑》后，为后人解读这种神秘文字找到一把钥匙，也由此开始认识、解读并深入研究突厥文。

契丹文字也是一种"死"文字。存世契丹文字碑刻难以解读，成为世纪之谜。在陕西乾陵出土的汉文、契丹文合璧碑刻《郎君行记》，因其是汉文、契丹文合璧对照，在揭开契丹文奥秘时起到了关键作用。专家从《郎君行记》入手，利用契丹小字中的汉语借词进行拟音，进而使契丹语的研究取得了长足的发展。

西夏灭亡后，使用西夏语言文字的党项族也逐渐消亡，后来世上竟无人认识西夏文，以至有专家将居庸关六体石刻中的西夏文误认为是女真文。直至清嘉庆九年（1804年），甘肃著名学者张澍在武威大云寺内发现了著名的《重修凉州护国寺感应塔碑》，因其为汉文、西夏文合璧，可从汉文碑铭内容确定另一面是西夏文字，这才第一次识别出西夏文。

汉文和藏文合璧的《黑水建桥碑》中，藏文保留着古藏文的特点，是唐代以后唯一的一方古藏文碑刻，证明古藏文行用至12世纪，成为古藏文晚期的重要标志。

（四）语言学的价值

合璧文字文献是研究语言的珍贵资料。比如最早的双语词汇表《汉语—于阗语词汇》和《突厥语—于阗语词汇》等，对研究已经消亡了的于阗语、突厥语词汇具有独一无二的价值。

前述汉文和藏文合璧的对音资料有多种，是研究汉语和藏语的语料库。著名语言学家罗常培先生利用《阿弥陀经》《金刚经》《千字文》《大乘中宗见解》《开蒙要训》和《唐蕃会盟碑》6种藏文、汉文合璧资料，与《切韵》比较，推溯其渊源，再同西北方音比较，构建出唐五代时期的汉语西北方音。[①]这是利用合璧文献进行古汉语方音研究的开创性成果。

西夏文、汉文合璧《番汉合时掌中珠》中以西夏文和汉字相互注音、释义，其中包括词和语句，因此在破解西夏语音、词汇和语法各方面都有显著的语言学价值。

明清时期多种类型的汉文和少数民族文字对照的《译语》，包括"杂字"和"来文"，

---

① 罗常培：《唐五代西北方音》，台湾"中央研究院"历史语言研究所，单刊甲种之十二，1933年。

都是研究少数民族语言和文字的重要语料库,特别是专门的合璧文字语言学著作,更是研究古代语言的难得资料。如蒙古文、汉文合璧《蒙古字韵》,是研究由八思巴字母拼写汉语最为重要的文献资料。

（五）文化交流价值

不同文字合璧的文献是各民族之间文化交流最直接、最有效的手段,在民族间架起了互相学习、借鉴的桥梁。中原地区早已形成的传统文化精华,如《四书五经》,先后被译成多种少数民族文字。特别是到清朝,出现了大量《四书五经》的合璧文献。此外还有一些如《千字文》《百家姓》等也有合璧文献,使中原地区的文化成果转化为启蒙教育的书籍直接传播到民族地区。

有些社会上十分需要的文献,如关系到人们的健康医疗的医药书籍,也出现了合璧文字文献。清代的汉文、满文、蒙古文、藏文合璧的《普济杂方》,全书整理概括了各科常用方剂及简易治疗方法,计250余种方剂,并附有藏文、蒙古文、汉文三种文字的药名表,用满文来标注药名的汉文读音,方便使用,这在医药文化方面起到了多民族交流的作用。

很多合璧文献本身就是民族间文化交流的产物,又起到了进一步加强文化交流的作用。

上述很多合璧文献已收入国家珍贵古籍名录,承载合璧文献的遗址、遗迹被列为全国重点文物保护单位。将中国历史上的众多合璧文字文献串联在一起合并考量,就会显得更加丰富多彩、鲜活生动,形成中华民族文化的一道亮丽的风景,折射出中华民族多元一体的内在联系,体现了其多学科、多方面的学术价值和文物价值,是中华优秀传统文化的瑰宝,是促进民族交往交流交融的重要体现,值得特别珍视。

民族研究要坚持的几个基本观点

陈育宁

作为学术范畴的民族研究,必须以铸牢中华民族共同体意识为主线,这既符合我国的历史和国情,也是我国坚持运用马克思主义民族观解决民族问题的基本经验。研究民族问题,就大的方面来讲,大体围绕三个领域:一个是历史,一个是民族,还有一个是现实发展。确立正确的认识观点、认识视角、认识方法,贯穿一条明确的主线,对于做好民族研究是至关重要的。正确的学术观点是指导研究的基础,这是研究活动起步时就不能含糊的问题,是学术研究的立足之本。从上述三个领域来看,围绕铸牢中华民族共同体意识这条主线,做好民族研究要坚持以下几个基本观点。

一、坚持正确的中华民族历史观

用什么样的历史观来看待我国的历史,是根本出发点,是决定认识和描述各类问题的总观点。自文明产生以来,中华大地上逐渐形成了众多的民族,彼此之间不断发生着交往交流交融。在漫长的交往交流交融过程中,各民族之间的联系越来越紧密,经济上相互依存,文化上兼收并蓄,情感上相互亲近,分不开、打不散,逐步结合为一荣俱荣、一损俱损的命运共同体。这种谁也离不开谁的民族关系从未间断,特别是汇聚了各民族元素的中华文化,对各民族产生了巨大吸引力和辐射力,形成了强大的中华民族凝聚力。各民族无论存在时间长短、人口多少,都参与了对祖国疆域的开发和守护,在农业、畜牧业、手工制造业、交通、贸易的发展,以及文化的繁荣方面作出了贡献,共同创造了中华文明。历史表明,我国辽阔疆域是各民族共同开拓的,悠久历史是各民族共同书写的,灿烂文化是各民族共同创造的,伟大民族精神是各民族共同培育的。中华民族是在中国历史长期发展的过程中形成的,各民族交融汇聚,形成了密切联系、互相依存的民族关系。这种民族关系,凝聚成共同推动历史前进的力量,成为维护国家长期稳定的基本因素,成为中华文明发展的不竭动力。这种民族关系,建立在各民族对中华民族高度认同的基础上,历经考验,牢不可破,深刻影响着我国历史发展的基本脉络。这些基本认识是坚持正确的中华民族历史观的基本内涵,也是我们研究我国历史,特别是民族地区历史要把握的基本观点。

二、准确认识中华民族多元一体

我国是统一的多民族国家,中华民族多元一体是我国的一个显著特征。各民族历史的演进、从小到大、消亡或存续、迁徙流动、分裂或融合,都与中国历史的发展息息相关、密不可分,都是中国历史大格局的组成部分。历史上,许多民族历经苦难,但对伟大祖国的认同、对中华民族的认同坚定不移。各民族同呼吸、共命运,用鲜血和生命维护统一,用勤劳和智慧为祖国发展做贡献。生活在中华大地上的各民族都是中华民族大家庭的成员,都是国家的主人。

深入了解研究各民族历史文化,可以发现许多民族发展壮大的基本轨迹,既积极吸收中原先进文化及周边民族的文化元素,又传承发展本民族文化传统。各民族在交往交流交融的过程中相互吸收,逐步发展。这条发展路径决定了各民族历史文化既包含深厚的中华文化底蕴,又包含着丰富的民族文化元素,并以独具特色的形态表现出来,成为丰富多彩的中华文化的组成部分。

中华人民共和国成立后,党和国家组织开展民族识别工作,为厘清中华民族大家庭的构成、保障各民族的平等权利创造了条件。这一时期,民族研究的重点更多关注少数民族,为全面了解我国各民族的历史和现状打下了基础。改革开放以后,民族研究的深度和广度都进入了新阶段。中华民族多元一体理论的提出,为我们提供了更加科学的认识工具,使我们既能深入发掘和剖析各民族历史文化的来龙去脉、演变规律、表现形态,又注重运用历史辩证的认识论和方法论,把共同性与差异性、一体与多元、整体与局部紧密结合起来,把各民族的发展置于中华民族和中国历史大背景及发展趋势中去认识。需要意识到,我们不能局限于对一个地区、一个民族的微观研究,更不能过分强调个体的差异性和独特性,而是要看到在我国历史上,没有哪个地区、哪个民族能够脱离我们统一的多民族国家和中华民族而独立存在,"多元"中的任何一个都不是孤立的,都是中华民族大家庭的一员。准确认识中华民族多元一体,使我们具有了历史的宏观发展眼光,有助于正确把握中华文化和各民族文化的关系,使我们对中华民族共同体及中华文化的认识更加客观全面。

习近平总书记在中央民族工作会议上指出,要处理好共同性和差异性的关系、中华民族共同体意识和各民族意识的关系、中华文化和各民族文化的关系、物质和精神的关系,这是运用历史唯物主义和辩证唯物主义对处理好民族关系重大问题的深刻阐释。承认和尊重各民族之间的差异性,是为了更清晰地看到共同性是如何聚集和日益增强的,是如何成为历史主流的。历史表明,中华民族共同体形成的内在逻辑是从差异性认同到共同性认同,从多元认同到一体认同,从自在认同到自觉认同,这也完全符合人们从个别到一般的认识逻辑。千万条小河,汇成了一条奔腾不息的大河。没有对一条条小河的了解,就不可能对大江大河有宏观的认识。这正是历史发展的规律所在。

三、坚持区域协调发展的理念

民族研究的一项重要功能,是为民族地区发展提供学术支撑和智力支持。改革开放以来,从事民族研究的专家学者抓住不同发展阶段、不同地区、不同民族面临的重点难点问题,深入调查研究,建言献策,发挥了积极作用。当前,民族地区实现跨越式发展,地区之间、民族之间差距日益缩小,但对于民族地区来讲,解决发展中遇到的问题、探索高质量发展路径仍然是重要课题。更重要的是,民族地区的发展关乎我国经济社会发展大局,解决我国发展不平衡不充分问题,民族地区不能"掉队"。

研究民族地区发展问题,要兼顾民族因素和区域因素,逐步向更多考虑区域因素转变,让各族群众共享发展成果。民族地区在发展中遇到的大多数问题,是地区性的共性问题,而不是某个民族的单独问题。每个民族的发展进步,都和发展全局息息相关。地区整体的发展,是提升内生动力的主要途径,也是促进各民族共同发展、实现共同富裕的必然要求。民族地区经济社会发展研究,要更多地从地区整体发展和各民族共同利益出发,更多地从国家全局性、战略性问题,如生态文明建设、产业结构调整、乡村振兴、民生改善等方面着眼,为推动民族地区立足新发展阶段、贯彻新发展理念、构建新发展格局,实现高质量发展、促进共同富裕提供智力支撑。

我们正阔步前进在实现中华民族伟大复兴的道路上,面临的机遇鼓舞人心,民族地区必将大有可为,民族研究也必然肩负起新的使命。我们要牢牢把握铸牢中华民族共同体意识这条主线,守正创新,做好研究阐释工作,谱写民族研究新的篇章。

从"流人入岛"看海南历史上的文化认同

陈育宁

海南省位于我国南端,全省陆地(主要包括海南岛和西沙、中沙、南沙群岛)总面积3.54万平方公里,海域面积约200万平方公里。海岸线总长1944公里,有大小港湾68个。千百年来,海南岛始终是祖国不可分割的一部分,各民族共同开发、建设着这片富饶的土地,书写了灿烂的历史。

一、海南与内地自古联系密切

琼州海峡使海南岛与大陆相隔,但海南省东方市荣村遗址出土的几何印纹陶器反映了这里很早就受到中原青铜文化的影响。在海南岛西部,发现了与中原相似的铜鼓、铜釜等青铜器。这些出土文物表明,海峡并非不可逾越的屏障,海南岛上的先民很早就与岭南及中原地区有了经济文化往来。

公元前221年,秦始皇统一中国,在岭南地区设置桂林、南海、象三郡。海南岛为象郡之外徼。秦末汉初,海南岛属南越国。汉武帝元鼎六年(前111年),伏波将军路博德率汉军平定南越,翌年,在海南岛设立了珠崖、儋耳二郡,自此,海南岛被正式列入汉朝版图。此后,历朝历代都在海南设置行政机构,加强对南海疆域的管理和开发,来自全国各地的人们不断进入岛内。唐宋时期,南海成为海上丝绸之路的大通道。大量移民的到来,促进了海南岛的开发,加速了当地封建化进程,促进了文化的交流与认同,凝聚了人心。

海南特有的一个历史现象是"流人入岛",即被称为"流人"的谋生者、流放者、守边者等各类人员陆续进入岛内。这些"流人"不管什么时候、何种原因进入岛内,都会带去以习俗、技能、观念等为载体的文化,并把这些文化融入当地社会生活中。这些文化的传播,增进了海南岛各民族对中华文化的认同,而这种认同将民心紧紧相连,成为越来越强的趋势,这一点在海南的历史中显得格外突出。

二、流放海南的名臣兴文化人,培育家国情怀

"流人入岛"的一种特殊形式是流放贬谪。流放贬谪是将罪犯或被贬官员放逐到边远地区的一种惩罚形式,也是古代法律制度中的一种刑罚。流放刑罚在我国起源很早,统治者自诩这是一种仁慈的刑罚,所谓"不忍刑杀,流之远方"(《大清律例·名例律上》)。但实际上,流放之地往往是边远、荒凉、闭塞之地,流放实际上是一种很凄苦的惩罚。

在古代,海南岛是荒远之地,先秦时期称其为"南服荒徼",秦代称之为"越郡外境",隋朝初年始作为流放地。《隋书·杨纶传》记载,隋炀帝时,隋朝宗室杨纶被流放至琼崖,后来携妻子逃至儋耳。这是史籍所见较早的关于流放官员至海南的记载。

唐朝有许多官员被贬至崖州。例如,曾任御史台侍御史的王义方是著名的饱学之士,贞观二十年(646年),他被贬为儋州吉安县县丞。吉安原为荒蛮之地,不知孔孟为何人。王义方到任后,与地方首领共商文教事宜,创办学校,亲授经书礼仪、音律技艺,被称为"海南儒学教育第一人"。历任大理寺卿、户部尚书等职的吴贤秀,在永贞元年(805年)被流放至崖州。他积极传播中原文化,促进海南文化发展。苏东坡在《伏波庙记》中说:"自汉末至五代,中原避乱之人多家于此,今衣冠礼乐班班矣","则知文运之开,肇自唐季。而唐季以名臣迁居海外者,惟吴尚书壶邱(吴贤秀号)公。窃即思文忠公言思之,知吾琼文运之开,唯公称首。"《琼山县志》称其"蓄道德,能文章,八闽耆宿,为海邦儒宗"。曾任唐朝宰相的韦执谊,在元和元年(806年)被贬至崖州。他曾利用琼北随地可取的火山岩石,砌成堤岸,修筑岩塘陂以蓄水灌田,增加粮食产量。历任唐文宗、武宗两朝宰相的李德裕,大中二年(848年)也被贬至崖州。他虽身处边地,却心系国家,正如他所作的《登崖州城作》一诗:"独上高楼望帝京,鸟飞犹是半年程。青山似欲留人住,百匝千遭绕郡城。"他在海南积极著书立说,传播中原文化,为海南文化事业发展作出了贡献。

宋朝被流放到海南的官员也较多。例如,宋高宗朝任宰相的李纲,建炎三年(1129年)被贬至琼州。他曾提出治国、整军、抗金等多项主张,著有诗文多卷。高宗时任枢密院编修的胡铨是一位著名的史学家,绍兴十四年(1144年)被贬至海南。他在崖州水南村兴办"逸贤峒"书院,"日以训经传书为事"。曾任高宗朝宰相的赵鼎,绍兴十五年(1145年)被贬至海南,在此期间,他创作了许多忧国忧民的诗作。曾任吏部侍郎等职的李光,绍兴十五年(1145年)被贬居海南后,积极参与办学。在李光留下的

众多诗文中,《迁建儋州学记》《儋耳庙碑》两碑文是记述儋州古代学风和民俗的宝贵史料。李光还提出了"跨空结飞梁"、架设海峡大桥的梦想。

如今,在被誉为"海南第一楼"的海口市五公祠,祭祀着唐宋两代被贬至海南的五大名臣:李德裕、李纲、赵鼎、胡铨和李光。祠内一副对联曰:"只知有国,不知有身,任凭千般折磨,益坚其志;先其所忧,后其所乐,但愿群才奋起,莫负斯楼。"这些被流放到海南的名臣,忠心耿耿、忧国忧民,他们的爱国主义精神不仅在当时为海南各族人民所敬仰,也被后世铭记。

三、书院促进儒家思想传播

历史上,被流放海南的人物中,当数宋代大文豪苏东坡。这位才华横溢的大学士曾多次被流放和贬谪。宋哲宗绍圣四年(1097年),62岁的苏东坡被贬至儋州,那时的儋州,是荒芜瘴疠之地。他在桄榔林里盖了几间茅屋,取名为"桄榔庵"。他劝导当地黎族百姓,以农业为生存之本,教与耕植;又勘察水脉,掘土打井,与当地人结下了深厚情谊。常有海南的书生学子来拜访,求教于苏东坡,苏东坡便将桄榔庵的一间茅草屋取名为"载酒堂",作为他以文会友的地方。《琼台纪实史》记载:"宋苏文忠公之谪居儋耳,讲学明道,教化日兴,琼州人文之盛,实自公启之。"

隋唐实行科举制度以后,未有登第的儋州也陆续出现了一些读经习文的士子。苏东坡北归三年之后,其弟子姜唐佐成为海南岛历史上第一位举人。位于儋州的东坡书院,历经宋、元、明、清,多次重修增建,如今已成为人们纪念苏东坡的旅游胜地,五公祠内也有苏公祠。

苏东坡在海南期间,留下了不少寄托着他对海南特别是黎族百姓情感的诗词。如,他在《题黎母山》中赞美"黎母山头白玉簪,古来人物盛江南"。当宋朝皇帝召他北归时,他依依不舍地写道:"我本儋耳氏,寄生西蜀州。""他年谁作舆地志,海南万里真吾乡。"这些传世名句,体现了苏东坡对海南的深厚情感。

唐宋以降至明清,在海南出现了许多由私人或官府所设的教授学子、藏书讲经的场所,即书院。在今海口、临高、澄迈、定安、文昌、琼海等地,书院十分集中,多为宋代建立。这里名师汇集,既有当地文人,也有外来的学士,他们崇文重教,使社会风尚大为改观。从北宋庆历年间(1041—1048年)始,历经元、明,至清光绪十五年(1889年)的科举考试中,海南各地先后有112名考生考中进士,这是海南岛推崇文化教育、传播儒家思想、推动科举制度的一个积极成果,对海南文化教育的发展产生了深远影响。

历史上被流放海南的贤相、名臣、学士、文人墨客,他们虽身处逆境,却心怀天下;虽无权势,却满腹经纶,从教行文成了他们矢志报国的重要选择。他们的作为彰显了以天下为己任的国家观、崇文重教的价值观,他们在海南传播了中原文化,促进了地区之间、各民族之间的交往交流交融,增进了文化认同,培育了爱国主义精神。

各民族共创中国历史中形成中华民族共同体

杜建录

一、中华民族共同体是各民族在共同创造历史中形成的

中国历史是中华民族创造的,中华民族是由全国各民族组成的共同体,不是某个单一的民族,更不是汉族是中华民族,少数民族不是中华民族,这是不争的历史事实。习近平总书记在全国民族团结进步表彰大会上的讲话明确指出:我们辽阔的疆域是各民族共同开拓的,我们悠久的历史是各民族共同书写的,我们灿烂的文化是各民族共同创造的,我们伟大的精神是各民族共同培育的。

我国辽阔疆域的开拓,各民族都有贡献,从汉族的角度来讲,秦、汉、唐三朝奠定了祖国疆域的基础,秦代设置南海郡、桂林郡管理岭南地区,汉代设立西域都护府统辖新疆,唐代创设了800多个羁縻州府经略边疆;从少数民族的角度来讲,元代设宣政院管理西藏,清代改土归流,疆域进一步扩大。历朝历代的各族人民都对今日中国疆域的形成作出了重要贡献。今天,960多万平方公里的疆土是各族先民共同开拓的,也是中华民族赖以生存发展的美丽家园。

我国几千年的文明史中,历经先秦、秦汉、三国两晋南北朝、隋唐、宋辽夏金、元、明、清,既有汉族建立的政权,又有少数民族建立的政权,无论哪个民族入主中原,都以统一天下为己任,都以中华文化的正统自居。分立如南北朝,都自诩中华正统;对峙如宋辽夏金,都被称为"桃花石";统一如秦、汉、隋、唐、元、明、清,更是"九州共贯"。历史上的秦汉雄风、大唐气象、康乾盛世,都是各民族共同铸就的辉煌。

中华文化是各民族文化的集大成,在文学作品上,既有以汉族为主创作的诗经、楚辞、汉赋、唐诗、宋词、元曲、明清小说等伟大作品,又有其他民族创作的格萨尔王、玛纳斯、江格尔等震撼人心的伟大史诗;在伟大工程上,既有万里长城、都江堰、大运河、故宫,又有布达拉宫、坎儿井等。中华文化之所以如此精彩纷呈、博大精深,就在

于它兼收并蓄的包容特性。展开历史长卷,从赵武灵王胡服骑射,到北魏孝文帝汉化改革;从"洛阳家家学胡乐"到"万里羌人尽汉歌";从边疆民族习用"上衣下裳""雅歌儒服",到中原盛行"上衣下裤""胡衣胡帽",以及今天随处可见的舞狮、胡琴、旗袍等,展现了各民族文化的互鉴融通。各族文化交相辉映,中华文化历久弥新,这是今天我们强大文化自信的根源。

在历史长河中,农耕文明的勤劳质朴、崇礼亲仁,草原文明的热烈奔放、勇猛刚健,海洋文明的海纳百川、敢拼会赢,源源不断注入中华民族的特质和禀赋,共同熔铸了以爱国主义为核心的伟大民族精神。近代以来,面对亡国灭种的空前危机,各族人民共御外侮、同赴国难,抛头颅、洒热血。各族人民血流到了一起、心聚在了一起,共同体意识空前增强,中华民族实现了从自在到自觉的伟大转变。家国情怀、民族复兴,成为中华各族儿女共有的精神家园,已深深融进了各族人民的血液和灵魂,成为推动中国发展进步的强大精神动力。

中华民族共同体大体经历了自在、自觉、自强三个阶段。在我国历史上,中华民族共同体一直是存在的。几千年来,中华民族始终把大一统看作"天地之常经,古今之通义"。早在先秦时期,我国就逐渐形成了以炎黄华夏为凝聚核心、"五方之民"共天下的交融格局。先秦人说"四海之内皆兄弟也",汉朝人说"六合同风,九州共贯",隋朝人说"混一戎华"。唐太宗李世民讲"自古皆贵中华,贱夷狄,朕独爱之如一",就是"夷夏一家"的思想。唐太宗被北方民族尊为"天可汗",体现了中原文化的凝聚力和向心力。不过,当时没有明确的中华民族共同体的概念,属于中华民族共同体的自在阶段。

1840年鸦片战争和1894年中日甲午海战后,中国面临着亡国亡种的危机,先进的知识分子和思想家重新思考国家和民族的命运,提出各民族联合起来"保国、保种"。1902年,梁启超率先使用了"中华民族"这一概念。1905年,梁启超在《历史上中国民族之观察》一文中明确指出,中华民族是具有内在聚合力的多民族统一体,中华民族进入自觉阶段。李大钊用唯物史观解读中国多民族历史,认为中华民族是具有内在聚合力的多民族统一体。吕思勉阐释了中华民族的起源与形成过程,将汉、匈奴、鲜卑等众多民族纳入中华民族的范畴中。

抗日战争是中华民族全民抗战,地不分南北,人不分民族,中华民族共同体意识和救亡图存意识空前高涨。在中国共产党的领导下,中国各族人民命运相连、目标一致、团结互助,共同体意识空前增强,从积贫积弱的半殖民地半封建社会,走向独立解放,走向改革开放和繁荣昌盛。

进入新世纪,中国人民从站起来、富起来,进入强起来,铸牢中华民族共同体意识,实现中华民族伟大复兴成为时代的最强音。党的十八大以来,习近平总书记提出了"铸牢中华民族共同体意识"的重要论述。党的十九大把"铸牢中华民族共同体意识"写入党章。2021年8月召开的中央民族工作会议,明确了以铸牢中华民族共同体意识为主线,推进新时代党的民族工作高质量发展。

二、中华民族史观是正确阐释中国历史的基础

中华民族史观是用马克思主义唯物史观观察、分析、阐述中华民族形成发展的历史,实事求是地说明它的历史作用和地位,它认为中国历史是各民族共同创造的,无论中原汉族还是北方和西南的少数民族,都是中国历史的创造者;无论中原农耕文化还是北方草原文化、沿海海洋文化,都是古代中国文化的重要组成部分。这是我们认识中华民族的根本出发点和指导思想。

然而,自20世纪中期以来,西方中国史和中国民族史研究中兴起了所谓的"内亚史观""新清史观""征服王朝论"。美国学者拉铁摩尔的《中国的亚洲内陆边疆》最早将"内亚"史观用到中国民族史,近十年来在中国产生较大影响。"新清史观"继承和发展了拉铁摩尔的学术理念,强调从内亚视角研究清史,突出清朝的"内亚性""满洲特性",将清朝定性为"内亚帝国",并将"内亚"与"中国"相提并论,而"中国"则仅指"汉地",即中原汉人居住的地域,由此形成"内亚"与"中国""胡人"与"汉人",以及"胡化"与"汉化"的二元对立关系。"征服王朝论"将中国历史上的政权分为汉族和非汉族,"征服王朝"相对于汉族建立的政权,意指中国北方草原游牧民族和森林渔猎民族在中原地区建立的国家与朝代,如南北朝的北朝、辽朝、金朝、元朝、清朝等。

这些史观谬论,其核心是把历史上的"中国"限定在汉族居住地区,汉族以外非"中国",强调"胡汉二元"对立,而不是中华一体,割裂北方少数民族及其所建政权与历史中国的紧密关系,从而引发对中国历史文化的曲解和误读,对此已有专家专门做了反驳[①],这里重点剖析"中亚史观"的谬误。

中亚本是一个地理概念,指亚洲中部内陆地区,有广义和狭义之分,狭义上一般

---

① 彭丰文:《胡汉二元对立思维不可取》,《历史评论》2021年第1期,第79—84页。

指"中亚五国"。广义上中亚的概念要宽泛得多,和内亚的范围有重叠,除"中亚五国"外,还包括俄罗斯中东部的南部、蒙古国、阿富汗、印度西北部、巴基斯坦北部、伊朗北部,以及中国的新疆、西藏、内蒙古西部。后来西方和俄罗斯的中亚概念从地理向民族与文化延伸,把活跃在这一地区的民族和民族文化称作中亚民族和中亚文化。这样一来,中国的回鹘、吐蕃、蒙古族、党项、契丹、维吾尔族等民族和国外民族统称为中亚民族,他们的文明称作中亚文明。1992年,联合国教科文组织出版的《中亚文明史》就是这种观点。2012年俄罗斯出版了《中亚唐古特》(克恰诺夫八十华诞纪念论文集),唐古特,即党项,是俄罗斯对西夏的称谓。但历史事实是,西夏接受中原汉族文化,以儒治国,是中国历史上唯一的尊孔子为"文宣帝"的政权(宋朝封孔子为文宣王),其文明是中华文明,而不是所谓的中亚文明,这是国家文化安全的大事。经过几代学人的努力,中国取得了西夏学的国际学术话语权,西夏文明是中华文明的认识成为主流观点。

"中亚史观"和"新清史观""内亚史观""征服王朝论"等错误史观貌似创新,实际上是20世纪初日本学者白鸟库吉等"长城以北非中国论"和"满蒙非中国论"的现代翻版。有学者已指出,这些谬论曾被日本用作侵略中国的借口。这种打着"学术研究"的幌子、推动侵略战争的劣迹虽然已成过往,但仍有死灰复燃的可能,不能不引起我们高度警惕。[①]

同时,还必须指出历史上正统史观将汉族建立的朝代称作"中国"的局限性,批判网上流行的"崖山之后无中国,明亡之后无华夏"的错误观点。辛亥革命时提出"驱逐鞑虏,恢复中华"的口号,这里的"中华"就是正统史观的中华,后来发现有问题,提出"汉、满、蒙、藏、回五族共和","五族"中的"回"并不是今天的回族,当时把伊斯兰教称"回教",信仰伊斯兰教的民族统称为回族,主要指新疆的维吾尔族,新疆一度被称"回疆"。后来有研究者将这种认识狭隘化,形成了把信仰伊斯兰教的藏族称"藏回",把信仰伊斯兰教的蒙古族称"蒙回",是回族的一部分。这种错误认识是民族与宗教不分,需要进一步澄清。

① 彭丰文:《胡汉二元对立思维不可取》,《历史评论》2021年第1期,第79—84页。

中国近代民族认同的历史逻辑

——兼论中华民族的形成

霍维洸　马　艾

摘　要:古代中国,由"天下观"和"华夷观"所统领的民族思想在实践上演化为羁縻政策与制度。这一制度维系了古代国内各民族的关系,民族文化认同得以长期持续,形成了古代的多元一体民族关系。鸦片战争后,中国各民族经受外国侵略,产生了严重的民族危机。在民族危机的刺激下,中国兴起了反侵略的爱国运动和社会变革运动。这汇集为争取民族独立、建设现代国家的近代民族运动和民族主义,树立了近代新文化和民族国家目标;"五族共和"为代表的新型国家获得了各民族的认同,在此基础上形成了民族认同。应该说,至抗日战争时期,中国的国家认同和民族认同达到了一个新的高度,抗战建国的目标和"中华民族是一个"的认识已经十分普遍,无论各政治派别还是少数民族均表达了这样的政治追求。中华民族正是在这一历史过程中形成的。

关键词:中华民族;历史逻辑;国家认同

一、中国古代的民族文化认同

从世界史的角度看,古代民族之间的经济交往毕竟薄弱,相互的依赖不足,因而,民族间的文化认同比较困难,反倒是文化差异更为明显。中国古代的民族关系有着自己的特点,在相对封闭的地理环境中,形成了中原农耕民族与周边游牧民族长期共存的局面,在经济互补的基础上,民族文化认同持续,从而形成了多元一体的民族关系格局。

中国古代的民族文化认同,学术界阐述了各种文化认同的历史现象。我们认为,这种民族文化认同的关键要从两个方面把握:其一,长期的民族交往关系是民族文化认同的客观基础,推动了民族文化认同的持续发展;其二,以儒家"天下观"为主导的中原文化是民族文化认同的主体。虽然民族文化认同是双向的互相认同,但考诸史实,中国历史上出现的民族,远多于今天说的56个民族。在众多的民族交往关系中,必须有一个主体或主流文化作为文化认同的对象或主导力量,这样才能构成文化认同的连续性与稳定性。文化认同是一个深刻而持久的过程,不能一蹴而就,认同的对象如果变化无常,就不可能形成多元一体的文化关系。

民族交往的动力在于经济上的需求。关于中原农耕经济与周边游牧经济的互相依赖,学术界已反复论述。比较而言,游牧经济产品单一更为脆弱,对农耕经济的依赖更强烈。中原农耕经济的特点是自给自足,对市场和外部产品依赖性较弱。因此,封建王朝往往把边境榷场的开放与关闭作为对少数民族的控制手段,而非求利的贸易方式。它经常因民族关系变动、战争冲突等因素而中断,可见这种贸易关系是极为脆弱的。而贸易中断,游牧民族的生活难以为继,又成为民族冲突的原因。

中原农耕社会的小农经济除自给自足之外,供养官员、军队已力不从心,更是缺少扩张的经济能力;中原民族每兴战争,则入伍之民必须离开土地和家园,生产就难以为继,且会增加农民负担。因此,历代王朝均尽力避免"穷兵黩武"的政治取向,反倒是游牧民族由生产向战争的转换较为方便,经常会取得军事优势。军事上,中原的保守和游牧民族的激进是古代的一个基本状态。

这一局面大概自西周已经出现,《左传》称:"蛮夷猾夏,周祸也。"[1]戎狄族群不断侵扰中原,成为中原诸国面对的实际问题。基于此,春秋之际"华夷论"应时而生。概括而言,"华夷论"的要点在于以文化习俗,而非血统种族作为华夷之辩的标准;中原农耕礼仪之族为诸夏,游牧之族为夷狄;"诸夏,中国也"[2],夷狄居四方;处理少数民族关系的原则为"用夏变夷"。孔子说:"管仲相桓公,霸诸侯,一匡天下,民到于今受其赐,微管仲,吾其披发左衽矣。"[3]而汉代贾谊说:"凡天子者,天下之首。何也? 上也。蛮夷者,天下之足。何也? 下也。"[4]这一"华—夷"二元论正是中国农耕—游牧二元经

① 杜预:《春秋经传集解》,上海古籍出版社,1988年,第321页。
② 杜预:《春秋经传集解》,上海古籍出版社,1988年,第214页。
③ [魏]何晏注,[宋]邢昺疏;唐玄宗注,[宋]邢昺疏:《论语注疏·孝经注疏》,上海古籍出版社,1990年,第126页。
④ [宋]司马光编,[元]胡三省音注:《资治通鉴》卷第十四《汉纪六》,中华书局,1956年,第472页。

济的反映。说明当时的人们认识到,周边少数民族与华夏民族形成了一种持续、不可摆脱的关系,需要面对这种民族关系,因此既有"华夷之辩",又有"用夏变夷",这是对立统一的两个方面。

"华夷论"看似强调民族间的文化区别,其实更深入的思想在于,历代儒家认为"中国"与"四夷"合而为"天下"。如董仲舒对汉武帝说:"今陛下并有天下,海内莫不率服,广览兼听,极群天下之知,尽天下之美,至德昭然,施于外方。夜郎、康居,殊方万里,说德归谊,此太平之致也。"①天下何为?统一而已。自"溥天之下,莫非王土;率土之滨,莫非王臣"②起,大一统成为历代的政治秩序观念。孔子之"克己复礼",就是要恢复西周礼仪与制度的统一。荀子主张"法先王,统礼义,一制度"和"天下为一"③。董仲舒说:"春秋大一统者,天地之常经,古今之通谊也。"④如何实现统一?这必须合乎"天道"。而"天道"在人世间则为"德政"。施"德政"即为"有道",行"德政"才能"惠此中国,以绥四方"⑤。所以,"天下观"是中国传统文化中统领全局的政治观念,体现了古代人对世界秩序、政治理想和社会意义等重大问题的认知和追求。这一思想主导着王朝内部的政治思想,也统领了王朝外部华夷关系的处理原则。

"天下观"和"华夷论"在处理民族关系的实践中形成了所谓"羁縻政策"。春秋战国时期,诸侯兼并,各国缺乏足够的精力专注于少数民族问题。自西汉起,羁縻政策与制度逐步形成,汉代创举"属国制"。《汉书》称:"典属国,秦官,掌蛮夷降者。武帝元狩三年,昆邪王降,复增属国,置都尉、丞、候、千人。"⑥唐代羁縻府州制度更为广泛,"自太宗平突厥,西北诸藩及蛮夷稍稍内属,即其部落列置州县。其大者为都督府,以其首领为都督、刺史,皆得世袭……突厥、回纥、党项、吐谷浑,隶关内道者,为府二十九,州九十。突厥之别部及奚、契丹、靺鞨、降胡,高丽,隶河北省,为府十四,州四十六。突厥、回纥、党项、吐谷浑之别部及龟兹、于阗、焉耆、疏勒,河西内属诸胡、西域十六国隶陇右者,为府五十一,州百九十八。羌、蛮隶剑南者,为州二百六十一。蛮隶江南者,为州五十一,隶岭南者,为州九十二。又有党项州二十四,不知其隶属。大凡府

①[汉]班固撰,[唐]颜师古注:《汉书》卷五十六《董仲舒传》,中华书局,1962年,第2511页。
②[宋]朱熹集传,[清]方玉润评:《诗经》,上海古籍出版社,2009年,第246页。
③[战国]荀况,[唐]杨倞注,耿芸标校:《荀子》,上海古籍出版社,2014年,第80页。
④[汉]班固撰,[唐]颜师古注:《汉书》卷五十六《董仲舒传》,中华书局,1962年,第2523页。
⑤[宋]朱熹集传,[清]方玉润评:《诗经》,上海古籍出版社,2009年,第322页。
⑥[汉]班固撰,[唐]颜师古注:《汉书》卷十九上《百官公卿表第七上》,中华书局,1962年,第735页。

州八百五十六,号为羁縻云"①。宋代以后,元朝、清朝虽为少数民族入主中原,但羁縻政策仍在继续。西藏活佛制,蒙古札萨克,新疆王公与伯克制外,又实行土司制度,于西南、西北民族地区施行数百年。②

羁縻政策与制度包括了武力对抗之外的所有处理少数民族的措施,其本质在于维系一种"羁縻不绝"的关系,其特点是因俗而治,即实践了古人所说"修其教,不易其俗;齐其政,不易其宜"③的思想,是"天下观"和"华夷观"的体现。这一政策的意义在于保持了少数民族习俗的前提下,实现了中原与周边民族的持久联系,并加强了中原文化对周边少数民族的影响。《新唐书》说羁縻府州"虽贡赋版籍,多不上户部,然声教所暨,皆边州都督、都护所领,著于令式"④,这是中国古代民族文化认同的基础。

这样我们就不难理解,为什么中国古代有长期持续的民族文化认同历史。在中原与少数民族联系的情况下,发展困难的少数民族部落屡有内附之举。这部分人群不仅对中原有文化认同,多数还融合于汉族,成为汉族人口壮大的一个来源。少数民族首领较之普通百姓,更多受中原文化影响,声称自己是炎黄之后裔,"匈奴,其先祖夏后氏之苗裔也"⑤。"突厥者,盖匈奴之别种"⑥。史家称北周文帝宇文泰"其先祖出自炎帝神农氏"⑦。少数民族首领对华夏祖先的认同,真实反映了争取文化正统的努力。

日常交往中的民族文化认同淹没于历史,已难逐一考察,而少数民族在大举入居中原的过程中,却包含着民族冲突与文化认同两种内容,特别是少数民族上层集团取得统治权后,他们学习中原文化的积极性会空前高涨,从而带动起文化认同的运动。这显然不是少数民族首领个人所决定的,而是由于客观形势的需要。少数民族入居中原后,必然面临如何对待农耕经济,也就是如何统治汉族的问题。更有效的管理农耕社会,显然不是他们所熟知的部落制能实现的,唯一可借鉴的只能是汉族的社会制度方式。

---

①[宋]欧阳修、宋祁:《新唐书》卷四十三下《羁縻州》,中华书局,1975年,第1119—1120页。
②霍维洮、马艾:《经济、文化、制度三维向度中的古代多元一体民族格局》,《宁夏社会科学》2020年第2期,第159—166页。
③ 陈澔注,金晓东校点:《礼记》,上海古籍出版社,2016年,第153页。
④[宋]欧阳修、宋祁:《新唐书》卷四十三下《羁縻州》,中华书局,1975年,第1119页。
⑤[汉]司马迁:《史记》卷一百十《匈奴列传》,中华书局,1959年,第2879页。
⑥[唐]令狐德棻等:《周书》卷五十《突厥传》,中华书局,1971年,第907页。
⑦[唐]令狐德棻等:《周书》卷一《文帝纪》,中华书局,1971年,第1页。

如北魏时期,为解决土地兼并造成的"地有遗利,民无余财"①的问题,统治者便诏令均田。"要行均田,必先审正户籍。(孝文太和)十年二月,遂立党、里、邻三长,定民户籍"②。从此北魏政权实施了管理田籍、户口、赋税的中原郡县制度。钱穆先生说:"北魏本以部落封建制立国,逮三长、均田制行,则政体上逐渐从氏族封建变为郡县一统,而胡、汉势力也因此逐渐倒转。"③这正是北魏孝文帝改革的出发点,学习汉文化就成了统治的客观需要。迁都是为了摆脱守旧的胡人贵族势力,汉言汉服,则为顺应形势。这个过程中,文化认同可称之为潮流。其内容广泛,远非教科书所能描述,包括胡人官员要学习如何记账这种技术,这是汉人所长。统治实践告诉少数民族首领,入居中原能否久远,取决于是否适应农耕社会的需要,而适应这一社会,除学习汉文化别无他途。因此,北齐"引进名儒,授皇太子诸王经术……颇自砥砺,以成其美"④,这也吸引了汉族文人投入北齐政权,"负笈从宦之徒,不远千里"⑤。

北朝从"胡汉分治"到"胡汉一体",经历了文化的全面认同,最终形成隋唐大一统王朝。源自北朝的隋唐王朝,后人不认为是少数民族政权,而隋唐王朝亦以中原文化自居,视其他少数民族为夷狄。其中的转换自然是文化的高度认同与自信。

后来的元朝与清朝,虽然民族色彩较重,但在实现对中原统治的过程中,也不同程度接受了儒家文化,甚至当西方英美使团来中国,清朝想当然视其为夷狄,以为他们不远万里、"倾心向化"而来,其实两千多年的华夷格局即将面临"中国—世界"的近代国际关系。羁縻时代将被新型的国内民族关系所取代。

就大势而言,羁縻政策维系了少数民族与中原社会的日常联系,而少数民族入居中原,则推动其固有文化与中原文化深入结合。前者由中原王朝主导,后者却是少数民族所实施,由此而形成古代多元一体的民族关系。这个民族关系的格局,成为近代民族关系变化的历史背景。

---

① 钱穆:《国史大纲》,商务印书馆,1994年,第333页。
② 钱穆:《国史大纲》,商务印书馆,1994年,第334页。
③ 钱穆:《国史大纲》,商务印书馆,1994年,第336页。
④[唐]李百药:《北齐书》卷四十四《儒林传》,中华书局,1972年,第582页。
⑤[唐]李百药:《北齐书》卷四十四《儒林传》,中华书局,1972年,第582—583页。

二、鸦片战争后民族关系的变化

鸦片战争和中英《南京条约》开启了中国半殖民地化的时代。从此,由西方资本主义经济所推动的殖民运动深入中国的各个角落。在近百年的时间内,欧美资本主义国家和亚洲诸国,以军事侵略为利器,以条约体系为保障,其经济、政治和军事势力在中国不断深入与扩展,使中国国家主权日益丧失,市场与经济为外国势力所主导,传统文化亦遭到前所未有的冲击与破坏。中国社会面临着空前严重的国家危机与民族危机。

为了应对这一严重的危机,中国社会被迫走上了近代化的道路。从清政府推行洋务运动起,中国开始了一个深刻的社会变革过程。从资本主义经济的产生、发展,到戊戌变法、辛亥革命等一系列的政治变革,再到文化上的新思想传播,新式教育的开展,传统社会结构不断被瓦解,现代化社会进程艰难演进。这当中不仅充满了社会发展的困难,也由此而引发了纷繁的社会矛盾与斗争。

这是一个新旧事物剧烈兴替的时代,也是一个社会重新整合的过程。

从民族关系的角度看,在传统的"华—夷"关系之外,又面临"中—外"民族关系;传统的"中原—四夷"的天下结构日益被"中国—列强"的新世界秩序所取代;由羁縻政策所维系的国内民族关系,被突然楔入的条约制度所打乱。国内各民族都承受着被外国势力侵略的压力,面对更复杂的民族关系,也经历着自身如何适应社会时代要求的困难。

从外国势力深入中国的路径看,两次鸦片战争中,列强以中国沿海通商口岸为支点,从珠江流域到长江流域,直至天津、北京,意在打开中国大门,促其商业贸易进入中国经济发达区域,获取商业利益和政治影响力。此路径至《辛丑条约》签订,中国腹地门户洞开,外国势力全面涌入;19世纪60年代以后,列强又纷纷侵略中国边疆地区。英国由印度向西藏渗透,俄国则向东北、新疆扩张,法国由越南向广西深入,日本侵占琉球诸岛和台湾全岛。这不仅导致中国的边疆危机,也使少数民族社会经受了被侵略、控制的局面。

第一条路径,导致清政府统治日益衰弱,最后变成了外国侵略中国的工具,同时也使中原社会在半殖民地化过程中出现农耕残破、新式经济举步维艰的局面。在此刺激下,反帝爱国、维新变革成为时代主流,民族解放运动风起云涌,中国社会走上了民族主义和建立民族国家的道路。第二条路径,促使边疆少数民族必须在旧有的羁縻关系之外,重新选择生存和发展的道路。面对这样纷繁复杂的形势,国内少数民族,特别是其上层统治势力,不可能在短时间内充分认识外国侵略的本质。这需要国内主流社会有足够的民族凝聚力量,引领少数民族走上近代化道路;也需要少数民族在实践中逐渐认识社会发展的形势,自觉融入中国社会的变革运动。大体至辛亥革命之后,"五族共和"的思想和政策影响日益扩大,少数民族逐渐觉醒,中国国内各民族的认同得以提升。至日本全面侵华,各民族均表现出一致抗日的强烈愿望,国家认同和民族认同互相促进,达到了一个新的高度,新型多元一体民族关系得以在新的条件下确立。

在此社会变迁的背景下,国内民族关系产生诸多新的内容与特点。举其大略,至少有如下之特点:

首先,在政治上,一方面旧的中央政权与少数民族之间的羁縻关系虽遭到破坏,但在表面上仍保持联系;另一方面,外国势力又与少数民族产生了直接或间接的联系。少数民族面对双重的关系,既不能完全无视中央政权的存在,又要应对外国势力。这是中国国家主权丧失的一个重要表现,中央政权对少数民族的控制力和影响力下降,外国势力在一些民族地区起了主导作用。少数民族多分布于边疆地区,因此,这一局面就造成了中华民族与边疆的双重危机。一种情况为国土丧失,如台湾岛、东北、西北的一些领土被列强割占,一种情况为某些民族上层的分裂倾向,有民族分裂和领土丧失的双重危险。如19世纪60—70年代,新疆各民族起义之后,其上层集团被外国势力所左右,阿古柏事件反映了在复杂的国际背景下,少数民族运动与外国势力结合的可能性。因此民族问题不仅是国内的政治问题,还转化为外交问题。国内民族关系的一个新特点是,同时包含内政与外交两种关系,这正是中国半殖民地化在民族关系上的表现。

其次,少数民族社会经济遭受严重冲击。古代的游牧与农耕二元经济,以榷场和茶马贸易形式互相补充。近代以来,国内市场发展,中原与边疆地区的贸易往来更加频繁,同时外国商品亦涌入民族地区。这二者都有带动少数民族社会经济商品化的作用,如内蒙古、青海、甘南等地的皮毛贸易在近代迅速发展,促进了这些地区的畜牧业商品化发展,市场和城镇随之兴起。[①]新疆与俄国的贸易不断扩大,西藏与印度的

---

① 霍维洮、胡铁球:《近代西北少数民族社会变迁》,宁夏人民出版社,2009年,第47—98页。

贸易也有所增长。商业贸易推动了广泛的社会联系,少数民族社会一改过去闭塞的状态,人口的流动也空前扩大,特别是中原人口向少数民族地区迁徙,加快了少数民族经济的变化。最典型者,如陕北、山西的农民进入内蒙古西部地区,开始大规模的农业种植,打破了清代实行的"封禁政策",内蒙古西部地区开始由畜牧业向农业转化。社会经济的迅速变化,使得少数民族传统的组织、制度等开始被动摇,社会日益开放。山东、河北人"闯关东",东北地区汉族人口数量激增与农业生产兴起;汉族人口亦流入新疆,特别是北疆地区汉族人口不断增长。中原人口向边疆民族地区迁徙,除人口因素外,更主要的是中原商品关系冲击着传统小农经济,导致农业人口过剩而被迫外流。汉族人口所到之处,总是开展农耕生产,并促进商业关系的发展。商品化带来社会开放,利润追求更直接驱动人们的社会关系向新领域扩展。由经济联系造成少数民族社会的开放性在迅速发展。这虽带来发展的希望,但旧的社会结构也随之瓦解。游牧民族持续数千年的经济与社会开始急剧变迁。

最后,少数民族社会文化开始向近代化转变。经济交往与人口流动直接导致文化交融,而外国势力的深入也使西方文化传入民族地区。少数民族统治阶级和知识分子率先感受到了新文化的气息,知晓过去那种恪守传统的思想已难以为继,他们中的一部分人开始希望以新文化重新凝聚人心,改造社会,以应对新的挑战。少数民族的文化从固守传统转变为接受新文化、探索新的社会道路,文化价值开始了新转换。

在古代,少数民族社会状态取决于其自身的部落聚散,以及与中央王朝的关系,其变化往往带有偶然性,如天灾或战争事件等。而近代以来的社会变化,则表现为日常性和全面性,变化成为一种常态和不可遏制的趋势。就其方向而言,一言以蔽之,少数民族社会走向了由传统状态向现代社会的转化。虽然水平有差异,但这与中国社会的整体变化方向是一致的。

整体看,维持了数千年的"华夷一体"的观念转变为"万国争雄"的世界秩序;传统的以羁縻政策维系的国内民族关系向着中国各民族与列强各国的竞争关系转变。对外竞争的基础在于国内民族的团结与一致,分散的民族更易被外国势力各个击破。各民族的危机促进了相互凝聚,传统的少数民族从"输诚向化"转变为各民族凝聚的"一致对外"。而这个过程的具体实现,首先需要国内主体民族——汉族和中原社会做出区别于传统的历史选择,为各少数民族提供社会选择的方向和思想文化上的认同。在中国百年的历史中,国内民族关系经历了从古代的多元一体到现代的多元一体的深刻演变,其中最重要的社会结果就是中华民族的形成。因此,这一时期的民族关系演化可以归结为中华民族的认同与形成问题。

三、民族运动与民族主义

民族学界在论述近代民族运动时,多数仅着眼于国内少数民族社会的运动,这是一个很大的误解。在"中华民族形成"这样的命题之下,所谓中国的民族运动,应该是反抗外来侵略和摆脱半殖民地社会的运动。无论运动的主体是少数民族还是汉族,只要目标是追求中国走上独立的道路,都属近代民族运动的范畴,不以此为目标的,即使是少数民族兴起的运动,也不属于近代民族运动,而属于古代意义上的民族运动。所以,民族运动具有强烈的时代性。近代民族运动是资本主义殖民运动所造成的,也是从近代国际民族关系中产生的,反映着殖民地半殖民地民族的追求和目标,这与古代的民族战争和冲突分属于两个历史时代。

从反对外来侵略和半殖民地化的角度看,中国近代所发生的反侵略斗争和社会变革运动都是争取民族独立的运动。因此,中国近代民族运动的主体则是毛泽东所说的"两个过程"中的中国人民反抗外国侵略和封建压迫的过程。这个过程包括了两次鸦片战争、甲午战争、反抗八国联军侵华、抗日战争等民族战争,以及洋务运动、戊戌变法、辛亥革命、北伐战争、中国新民主主义革命等一系列社会变革运动。由民族战争激发的中国各民族成员的民族意识,促使中外民族关系界限得以突显;由变革运动塑造的近代中国的文化主体和文化价值,就是适应世界潮流、不断变革,使中国走向现代化的社会目标。这二者结合为近代民族主义思想的内容:追求民族独立,建设现代国家。

中国与外国列强的近代国家关系,主要体现于鸦片战争后所签订的一系列不平等条约。这些条约内容的实施,形成了近代中国的条约制度,其范围涉及政治、经济、文化等各个领域。这是一种不同于周秦以来的新的社会制度,它不断瓦解着中国传统社会结构,又刺激着新的社会内容产生,中国的社会性质与结构发生了根本改变。从国家关系讲,中国逐步沦为半殖民地,经受外国列强的侵略。由于条约制度代表着外国列强对中国各族人民的侵略,因此,较之战争,条约制度的作用更持久,且具有持续性。

由条约制度规范的中国与外国列强的关系,其一是中国与世界产生了紧密的联系;其二是中外关系的不平等;其三是中国落后,而泰西诸国进步。这三者形成了近代中外关系的整体格局。民族运动则是此格局下中国人的反应与选择。第二次鸦片战争结束后,清朝已经认识到了这一变化。奕䜣领衔的奏章中是这样说的:"自换约以后,该夷退回天津,纷纷南驶,而所请尚执条约为据。是该夷并不利我土地人民,犹可以信义笼络,驯服其性,自图振兴,似与前代之事稍异。"①而李鸿章更明确地指出:"今则东南海疆万余里,各国通商传教,来往自如,麇集京师及各省腹地,阳托和好之名,阴怀吞噬之计,一国生事,诸国构煽,实为数千年来未有之变局。"②由于外国势力深入中国腹地,已不再是古代民族的朝贡与礼仪问题,而是一种日常的外交关系,所以负责其事的总理各国事务衙门及海关、翻译、南北洋大臣等机构由此而设立。中国产生了第一批外交机构。洋务运动不仅因为军事失败而兴。所谓"中学为体,西学为用"的纲领,表达了洋务派人士目光所及已远超练兵制器的范围。把西方的事物归结为"西学",这是与传统的"中学"相对而言,传达出他们意识到西方事物的整体性与系统性。"西学"侵入中国远不止是军事危机,而包含了社会整体的危机意识,亦即民族危机。奕䜣、曾国藩、李鸿章等认识到应对这个"千古未有之奇变"的局面,不能以设立几个外交机构为止,重要的是如何抵抗外来侵略,至少要遏制列强无限制地提出侵略要求。他们接受了魏源的"师夷长技以制夷"的思想,明确提出了"自强"的口号。"自强以练兵为先,练兵以制器为主先"。练兵与制器相结合,正是近代强国思想的起点。洋务运动由此而兴,引进外国机器,设厂制造,洋枪洋炮、军舰轮船、南北洋水师乃武备之新特点;因制造需要的资本、交通、人才诸要素也一一提上朝廷议事日程,官督商办企业、近代新式学校、矿业交通一一兴起。外部关系的变化导致了内部的社会变革。

外交转化为内政,是近代中国的一个明显特征。换言之,内政变革往往起于应对外交,即国内的社会变革运动,都是针对外国侵略中国而采取的举措。其目标均归于"救国"和"救亡"。这种针对中外民族矛盾的变革,最明显的性质正是民族运动,故清政府把洋务运动归于"筹办夷务"之中。而事实上,曾国藩举办安庆军械所的目的就是造军舰以抗外敌。胡林翼在安庆长江边上看外国军舰疾驰而过时,竟气急而吐血。他们举办近代事业的民族立场显而易见。

---

① 文庆等纂辑:《筹办夷务始末·咸丰卷七十一》第五册,《续修四库全书·史部·纪事本末类》,上海古籍出版社,2008年,第315页。
② 李鸿章:《李文忠公全书·奏稿·筹议海防折》卷二四,吴汝纶编《李文忠公全书·奏稿》,光绪乙巳四月金陵付梓戊申五月印行,第10—11页。

为应对外来侵略，中国社会兴起了前所未有的、持续不断的民族运动。每一次外国列强的进一步侵略，都导致了国内的变革运动。中日甲午战争和《马关条约》促成了戊戌变法运动；19世纪末外国列强瓜分中国的风潮，刺激起义和团反洋教斗争；而八国联军侵华与《辛丑条约》则使中国资产阶级走上与清政府对立的斗争道路。20世纪初，中国的民族意识日益觉醒。民族运动与变革运动相互促进，中国社会的各个阶层都有反抗侵略和政治变革的强烈愿望。社团、学校、报刊如雨后春笋般兴起，新知识迅速传播，新的知识分子群体成为时代的号手，不断宣扬变革与爱国思想；民族资产阶级走实业救国之路，与外国势力展开"争夺利权"的斗争，反映出人们已经清楚地看到国家经济主权的重要性和经济主权所代表的民族利益。无论革命派还是立宪派都希望改变专制主义制度，建立资产阶级民主制度。他们关于变革和革命必要性与必然性的论述，均认为不改变社会制度则不能救国家于败亡，其民族主义情怀跃然纸上。

以"爱国"和"救国"为动力的近代民族运动，是中国社会各阶级、各民族、各个集团应对民族危机的体现。太平天国后期的反帝斗争、义和团运动、反洋教斗争、台湾人民的反割台斗争，以及辛亥革命中的会党反清斗争，都是群众反侵略的自发斗争。这些斗争虽然都失败了，但它对启蒙群众的民族意识有直接的作用。群众在反侵略斗争中逐渐认识到"列强"和"洋人"所代表的势力已经不再是古代的"蛮夷"，现代国际关系不是仅仅用武装反抗就能改变的，由此而产生了近代的变革意识。清政府所代表的封建上层势力，在反对外国侵略的过程中，为苟延残喘自己的统治地位而对外屈服，最后成了民族运动的对立面而败亡。以戊戌变法、立宪运动、辛亥革命运动为代表的资产阶级政治运动，顺应了时代的要求，虽经失败而能深入人心，其代表的建立现代民族国家的方向成为中国社会的主题，其他各民族与各阶层日益汇集于这一目标之下。资产阶级的变革运动是推动中国近代民族主义发展的主要动力，体现了近代民族运动的方向，成为近代中国民族运动和民族主义的主流。

因此，中国近代的民族运动，不仅包括三元里人民抗英斗争和抗日战争中人民反抗外来侵略的武装斗争，也包括各个阶层为救国而推动的变革运动。就其作用而言，前者更直接，而后者更深入持久，但都是中国人为争取民族独立与民族复兴所做出的努力。正是这些斗争与变革，极大地鼓舞了中国各族人民，使中国近代民族主义思想与文化得以逐步形成。

反帝爱国斗争和变革运动是近代民族主义的主体内容，其启发了中国人现代民主和独立的意识,厥功至伟。而进步的知识分子和思想家则积极吸收西方思想,并将其与中国固有之文化价值相结合,对中国近代民族主义思想发展起到了提升和理性化的作用。实际的政治运动和思想文化宣传相互激荡,推动爱国主义从古代的保守性向现代的开放性转化,使传统忠君观念向现代民主国家意识发展,传统的"三代理想模式"演变为着眼"未来强国"理想。20世纪初的"三民主义"体现的进化论和变革思想,成了新型社会的价值追求。可以说,民族主义是中国近代最广泛和最发达的思潮。

关于近代民族主义思想,学术界已有许多论述,中国近代之民族主义的目标是建立现代民族国家。这个目标的实现,建立于两个条件之上:一是民族独立,一是近代民族的形成。在实践上,这二者是相互结合的。反侵略斗争和改革运动,既是争取民族独立,也是中国古代民族向现代民族转变的过程。因此,在社会进步与民族觉醒二者的交互推动下,国内各民族才可能形成新型民族关系和民族认同,最终实现中华民族为主体的现代民族国家。由于在实践上,近代民族意识和国家意识发轫于爱国和救国斗争,因此,中国近代首先产生的是政治民族主义;又因为中华民族的形成最后还是要归结于文化认同,因此,基于近代文化思想的文化民族主义亦相继而兴。但这也仅就二者关注的重点而言,实际上政治民族主义也必然包含着文化的认同,文化民族主义也自然有国家的认同,并非泾渭分明。

四、中华民族的文化认同

(一)民族自觉是中华民族认同的前提

中华民族是在近代历史条件下形成的,其形成的过程就是民族不断觉醒的过程。如前文所述,近代中国的民族运动和民族主义所反映的就是中国各民族逐步觉醒的历史过程。在此过程中,国内各民族觉醒于什么? 我们认为这主要集中于以下三个方面。

第一,觉醒于外国侵略导致的半殖民地半封建社会性质和民族危机。近代的中外关系以条约制度为基础。这些条约的内容所针对的对象,不仅是汉族,也包括国内其他民族。这当然对外国列强是有利的,因为,只需与清政府签订相关条款,在适用上就等于与中国各民族达成了约定,能通行于中国各地。从此角度看,外国列强充分地利用了清朝所控制的国内各民族这一民族优势。这是中国古代政治统一的客观事实和体现,其本质则在于列强不仅在于侵略中原,还在于侵略边疆各族。

另一方面外国列强又注意到了中国多民族的实际，并企图利用这种民族的差异而实现其分裂中国、占领边疆地区的目的。这使得边疆民族受到了直接的外来侵略。在这个情况下，边疆少数民族切身体会到遭受了一种新型外族入侵，使得他们不得不应对这种被侵略的局面。

进入20世纪后，抵制列强侵略已不是某一个民族单独所能完成的，少数民族社会前途与中国社会的命运高度结合，爱国的内容突破了狭隘的民族界限。

第二，觉醒于社会变革与民族国家的政治目标。古代中国社会长期稳定的农耕经济之上形成了"常不求变"的文化，思想和政治都十分保守。自洋务运动起，国人逐渐认识到社会变化的客观趋势，而戊戌变法则把"变"作为口号提了出来。"物竞天择，适者生存"的思想迅速传播，客观条件在于人们早已体会到了客观社会的变化及这种变化带来的危机。因此，变革思想此后成了中国人的普遍认识，立宪派与革命派都在致力于推动社会变革，就连清政府亦于1901年开始推行所谓"新政"，顽固如慈禧，亦知因循守旧已难以维持其统治了。近代兴起的报刊、学校、社团等，无不鼓吹变革，这反映了中国社会的一种集体性思虑，落后的现状导致严重的危机，只有变革才是新的出路。可以说，自戊戌变法起，中国进入了一个变革的时代。

社会变革必然包括明确的政治目标，近代中国的社会变革，目标集中于革除旧的制度、建设新的国家。从戊戌变法到新民主主义革命无不如此。旧制度指自周秦以来的封建专制主义制度，如谭嗣同批判中国"二千年之政，皆秦政也"。新国家的目标则日益集中于新型的国家，其内涵则为建设民主政权，使人民成为权利平等的国家主体。我们不能说，所有的百姓均能明晰这一目标，但20世纪后的中国政治运动的确表达着这个方向，义和团式的蒙昧主义爱国运动已经退出了历史的舞台。

第三，自觉于近代文化。近代民族主义运动和社会变革，造成了新型的近代文化。近代文化自觉的表现，是对传统文化的批判和反省。近代化的进步力量，皆出于爱国而革命。爱国者免不了对中国固有之文化的依恋。尽管如此，他们仍然理性地认识到传统文化已不适用于新的时代要求，因而均对旧文化保持了一种既依恋又批判的态度。康有为、孙中山、章太炎、严复等无不如此。五四运动则是这一趋势的突出表现，几乎是全盘否定传统文化。这虽然令许多人在情感上难以接受，但它确实为近代启蒙所必须经历的过程，其警醒大众的作用仍然不容否定。

对传统文化的批判，目的在于建立新的文化。近代文化自觉更重要的一个方面是融合中学、西学，这是新文化的一个特征，从冯桂芬到梁启超无不如此，而20世纪初的变革运动则以新型知识阶层为主干,更反映了西学与中学融合而产生的新文化与新思想的特点。近代所形成的新观念、新思想被人们普遍认可和接受。这种新观念、新思想是伴随民族主义运动和变革运动而逐渐形成的。除上文所述的变革与爱国思想外,诸如发展实业、举办新式教育、妇女解放、民族独立、科学救国等不同于传统社会思想的各种新认识,汇集成为中国近代的新文化。民族主义虽然针对民族关系,但它所赖以存在与认同的文化内容则十分广泛。因为,认同的基础在于价值理解的共同性与一致性,而文化价值则包括了社会与个人生活的各个方面。只有在广泛的社会与人生价值认同的基础上,才可能形成民族的认同与民族思想。

民族主义的产生,以民族的觉醒为前提。启蒙与变革就是中国人在近代觉醒的过程。学术界在关于中华民族的形成问题探讨中,对近代新文化的认同作用认识不足。我们认为,民族主义是近代各民族文化认同的共同基础,它使各民族摆脱了古代文化差异,获得了一种可以共同追求的新价值观念,在中华民族形成过程中起到了文化认同的基础作用。

(二)国家认同与民族认同

伴随着民族觉醒,关于新型国家建设的思想日渐兴起。民族危机所带来的一个核心问题,即摆脱被侵略的根本出路在于强国,而强国之路则在于学习西方。自洋务运动开始对西方器物的学习,到维新派、革命派对西方制度的学习,直至民国以后,建设一个现代民主的国家已成为普遍的思想。这当中产生了近代国家认同的历史。中国人关于现代国家制度的认识来源,是基于对西方资本主义国家制度的了解,而西方近代的国家属于民族国家。这是由民主制度所导致的自由的个人权利平等而形成的国家认同与民族认同。由权利平等而形成公民直接构成为均质化的民族。这样,“民族具有了国家的形式,披上了国家的外衣,国家具有了民族的内涵”[①]。“构建民族国家的过程既是一个重建国家制度的过程,也是民族过程与国家过程重合的历史进程,还是一个现代民族最终形成的过程”[②]。这就是现代国家,它具有三大基本特点:“其一,它以现代社会为基础,以构成国家的每个人拥有政治平等的政治解放为历史和逻辑前提;其二,它以现代国家主权为核心,以建构全体人民能够共享并获得发展保障的

---

① 周平:《中华民族的性质与特点》,《学术界》2015年第4期,第5—22页。
② 周平:《对民族国家的再认识》,《政治学研究》2009年第4期,第89—99页。

国家制度体系为基本的组织框架;其三,它以公民权利的保障为机制,将社会的全体成员聚合为具有共同政治纽带的共同体,即民族或民族国家。"①与欧美现代民族国家构建相比,中国近代的民族国家建设过程有很多不同。欧美的国家认同和民族认同基于公民权利的平等和这种权利的国家保障。正如欧洲的民族主义针对的是封建王朝的专制权力制度,而中国近代的民族主义则在反封建的同时,更多针对列强侵略,中国人对民主的追求很大程度上不是为了个人权利得到保障,而是为了建设一个能使国家富强的制度体系。这是中国文化和历史条件在近代国家问题上导致的一个区别于西方思想的重大特点。因此,中国在建设现代国家的实践中也总是陷于逻辑矛盾:为了国家富强不得不忽视个人权利而集中于国家权力;但个人权利的忽视,又导致无法真正产生现代国家。因此,中国的民族国家进程举步维艰。

所以,近代的民族认同是从属于国家认同的。这可以简单地归结为,国家认同是建设什么国家的问题,而民族认同是谁来构成国家的问题。现代民族问题必然与民族国家问题紧密结合。人们"基于对作为共同意志产物的国家主权的认同而汇聚在一起,共同支撑主权下形成的国家制度,并使其成为维护和保障个体和社会的有效力量。人们把在这样国家建构逻辑中汇聚在一起的全体人民,称为民族(nation),并将由此所形成的现代国家,称为民族国家(Nation-state)"②。事实也正如此,20世纪初,中国人在探讨建设什么国家的同时,也开始探讨民族问题。梁启超说:"今日欲救中国,无他术焉,亦先建设一民族主义之国家而已。"③他认为中国古代没有国家,只有王朝,人们也没有国家思想。故应该倡导国家思想,他说:"国家思想者何?一曰对于一身而知有国家,二曰对于朝廷而知有国家,三曰对于外族而知有国家,四曰对于世界而知有国家。"④20世纪初,民族主义思潮勃兴。民族主义作为一种意识形态,担当了民族与国家的中介。其作用,一为民族认同,一为民族国家之诉求。这个思潮的起点仍然是救亡,其正面意义则为民族独立;而民族要独立,须为一民族国家才能实现。一批进步思想家开始讨论建立一国族的问题。因此,倡言"民族主义者,世界最光明正大公平之主义也","其在于本国也,人之独立;其在于世界也,国之独立"⑤。革命派则

---

① 林尚立:《现代国家认同建构的政治逻辑》,《中国社会科学》2013年第8期,第22—46页。
② 林尚立:《现代国家认同建构的政治逻辑》,《中国社会科学》2013年第8期,第22—46页。
③ 梁启超:《论民族竞争之大势》,林志钧编《饮冰室合集·文集之十》第四册,中华书局,1936年,第35页。
④ 梁启超:《新民说·论国家思想》,林志钧编《饮冰室合集·专集之四》第三册,中华书局,1936年,第16页。
⑤ 梁启超:《国家思想变迁异同论》,林志钧编《饮冰室合集·文集之六》第三册,中华书局,1936年,第20页。

把反清与排满相结合,所倡导的民族主义有建立单一民族国家的倾向,称"合同种异异种,以建一民族的国家"①。汪精卫说:"吾愿我民族实行民族主义,以一民族为一国民。"②而以梁启超为首的立宪派则主张建立一大民族。他在《历史上中国民族之观察》一文中认为,中华民族是多民族融合而形成的,"现今之中华民族自始本非一族,实由多数民族混合而成"③。杨度说:"中国之在今日世界,汉、满、蒙、回、藏之土地,不可失其一部,汉、满、蒙、回、藏之人民,不可失其一种。"④孙中山于1912年1月1日在南京宣誓就职中华民国临时大总统,在《临时大总统宣言书》中宣布:"国家之本,在于人民。合汉、满、蒙、回、藏诸地为一国,即合汉、满、蒙、回、藏诸族为一人。是曰民族之统一。"⑤从而宣告"五族共和"的建国方针。

"五族共和"建国方针,极大地促进了各民族的国家认同。自古以来就是多民族的国家,在近代国家制度急剧变化中,伴随旧社会结构的瓦解和旧式民族关系的破坏过程,民族分裂和国家分裂的概率(可能性)必然增长。客观上,政治变革及推翻清朝的斗争毕竟是以汉族为主体实现的。如果没有一个足以包容和吸引各少数民族的政治纲领,少数民族的国家认同将难以产生。"五族共和"是一个具有象征意义的口号,它不仅包括汉族、满族、蒙古族、回族、藏族,也包括国内其他少数民族,因而赢得了各民族的拥护。所以,我们看到民国以后,"共和"一词被广泛接受,它的含义由辛亥革命时期的"共和民主"转化成了中华民国的"各民族共和"。除了五四运动中的先进知识分子高呼"民主"与"科学",其他的各民族、各政治集团则更愿意高唱"共和"的口号。这正如政治学研究者所称的"世界上的许多民族国家并不是本国或本地国家形态自然演进的产物,而是在特定情况下学习或借鉴西方民族国家制度的结果,是一种模仿性的民族国家","模仿性民族国家是将国内的各个历史文化共同体整合为民族(Nation)而构建民族国家的"⑥。因此,"五族共和"的方针不仅推动了辛亥革命后的国

① 余一:《民族主义论》,张楠、王忍之编《辛亥革命前十年间时论选集》,第1卷,下册,生活·读书·新知三联书店出版社,1960年,第486页。
② 汪精卫:《民族的国民》,张楠、王忍之编《辛亥革命前十年间时论选集》,第2卷,上册,生活·读书·新知三联书店出版社,1963年,第100页。
③ 梁启超:《历史上中国民族之观察》,林志钧编《饮冰室合集·专集之四十一》第3册,中华书局,1936年,第4页。
④ 杨度:《金铁主义说》,刘晴波主编《杨度集》,湖南人民出版社,1986年,第304页。
⑤ 孙中山:《临时大总统宣言书》,中国社会科学院近代史研究所中华民国史研究室等编《孙中山全集》第2卷,中华书局,1982年,第2页。
⑥ 周平:《民族国家时代的民族与国家》,《云南民族大学学报》2013年第5期,第5—11页。

家认同,而且促进了中华民族的民族认同。近代日本侵华,中国面临空前严重的民族危机时其表现得十分突出。正如民族分裂必然导致国家分裂一样,民族认同依托于国家认同。1913年1月,西部蒙古乌兰察布盟和伊克昭盟蒙古族各王公在呼和浩特集会,制定了《西盟王公会议条件大纲》,一致决定"赞助共和",反对分裂,陈述"蒙古疆域,向与中国腹地,唇齿相依,数百年来,汉蒙久成一家","现在共和新立,五族一家,……我蒙同系中华民族,自宜一体出力,维持民国与时推移"[①]。因为"共和新立,五族一家",才认为自己属于中华民族。这无疑反映了国内少数民族从国家认同到民族认同的内在逻辑。抗日战争时期,国内各少数民族均表达了对中华民族的认同。国家危机带动了民族认同的高潮。

由此,近代的中国国家认同和中华民族认同的历史逻辑大体概括如下:在民族危机刺激下兴起的近代民族主义运动,造成了近代新文化和民族国家目标;"五族共和"为代表的新型国家获得了各民族的认同,在此基础上形成了民族认同。应该说,至抗日战争时期,中国的国家认同和民族认同达到了一个新的高度,抗战建国的目标和"中华民族是一个"的认识已经十分普遍,无论各政治派别还是少数民族均表达了这样的政治追求。中华民族终于形成了。

应该看到,以"共和"为特征的中华民国,显然并非真正是以个人权利平等为基础的现代民族国家,它只是朝着这个方向迈进的一步。各民族对这个国家的认同也是以群体认同为基础的,而不是个人权利平等式认同。由此形成的中华民族虽然具有了近代文化认同和国家认同的基础,但与西方相比,其内部还包含着自古以来形成的各个文化共同体,即文化意义上的国内各民族。所以,在近代民族国家建设发展的基础上,形成了与这个新型国家相匹配的国族,即中华民族,但历史上形成的文化共同体仍然存在。这正是中华人民共和国成立后进行民族识别的客观原因。因此,现代中华民族的内部结构仍然是多元一体的。我国多元一体的民族关系格局,可分为两个大的历史阶段:古代的多元一体格局以羁縻制度为特征,近现代的多元一体格局则以中华民族为依归。

---

① 张劢曾:《西盟会议始末记·西盟王公会议条件大纲》,商务印书馆天津印刷局代印,1913年2月26日,第43页。

关于宁夏铸牢中华民族共同体意识的若干思考

于光建

内容摘要: 中国共产党宁夏回族自治区第十二届委员会第十三次全体会议确立了"中华民族共同体意识显著增强,推进现代化建设取得显著成效,各民族交往交流交融显著拓展,治理能力和治理水平显著提升,党对民族工作的领导显著加强,努力创建铸牢中华民族共同体意识示范区"新时代宁夏民族工作目标任务。宁夏如何创建铸牢中华民族共同体意识示范区,使我区铸牢中华民族共同体意识取得实效,一是要坚持正确的中华民族史观,加强宁夏历史文化中各民族交往交流史研究和宣传教育;二是要加强宁夏红色文化资源的保护利用,铸牢中华民族共同体意识教育;三是要探索出台铸牢中华民族共同体意识示范区创建标准和测评体系;四是要加强民族工作干部队伍建设;五是要聚焦民生,坚持高质量跨越式发展,铸牢中华民族共同体意识的经济基础;六是要坚持宗教中国化方向不动摇,做好宗教与民族分离的阐释宣传工作;七是要加强中华民族共同体学科体系建设。

铸牢中华民族共同体意识是习近平新时代中国特色社会主义思想在民族工作领域的原创性最新成果,赋予了新时代民族工作新的内涵和重大历史使命,为新时代民族工作指明了方向,提供了根本遵循。作为民族自治地区,宁夏应结合本地实际,积极推进落实《关于贯彻落实〈中共中央、国务院关于以铸牢中华民族共同体意识为主线推进新时代党的民族工作高质量发展的意见〉的实施意见》和自治区十二届十三次会议精神,深化自治区铸牢中华民族共同体意识的实践工作建设取得实效,在建设经济繁荣、民族团结、环境优美、人民富裕的美丽新宁夏的新征程中交出新答卷。

一、坚持正确的中华民族史观,加强宁夏历史文化中各民族交往交流史研究和宣传教育

一部中国史就是各个民族交融汇聚成多元一体中华民族的历史,就是各民族共同缔造、发展、巩固统一的伟大祖国的历史。一部宁夏史也是一部各民族交往交流交融的历史和各民族共同开发宁夏、建设宁夏的历史。各民族交往交流交融是自古以来宁夏各民族发展的历史根基和主旋律,也是中华民族共同体在宁夏形成发展的历史主基调;坚持马克思主义唯物史观,正确认识和研究宁夏历史文化的形成发展史;"塞上江南"是宁夏这片热土上各民族共同开创、共同培育、共同享有的。正确认识西夏史是中国历史的重要组成部分,和辽宋金一起称为"桃花石"(中国);正确认识回族是在中华大地上各民族交往交流交融中形成的本土民族,在中华民族史观视野下,加强回族历史文化的研究;以铸牢中华民族共同体意识为内涵,切实推进国家黄河文化公园(宁夏段)、国家长城文化公园(宁夏)段的建设,挖掘发挥好黄河、长城中华民族形象和文化符号的强大凝聚力,做好中华民族共有精神家园建设。

二、加强宁夏红色文化资源的保护利用,开展铸牢中华民族共同体意识教育

宁夏地区红色文化资源反映了党领导各族群众得解放、谋幸福的光辉奋斗历史,蕴含着丰富的民族团结和中华民族共同体意识基因,是新时代宁夏开展铸牢中华民族共同体意识教育弥足珍贵的精神财富。如"单家集夜话""回汉兄弟亲如一家"牌匾、同心县豫旺镇杨家堡红军西征后勤部旧址、"陕甘宁省豫海县回民自治政府"等体现了革命时期回汉各民族在中国共产党的领导下,同心同德、团结一致的革命历程。社会主义建设时期、改革开放时期和进入新时代以来在党的领导下,五湖四海的各族干部群众八方支援宁夏"三线建设"和"建设美丽新宁夏"并取得的伟大成就,更是体现了各族人民共同开发宁夏、建设宁夏、"中华民族一家亲,同心共筑中国梦"的共同体意识。"走好新时代的长征路""幸福是奋斗出来的"更是习近平总书记对宁夏各族人民的殷切嘱托和七百万宁夏各族人民接续奋斗的不竭精神动力。

宁夏丰富的红色文化资源是在新民主主义革命时期、社会主义革命和建设时期、改革开放和社会主义现代化建设新时期,以及中国特色社会主义新时代时期,中国共产党领导宁夏各族人民群众进行革命和建设背景下形成的,能够反映党的百年奋斗历程和重大历史成就,体现中国共产党伟大精神谱系,加强对宁夏红色文化资源保护利用,特别是挖掘其中的民族平等、民族团结、共同富裕的典型,对于增强对伟大祖国、中华民族、中华文化、中国共产党和中国特色社会主义道路的高度认同,增强中华民族凝聚力和向心力,铸牢中华民族共有精神家园具有十分重要的价值和意义。

三、探索出台铸牢中华民族共同体意识示范区创建标准和测评体系

中国共产党宁夏回族自治区第十二届委员会第十三次全体会议提出,宁夏新时代民族工作的目标任务是"中华民族共同体意识显著增强,推进现代化建设取得显著成效,各民族交往交流交融显著拓展,治理能力和治理水平显著提升,党对民族工作的领导显著加强,努力创建铸牢中华民族共同体意识示范区"。宁夏如何创建铸牢中华民族共同体意识示范区,一是要深化自治区"民族团结进步示范区"创建,深刻领会铸牢中华民族共同体意识是"民族团结进步示范区"创建的核心要义和新内涵。①

建议启动自治区"铸牢中华民族共同体意识示范模范个人""铸牢中华民族共同体意识示范单位"和"铸牢中华民族共同体意识示范县(市、区)"创建工作,根据审议通过了《关于贯彻落实〈中共中央、国务院关于以铸牢中华民族共同体意识为主线推进新时代党的民族工作高质量发展的意见〉的实施意见》和民族团结进步示范创建评价体系。出台自治区铸牢中华民族共同体意识示范区创建标准和测评体系,推动铸牢中华民族共同体意识实践层面工作走在全国前列,发挥宁夏的示范带动作用,彰显宁夏的新担当和新作为。以民族团结进步示范创建推动铸牢中华民族共同体意识示范区创建,以铸牢中华民族共同体意识示范区创建推动宁夏建设"全国民族团结进步示范区",设立"宁夏回族自治区创建铸牢中华民族共同体意识示范区"办公室和专家委员会,挂靠统战部。

四、加强民族工作干部队伍建设

加强党的领导是铸牢中华民族共同体意识建设的根本政治保证。民族宗教工作的专业性、政治性、政策性很强,民族地区的社会治理工作更艰苦、更复杂,需要党的干部努力锤炼、身先士卒、以身示范、勇于担当,做中华民族共同体的忠诚拥护者、推动者、建设者,思想上、政治上和行动上同党中央保持高度一致。正如习近平总书记所要求,必须练好内功、提升修养,做到信念坚定、对党忠诚,注重实际、实事求是,勇于担当、善于作为,坚持原则、敢于斗争,严守规矩、不逾底线,勤学苦练、增强本领,努力成为可堪大用、能担重任的栋梁之材,不辜负党和人民的期望和重托。一是进一步

---

① 《自治区党委十二届十三次全会在银川召开》,《宁夏日报》2021 年 10 月 12 日,第 1 版。

加强对宁夏干部,特别是宣传、民族宗教职能部门党的民族宗教工作方针政策、铸牢中华民族共同体意识理论、中华民族史观等的学习和培训,提高干部队伍民族宗教工作的理论水平和工作能力。委托或联合中央民族干部学院和相关高校,每年开展专题学习培训,建立培训长效机制和制度。同时,要严把干部培训授课教师关,把真正懂党的民族理论政策、有民族宗教工作实践先进经验,懂宁夏区情和历史文化的专家选聘为干部培训专家。二是在民族工作实际中考验考察和识别干部,坚持把懂不懂、会不会、执行不执行、落实到位不到位作为我们党加强和改进新时代民族工作的主线、方针政策,并以此作为选拔领导干部的一条硬指标,完善干部培养使用的政策机制和长远规划,不断提高民族事务治理能力。

五、聚焦民生,坚持高质量跨越式发展,铸牢中华民族共同体意识的经济基础

高质量跨越发展是解决民族地区问题的总钥匙,只有做大宁夏发展的蛋糕,各族群众才能更好地共享美丽新宁夏发展的成果和红利。要充分认识宁夏区域发展还很不平衡、很不充分的现实问题。牢固树立以人民为中心的发展思想,在巩固拓展脱贫攻坚成果方面下更大功夫、想更多办法、给予更多后续帮扶支持,建立稳定的长效脱贫机制,促进脱贫攻坚与乡村振兴有效衔接。提升"绿水青山"转化为"金山银山"的能力和实效,加快现代化特色优势产业体系和乡村现代基础设施网络建设,进一步做好教育、医疗卫生、养老等民生保障工程,推进铸牢中华民族共同体意识建设和自治区社会经济高质量跨越式发展之间的相互融合、相互促进,才能兑现"脱贫、全面小康、现代化,一个民族也不能少"的庄严承诺,夯实铸牢中华民族共同体意识的经济基础。

六、坚持宗教中国化方向不动摇

一是加强宗教界人士马克思主义国家观、民族观、历史观、文化观和宗教观的学习教育;二是挖掘整理历史上"以儒解经"的典型,加大宣传教育力度;三是开展以社会主义核心价值观、中华优秀传统文化解经工作,挖掘宗教界中与社会主义文化、铸牢中华民族共同体意识相适应的因素;四是严防外部宗教势力的渗透、干预和传教,抵御宗教极端思想、改革陈规陋习,坚持我国宗教中国化方向,推动宗教的健康传承、依法传承;五是全面依法治教、从严治教;六是加强宗教中国化理论研究,积极探索构建中国特色、中国风格、中国气派的宗教学学科体系;七是做好宗教与民族分离的阐释宣传工作。

七、加强中华民族共同体学科体系建设

按照中央民族工作会议精神,建立铸牢中华民族共同体意识研究体系,深化中华民族共同体重大基础性问题研究,加强中华民族共同体学科建设,形成完整的史料体系、话语体系、理论体系。支持高校中华民族共同体学科建设,调整优化民族学学科的设置和研究方向,逐步解决民族学研究中西方民族理论思想和话语体系占主导地位的问题,为铸牢中华民族共同体意识提供学术和史料支撑。

宁夏促进各民族交往交流交融的形式和内容

白建灵

摘　要:各民族交往交流交融是党的民族工作的重要方法,是促进民族团结进步、不断铸牢中华民族共同体意识的重要途径。学界对"三交"的研究,主要集中在党的民族政策、"三交"的社会实践和"三交"的理论内涵三个层面,已有研究在理论和实践结合层面成果较少。综合学界已有研究成果,从理论和实践、结构和历史结合的视角分析认为,"三交"可分为形式和内容两个相互关联部分,二者在理论和实践层面具有历时性的互动递进特点。

关键词:宁夏;交往交流交融;形式;内容;相互关系

自2010年1月,中央第五次西藏工作座谈会首次提出"各民族交往交流交融"理念,尤其是2014年召开的中央民族工作会议强调要"加强各民族交往交流交融""推动建立各民族相互嵌入式的社会结构和社区环境""促进各族群众在共同生产生活和工作学习中加深了解、增进感情"①为各民族交往交流交融指出工作思路和实践路径后,全国各地依据中央的民族政策广泛推进各民族交往交流交融的民族工作实践,学术界也从党的民族政策、"三交"的社会实践和理论内涵等方面进行着高增长态势的研究,积累了丰富的研究成果。②中央提出"三交"理念的本义就在于理论和实践的结合,以理论指导实践,以实践完善理论,目前学界已有研究在理论和实践结合层面的成果较少。"三交"从理论来讲具有整体性和层次性,从实践来讲具有历时性和递进

---

① 《习近平在第二次中央新疆工作座谈会上强调坚持依法治疆团结稳疆长期建疆　团结各族人民建设社会主义新疆》,《人民日报》2014年5月30日,第1版。
② 这方面的内容,学者张萍、齐传洁(《十年来各民族交往交流交融研究综述》《贵州民族研究》2020年第5期)和王延中、章昌平(《新时代民族工作与民族交往交流交融》,《中央民族大学学报》2019年第5期)已做了详尽介绍,此处不再赘述。

性。从理论和实践、层次和历史结合的视角来看,"三交"可分为形式和内容两个相互关联部分,二者在理论和实践层面具有历时性的互动递进特点。宁夏回族自治区是依据党的民族政策精神具体落实各民族交往交流交融的重要阵地,本文尝试从形式、内容及二者相互关系三方面对宁夏促进各民族交往交流交融活动进行探讨。

一、宁夏促进各民族交往交流交融的形式

宁夏回族自治区有约47个民族共同生活,各民族平等、团结、互助、和谐的关系对宁夏乃至国家的改革建设具有重要作用,并受到历届中央领导人的极大关注。

1958年10月25日,宁夏回族自治区成立时,全国人民代表大会常务委员会副委员长林伯渠发表《加强民族团结,建设社会主义》讲话时指出:"民族之间的大团结、大协作,是建设社会主义的基本保证","自治区成立以后必须加强和巩固民族之间的这种团结合作关系。"①

1978年,宁夏回族自治区成立20周年之际,《人民日报》第1版社论一方面肯定"宁夏的革命和建设的每一项成就,都是同回、蒙、汉等民族的团结战斗分不开的",一方面强调"回、蒙、汉等民族的团结,又必定会促进全国各民族人民的大团结。"②

1983年,宁夏回族自治区成立25周年之际,党中央、国务院强调,民族团结,民族平等和各民族的共同繁荣,对于我们这个多民族的国家来说,是关系到国家命运的重大问题。

宁夏是落实和实践党的民族政策的重要阵地,为了响应党中央、国务院的号召,贯彻党和国家的民族政策,1983年,宁夏决定在全区范围内开展"民族团结月"活动,并于10月23—25日召开第一次民族团结表彰大会。宁夏促进各民族交往交流交融在形式上正式拉开序幕。

1988年,宁夏回族自治区成立30周年,召开第二次民族团结表彰大会。1993年9月23日,自治区召开第三次民族团结进步表彰大会,还向全区发出了进一步推动宁夏民族团结进步事业作出新贡献的倡议书。③

---

① 林伯渠:《加强民族团结,建设社会主义》,《中国穆斯林》1958年第11期,第3—5页。
② 社论:《宁夏各族人民在新的征途上奋勇前进——热烈庆祝宁夏回族自治区成立20周年》,《人民日报》1978年10月25日,第1版。
③ 宁夏百科全书编委会编:《宁夏百科全书》,宁夏人民出版社,1998年,第651页。

2013年12月,宁夏回族自治区第十一届人民代表大会第八次常委会审议通过了《关于促进民族团结进步创建活动的决定》,要求各级政府将民族团结进步创建活动与提高各民族群众生活水平紧密结合;将改善民生作为民族团结进步创建活动的出发点和落脚点,并且纳入政府效能考核体系;确定每年9月为自治区"民族团结月"。

为认真贯彻中央民族工作会议精神和《中共中央、国务院关于加强和改进新形势下民族工作的意见》,2015年5月12日,自治区党委、人民政府下发《关于深入开展民族团结进步创建活动的意见》,就民族团结进步创建工作的重要意义、指导思想、目标任务、基本原则提出总体要求,强调深入开展民族团结创建工作是坚持中国特色解决民族问题的正确道路。

2016年11月4日,自治区党委办公厅、人民政府办公厅印发《宁夏回族自治区民族团结进步创建活动"十三五"规划》《全区民族团结进步创建工作考核方案》,将民族团结创建工作活动引入乡村、城市社区、政府机关、学校、企业、军营、宗教活动场所、新闻媒体单位,针对不同领域、不同群体的共性特点与个性差异开展创建活动,并进一步把这些创建活动提升为七大工程,即学校民族团结育苗工程、幸福社区共建共享工程、乡村和谐发展工程、党政干部民族工作能力建设工程、企业民族团结互助共赢工程、军民互学共建工程、民族团结舆论引导工程。①

2019年9月,习近平总书记在全国民族团结进步表彰大会上提出"要以铸牢中华民族共同体意识为主线""把民族团结进步事业作为基础性事业抓紧抓好",要求"出台有利于构建互嵌式社会结构的政策举措和体制机制"②。

2020年11月25日,《宁夏回族自治区促进民族团结进步工作条例》共八章46条,由总则、政府职责、社会协同、宣传教育、示范创建、保障监督、法律责任、附则构成,为创造各族群众共居共学、共建共享、共事共乐的社会结构和社会条件做了详尽细致的规定,其中第二章政府职责第十条规定"各级人民政府应当建立健全促进各民族交往交流交融的社会机制,推进构建相互嵌入式的社会结构和社区环境,营造各民族守望相助的社会氛围和共居共学共事共乐的社会条件,开展形式多样的群众性交流活动"③。

---

① 宁夏统战理论研究会编:《宁夏民族宗教工作资料选编》,内部资料,2017年。
② 习近平:《在全国民族团结进步表彰大会上的讲话》,《人民日报》2019年9月28日,第2版。
③《宁夏回族自治区促进民族团结进步工作条例》,《宁夏日报》2020年11月29日,第3版。

宁夏回族自治区及各地历届政府在接续推进民族团结进步创建活动的同时,也积极申报国家级的民族团结进步教育基地、示范区(或单位),具体情况如下:

宁夏创建全国民族团结进步教育基地的情况:

批次	时间	全国数目	宁夏名称
第一批	2006年8月4日	27	宁夏豫海县回民自治政府成立大会会址
第二批	2007年12月20日	25	宁夏盐池县革命烈士纪念馆
第三批	2011年11月22日	20	宁夏回族自治区同心县王团镇王家团庄北堡子
第四批	2014年2月11日	30	宁夏回族自治区中华回乡文化园 红寺堡区宁夏移民博物馆
第五批	2016年12月20日	60	宁夏石嘴山博物馆
第六批	2019年11月12日	61	宁夏固原市六盘山红军长征纪念馆 固原市西吉县将台堡红军长征会师纪念园

(根据中央民委网站"国家文件"资料整理而成)

截至2021年,全国民族团结进步示范区中宁夏共有5个市,即吴忠市(2015年2月1日)、固原市(2018年12月29日)、银川市(2019年12月9日)、石嘴山市(2019年12月9日)、中卫市(2021年1月19日),8批全国民族团结进步示范单位中宁夏共有49个。[①]

在申报国家级的创建基地、示范区(或单位)的同时,也积极做培育和全覆盖性的创建工作,截至2020年9月,已创建10批全区民族团结进步示范区示范单位,并于2018年12月,在全国率先开展民族团结进步创建活动示范单位第三方测评工作。全区上下通过"政府职责""社会协同""宣传教育""示范创建"的通力合作,在全社会已经形成了各族群众共居共学、共建共享、共事共乐的社会结构和社会条件,形成了民族平等团结、互助、和谐的良好氛围和生活常态。这些成效的获得,有学者经过深入基层的研究,认为主要因素有两点:一是领导重视,基层单位大多成立民族团结进步创建活动领导小组,"一把手"亲自抓;二是宣传推动工作形式多样,如固原市提出"六盘儿女一家亲,同心共筑小康梦",开展"共栽一棵树,共建一片林"活动,基层乡村将

---

① 根据国家民委网站"国家文件"数据统计而得。按照新《全国民族团结进步示范区示范单位命名办法》,这49个示范单位也包括5市之外的示范区,再加上5个示范区,示范区(单位)总数是54个。

民族团结进步创建活动与移风易俗、树立文明乡风结合起来,制定村规民约、剔除陈规陋习。①

综上分析,可以说宁夏在促进各民族交往交流交融的形式层面发展上,既取得了巨大的成绩又积累了丰富的经验。

二、宁夏促进各民族交往交流交融的内容

2019年9月,习近平总书记在全国民族团结进步表彰大会上提出要"以铸牢中华民族共同体意识为主线""把民族团结进步事业作为基础性事业抓紧抓好",两年后,2021年8月28日,习近平总书记又在中央民族工作会议上提出"以铸牢中华民族共同体意识为主线""推动新时代党的民族工作高质量发展"。对于这一变化,2021年10月10—11日,中国共产党宁夏回族自治区第十二届委员会第十三次全体会议决议称习近平总书记《以铸牢中华民族共同体意识为主线,推动新时代党的民族工作高质量发展》的重要思想为"这是党的民族工作史上一个重要里程碑"②。同样都是以铸牢中华民族共同体意识为主线,2019年是把民族团结进步事业作为基础性事业抓紧抓好;2021年是推动新时代党的民族工作高质量发展,这里重要里程碑变化的意义到底是什么? 如果以马克思主义的数量质量规律来讲,前者属于数量的变化,后者则属于质量的变化;如果从各民族交往交流交融的视角来看,前者还主要处在交往交流的层面,后者则属于交融的层面;前者属于2014年习近平总书记在第二次中央新疆工作座谈会上提出的"要加强民族交往交流交融,推动建立各民族相互嵌入式的社会结构和社区环境……促进各族群众在共同生产生活和工作学习中加深了解、增进感情"③,后者则属于2021年习近平总书记在中央民族工作会议提出的"必须促进各民族广泛交往交流交融,促进各民族在理想、信念、情感、文化上的团结统一,守望相助、手足情深"④;前者基本上属于形式的层面,后者则属于内容的层面。

所谓交融,就是"促进各民族在理想、信念、情感、文化上的团结统一,守望相助,

---

① 丁明俊:《不忘初心 砥砺前行——宁夏民族团结60周年回顾与展望》,《北方民族大学学报》(哲学社会科学版)2018年第5期,第10页。
② 《中国共产党宁夏回族自治区第十二届委员会第十三次全体会议决议》,《宁夏日报》2021年10月12日。
③ 《习近平在第二次中央新疆工作座谈会上强调坚持依法治疆团结稳疆长期建疆团结各族人民建设社会主义新疆》,《人民日报》2014年5月30日,第1版。
④ 《习近平总书记在中央民族工作会议上强调以铸牢中华民族共同体意识为主线 推动新时代党的民族工作高质量发展》,《人民日报》2021年8月29日,第1版。

手足情深",就是"铸牢中华民族共同体意识,就是要引导各族人民牢固树立休戚与共、荣辱与共、生死与共、命运与共的共同体理念"①。习近平总书记2021年中央民族工作会议上的讲话从"党关于加强和改进民族工作的重要思想"的高度总结指出"必须促进各民族广泛交往交流交融,促进各民族在理想、信念、情感、文化上的团结统一,守望相助、手足情深"。这句话有两个关切点,一是单独提出交融的内容,没有并列提出交往交流的内容;二是用了"必须"二字,其深义不仅在总结,更在指导,不仅在过去,更在将来。这应该就是同样都以铸牢中华民族共同体意识为主线。2019年是把民族团结进步事业作为基础性事业抓紧抓好,2021年是推动新时代党的民族工作高质量发展这种重要里程碑变化的意义。

在各族群众共居共学、共建共享、共事共乐的社会结构和社会条件下,如果还主要是停留在交往交流的形式层面,各民族内部还是容易出现"各抱各的团、各走各的圈"②的现象,在涉及民族因素的矛盾和问题的时候,"虽然带着'民族'字样,但不都是民族问题"③,不能保证在一定的条件下,还被视为是民族问题;"大汉族主义"和"狭隘民族主义"也会适时地出现,使"'两种主义'变成内耗工具"④。

推动民族工作高质量发展,促进各民族深度交融,就是"要各去所偏、归于一是",所谓"归于一是",就是"引导各族干部群众自觉维护国家最高利益和民族团结大局"⑤,就是"在各民族中牢固树立国家意识、公民意识、中华民族共同体意识"⑥,就是"要用社会主义核心价值观来引领和教育宗教界人士和信教群众"⑦,就是以"从中华

---

① 《习近平总书记在中央民族工作会议上强调以铸牢中华民族共同体意识为主线 推动新时代党的民族工作高质量发展》,《人民日报》2021年8月29日,第1版。
② 《中央民族工作会议暨国务院第六次全国民族团结进步表彰大会在北京举行》,《人民日报》2014年9月30日,第1版。
③ 中共中央文献研究室编:《习近平关于社会主义政治建设论述摘编》,中央文献出版社,2017年,第154页。
④ 《中央民族工作会议暨国务院第六次全国民族团结进步表彰大会在北京举行》,《人民日报》2014年9月30日,第1版。
⑤ 《中央民族工作会议暨国务院第六次全国民族团结进步表彰大会在北京举行》,《人民日报》2014年9月30日,第1版。
⑥ 《习近平在第二次中央新疆工作座谈会上强调坚持依法治疆团结稳疆长期建疆 团结各族人民建设社会主义新疆》,《人民日报》2014年5月30日,第1版。
⑦ 《习近平在全国宗教工作会议上强调发展中国特色社会主义宗教理论 全面提高新形势下宗教工作水平》,《人民日报》2016年4月24日,第1版。

民族伟大复兴战略高度把握新时代党的民族工作的历史方位"为首位,强调中华民族大家庭、中华民族共同体、铸牢中华民族共同体意识等理念,加强和改进民族工作重要思想的十二个方面。①这十二个方面浑然一体,不可分割。

2021年10月10—11日,中国共产党宁夏回族自治区第十二届委员会第十三次全体会议决议强调指出:"要准确把握新时代民族工作的鲜明主线,把铸牢中华民族共同体意识贯穿宁夏民族工作始终,一切政策由此着眼,一切资源往此着力,一切举措向此着手,为建设认同度更高、凝聚力更强的中华民族共同体作出宁夏贡献。"《决议》对"三交"的各自特点进行了概括,即"广泛交往""全面交流"和"深度交融",并对"三交"从三个类别做了阐释:

第一类别是"促进共居共学,加快构建互嵌式社区环境,在空间上深度嵌入,在生活上相互尊重,在学习上共同进步,促进各民族住在一起、学在一起,守望相助、手足相亲";

第二类别是"促进共建共享,持续深化民族团结进步创建,深化创建内涵,丰富创建形式,创新创建方法,大力传播现代理念和行为方式,着力营造各民族共同走向现代化的社会氛围";

第三类别是"促进共事共乐,坚持各民族平等就业,拓宽共事渠道,强化共事保障,营造共事氛围,做到同机关共单位、同园区共企业、同车间共班组,让各族群众在共事中创造劳动价值、享受生活快乐"②。

宁夏促进各民族交融方面的工作,大体可从以下三个方面做简单的阐述。

(一)观念和意识层面

观念和意识层面交融是深层次的工作。宁夏既是中国的一个地区,又是一个民族自治区,因此,坚持和完善民族区域自治制度在做到"两个结合"的同时,要着力强化国家意识、公民意识、中华民族共同体意识、法治意识。这四个意识是密切关联的,是建设中国特色社会主义现代化强国必不可少的观念意识形态。观念意识的强化,在全方位、全过程宣传教育形成社会意识形态氛围的过程中,要注重细节。比如过去常说的"回汉一家亲"。"回汉一家亲"从回汉两个民族之间的关系来说,是没有问题

①《习近平在中央民族工作会议上强调以铸牢中华民族共同体意识为主线 推动新时代党的民族工作高质量发展》,《人民日报》2021年8月29日,第1版。
②《中国共产党宁夏回族自治区第十二届委员会第十三次全体会议决议》,《宁夏日报》2021年10月12日。

的,这既有历史的积累,又有现实的基础。但若从整个宁夏来讲,则是不全面的,比如宁夏有47个民族,主要有回族、蒙古族、汉族,从党的民族政策来讲,各民族是一律平等的,在全国是基本遵守,在宁夏也应该是基本遵守。况且,在全国各民族广泛交往的过程中,宁夏还有可能增加新的民族成分。在宁夏单讲"回汉一家亲"与党的各民族一律平等的政策和精神是不完全相符的。如果从全国来讲,"回汉一家亲"也不是宁夏的地区特点。这样的口号对于促进各民族交融的高质量发展也是不利的。因此,在日常的宣传表述中,宜将"回汉一家亲"改为"中华民族一家亲"或"宁夏各民族一家亲"。

(二)文化和语言层面

文化和语言既有关联性又有一定的区别。一种语言可以成为多种文化的载体,一种文化可以使用多种语言形式。在多民族、多文化的国家和地区,在各民族深度交融、高质量发展中,国家通用语言在各族民众中的普及和提高至关重要。

文化具有体系化的特征,在多民族、多文化的国家和地区,多元文化汇聚既要多样性繁荣,更要有深度交融,甚至可以说,如果没有深度交融,就很难保证长久的多样性繁荣。从宁夏促进各民族深度交融的高质量发展来讲,主要有两个核心点:一个是文化核心价值观的引导,另一个是中华文化的构建。任何一个文化,如果没有核心价值观的明确和认同,文化的体系化是无法完成和完善的。因此,首先,要在各族群众中加强社会主义核心价值观教育,牢固树立正确的国家观、民族观、文化观、历史观,尤其要坚持正确的中华民族历史观[1],"要以此为引领,推动各民族文化的传承保护和创新交融,树立和突出各民族共享的中华文化符号和中华民族形象,增强各族群众对中华文化的认同"[2],以此构筑各民族共有精神家园、铸牢中华民族共同体意识。其次,"要用社会主义核心价值观来引领和教育宗教界人士和信教群众,弘扬中华民族优良传统,用团结进步、和平宽容等观念引导广大信教群众,支持各宗教在保持基本信仰、核心教义、礼仪制度的同时,深入挖掘教义教规中有利于社会和谐、时代进步、

[1] 2021年中央民族工作会议,习近平总书记总结的加强和改进民族工作十二条重要思想中第四条提出"坚持正确的中华民族历史观",首次提出"中华民族历史观"这一理念,在以铸牢中华民族共同体意识为主线,推动新时代党的民族工作高质量发展中有着举足轻重的价值和意义。见《习近平在中央民族工作会议上强调以铸牢中华民族共同体意识为主线 推动新时代党的民族工作高质量发展》,《人民日报》2021年8月29日,第1版。
[2] 习近平:《在全国民族团结进步表彰大会上的讲话》,《人民日报》2019年9月28日,第2版。

健康文明的内容,对教规教义做出符合当代中国发展进步要求、符合中华优秀传统文化的阐释"①。

(三)人心和情感层面

马克思主义唯物史观是以现实的人为基点认识人类社会的。"人的力量在心上"②,人心向背是任何事业成功的关键所在,习近平总书记讲的"江山就是人民,人民就是江山"本质上也是在讲人心向背的问题。

习近平总书记指出做好民族工作"最关键的是搞好民族团结,最管用的是争取人心"③。怎样争取人心呢? 这需要心怀天下,心系人民,以人民为中心,为人民服务,为人民谋幸福。争取一个民族的人心可以这样做,争取所有民族的人心,还需要以此为基础,加强民族团结,不仅要"做民族团结重在交心,要将心比心、以心换心",还要各民族同胞"手足相亲、守望相助,共同维护民族团结、国家统一"④。中国古代思想家孟子说过"物之不齐,物之情也",各人之间如此,各民族之间也是如此,只有"各民族要相互了解、相互尊重、相互包容、相互欣赏、相互学习、相互帮助,像石榴籽那样紧紧抱在一起"⑤,才能"一起做交流、培养、融洽感情的工作"⑥,才能"在共同生产生活和工作学习中加深了解、增进感情"⑦。

促进各民族交融,推动党的民族工作高质量发展,是一个系统而艰难的工作,不可能一朝一夕完成,这就需要"我们要高举各民族大团结的旗帜,坚持绵绵用力、久久

①《习近平在全国宗教工作会议上强调发展中国特色社会主义宗教理论 全面提高新形势下宗教工作水平》,《人民日报》2016年4月24日,第1版。
②《习近平在会见基层民族团结优秀代表时强调中华民族一家亲 同心共筑中国梦》,《人民日报》2015年10月1日,第1版。
③《中央民族工作会议暨国务院第六次全国民族团结进步表彰大会在北京举行》,《人民日报》2014年9月30日,第1版。
④《习近平在会见基层民族团结优秀代表时强调中华民族一家亲 同心共筑中国梦》,《人民日报》2015年10月1日,第1版。
⑤《习近平在第二次中央新疆工作座谈会上强调坚持依法治疆团结稳疆长期建疆 团结各族人民建设社会主义新疆》,《人民日报》2014年5月30日,第1版。
⑥《习近平在会见基层民族团结优秀代表时强调中华民族一家亲 同心共筑中国梦》,《人民日报》2015年10月1日,第1版。
⑦《习近平在第二次中央新疆工作座谈会上强调坚持依法治疆团结稳疆长期建疆 团结各族人民建设社会主义新疆》,《人民日报》2014年5月30日,第1版。

为功,把加强民族团结作为战略性、基础性、长远性工作来做"①。在从事这项伟大事业的过程中,可能会遇到各种各样的困难和难题,在这种情况下,切忌简单、粗暴、冒失的行为,正如习近平总书记所说的,"一切看上去不可理解的事情都是可以理解的,关键是要想去理解并努力去理解,而不是排斥"②。因此,促进各民族交融,推动党的民族工作高质量发展,需要以积极的心态、自觉的意识、沉着的耐力、亲和的方式去努力实现。

三、宁夏促进各民族交往交流交融形式和内容的关系

从永恒发展的视角看,交往交流交融具有一体性和整体性,三者之间的关系不是同时的和并列的,而是顺序的和递进的。交往是交流的条件,交流是交融的条件,交流是交往的目的,交融是交流的目的。交往交流交融的整体性可以分解为形式和内容的一体性。所谓形式与内容具有一体性,是指有形式必有其内容,有内容必有其形式。从物的功能来看,形式与内容的关系则在物自身关系的基础上又有所变化,即形式和内容仍然具有一体性,但形式和内容的一体性实现有先后之别,比如先有形式,后有内容,甚至存在有无之别,比如有形式,但无内容,或者说内容是可以加入进去的,但是一直没有加进去,或者说本身有内容,却有遗失。以房屋为例,房屋是用来放置家具住人的,房屋是形式,放置家具和住人是内容,这是二者的一体性。一般来说,总是先建设房屋,然后购置家具、住人,这是形式先于内容。也有房屋建好后,一直无家具、无人的情况,这是有形式无内容,属于形式和内容关系的特殊现象。

各民族的交往犹如房屋,交流犹如家具和人,交融则如房屋、家具和人浑然一体,有自己的风格、感情、思想,只有交融实现,房屋、家具和人三者才真正成为家。各民族的交往是一种普遍现象,只要有民族间的流动,就会有交往。宁夏各民族的交往中,对于各民族的理解,我们不能只局限于居住在宁夏的各民族,还应该包括来往于宁夏的各民族。促进各民族的交往,在适应国家经济发展的国内国际双循环大趋势下,宁夏各民族的交往呈现出多层次的特点,比如区内区外、市县内外、乡镇内外、村

①《中央民族工作会议暨国务院第六次全国民族团结进步表彰大会在北京举行》,《人民日报》2014年9月30日,第1版。
②《习近平接受〈华尔街日报〉采访时强调坚持构建中美新型大国关系正确方向 促进亚太地区和世界和平稳定发展》,《人民日报》2015年9月23日,第1版。

企事业单位内外,等等。从国家创建民族团结示范区、单位来看,也是充分考虑到了各民族交往的这种普遍性和多层次性。有了交往,必然会有交流,但在交流的过程中会出现各民族内部抱团的现象,以及各种形式的误解和冲突现象,所以,交流就有了和谐与不和谐的情形、进步和退步的性质。和谐的交流是没有问题的,但对于不和谐的交流,如果不加以克服,就有可能回流、影响,甚至中断交往,如果加以克服,就会进一步促进交流,甚至提升交流的水平和境界。如何克服不和谐的交流呢? 这就是交融。交融就是在尊重、包容差异性的基础上,相互欣赏、相互学习、相互帮助,达成核心价值观的认同、增进共识、融洽感情、和睦共处。

马克思主义认为,民族差别、民族问题和民族工作的存在都是长期的。各民族的交往交流交融既有实现的层次性,又有实现的长期性,甚至还会出现反复。任何物和事都是由形式和内容构成的,在物的形成和事的发展中总是要追求形式和内容的统一。形式和内容统一,则物易于形成,事利于发展。形式和内容不统一,要么流于形式、不切实际,要么杂乱无章、混乱无序,不利于物的形成和事的发展。因此,促进各民族的交往交流交融,需要从形式和内容两个相互关联的部分进行分解,探讨形式和内容由逻辑统一向现实统一,由理论统一向实践统一的实现历程。为此,必须加强社会主义核心价值观的引导和认同,必须以铸牢中华民族共同体意识为主线,必须把加强民族团结作为战略性、基础性、长远性工作来做,进而推动新时代民族工作的高质量发展,为实现中华民族伟大复兴的中国梦作出宁夏应有的贡献。

新时代宁夏促进各民族交往交流交融研究

沙彦奋

内容提要:促进各民族交往交流交融是以铸牢中华民族共同体意识为主线,推进新时代党的民族工作高质量发展的重要举措之一。新时代促进宁夏各民族交往交流交融显著拓展,就要厘清民族交往交流交融的理论渊源;就要正确理解交往、交流、交融的逻辑关系;就要创新宁夏各民族相互嵌入式社会结构探索;就要增进共同性、尊重和包容差异性;就要围绕民族团结进步创建工作主题;就要立足宁夏经验模式开启未来新局面。各民族广泛交往、全面交流、深度交融始终是宁夏优良的历史传统。

在 2021 年第五次中央民族工作会议上,习近平总书记指出:"必须促进各民族广泛交往交流交融,促进各民族在理想、信念、情感、文化上的团结统一,守望相助、手足情深。"[1]为了完整、准确、全面把握和贯彻习近平总书记关于加强和改进民族工作的重要思想,中国共产党宁夏回族自治区第十二届委员会第十三次全体会议通过了《关于贯彻落实〈中共中央、国务院关于以铸牢中华民族共同体意识为主线推进新时代党的民族工作高质量发展的意见〉的实施意见》。做好新时代宁夏民族工作要着力促进各民族广泛交往、全面交流、深度交融。促进各民族广泛交往交流交融,既是党的民族工作理论和实践的智慧结晶,也是铸牢中华民族共同体意识的重要保障。以铸牢中华民族共同体意识为主线,促进各民族交往交流交融是做好宁夏民族工作、不断提高民族工作质量的必要环节,也是推动中华民族共同体建设的一种政治自觉。

---

[1]《习近平在中央民族工作会议上强调以铸牢中华民族共同体意识为主线 推动新时代党的民族工作高质量发展》,《人民日报》2021 年 8 月 29 日,第 1 版。

一、做好促进各民族交往交流交融，要厘清民族交往交流交融的理论渊源

民族交往理论是马克思主义民族理论的重要组成部分，习近平总书记系统阐述的民族交往交流交融思想，是在新的历史条件下对马克思主义民族交往理论做出的新发展，是对中国特色社会主义民族理论的新贡献。作为马克思主义民族交往理论中国化的最新成果，民族交往交流交融的科学内涵必然与马克思主义民族交往理论的基本思想一脉相承，是不同时期中国共产党领导人民族交往思想精髓的继承和发展。又作为我国民族理论和实践的思想结晶，民族交往交流交融是社会主义民族关系发展的必然要求，平等团结互助和谐的民族关系符合马克思主义理想社会共同体目标，更符合不断进步发展的社会主义民族关系现实。平等是各民族交往交流交融社会实践的前提，团结是各民族交往交流交融社会实践的目标，互助是各民族交往交流交融社会实践的根本途径，和谐是各民族交往交流交融社会实践的根本要求。在中国共产党的领导下，马克思主义民族理论与中国民族实情相结合，我们走出了一条中国特色社会主义解决民族问题的道路，形成了中国特色社会主义民族理论思想框架，不断完善和发展了中国特色社会主义民族理论。各民族群众血脉相连、手足相亲，在广泛交往、全面交流、深度交融过程中，共同团结奋斗、共同繁荣发展，减少了差异性，增进了共同性，增强了凝聚力，形成了更大范围的共同体意识，最终实现了各民族的进步和中华民族的发展。

二、做好促进各民族交往交流交融，要正确理解交往、交流、交融的逻辑关系

民族交流和民族交融必须以民族交往为前提，民族交往是各民族在空间上的接触和时间上的延续，通过广泛交往，弱化民族之间的身份界限、拉近民族之间的社会距离，实现民族之间全面交流。①进而，各民族相互发现彼此间的相同性，消除民族交流过程中的社会排斥，根除彼此认同的隔阂，弥合情感上的差异，培育共同的价值，达到民族深度交融。民族交流是民族交往的扩展与延伸，只有铺就畅通无阻的民族交往之路，民族交流才能涉及社会生活的各个领域，由日常生活交往的表面深入到思想情感的交流。有了良好的交往交流，各民族才会更好地实现相互了解、相互尊重、相

---

① 《必须促进各民族广泛交往交流交融》，《中国民族报》2021年11月30日，第1版。

互包容、相互欣赏、相互学习、相互帮助。民族交融是民族交往交流的目标,是深层结构交往交流的归宿,应该落实到民族文化心理层面。在尊重差异性的基础上,更要凸显共同性、增进同一性、强化统一性,以各民族共有精神家园建设为目标,不断夯实交往交流交融的文化心理基础。

三、做好促进各民族交往交流交融,要深刻认识宁夏各民族交往交流交融的重大意义

我们已经踏上向第二个百年奋斗目标进军的新征程,努力实现中华民族伟大复兴的中国梦,需要凝聚包括宁夏在内的全国各族人民团结奋进的磅礴力量。国际上,持续不断的区域动荡与民族冲突,以及自然灾害对人类命运共同体的考验,是我们值得警醒的前车之鉴。在国内,只有各族人民牢固树立休戚与共、荣辱与共、生死与共、命运与共的共同体理念,促进各民族交往交流交融,不断铸牢中华民族共同体意识,才能有效应对民族复兴、国家强盛征程上可能发生的风险挑战。以习近平新时代中国特色社会主义思想为引领,我们坚持中国特色社会主义解决民族问题的道路,紧扣铸牢中华民族共同体意识主线,做好民族工作并不断提高民族工作质量,为党和国家兴旺发达、长治久安提供重要思想保证。全国上下一盘棋,新时代宁夏民族工作要向中央看齐。党中央历来十分重视我国民族工作,特别是党的十八大以来,以习近平同志为核心的党中央对我国民族工作提出了新思想新要求,也提出了新部署新方法。党中央为宁夏提出了"努力实现经济繁荣、民族团结、环境优美、人民富裕,确保与全国同步全面建成小康社会"的经济社会发展目标。[①]宁夏为了实现这一目标和党中央民族工作的整体要求,各民族在理想、信念、情感、文化上的团结统一,各民族广泛交往、全面交流、深度交融,各民族团结发展。

四、做好促进各民族交往交流交融,要加强宁夏各民族相互嵌入式社会结构探索

各民族相互嵌入式社会结构建设是促进宁夏各民族交往交流交融的重要路径,也是实现宁夏各民族广泛交往、全面交流和深度交融的有效方式。宏观上,民族交往交流交融必须强化中华民族整体性的功能定位,要推动宁夏建立相互嵌入式的社会结构和社区环境,积极引导和培育各族群众"共居"的生活环境、"共学"的社会氛围、

---

① 《自治区党委十二届十三次全会在银川召开》,《宁夏日报》2021 年 10 月 12 日,第 1 版。

"共事"的职业愿望、"共乐"的文化精神等意识,形成各民族之间唇齿相依、你来我往、谁也离不开谁的命运共同体。微观上,民族交往交流交融必须立足不同民族、不同地区的实际,逐步引导宁夏各民族在空间、文化、经济、社会、心理等方面的全方位嵌入。空间嵌入为宁夏各民族交往交流交融提供了载体条件,要引导各民族群众社会空间和文化空间实现交往交流交融,也要注重打造互联网交往交流交融平台。文化嵌入是宁夏各民族交往交流交融的精神纽带,理解文化嵌入离不开各民族之间的文化传播之根本途径、文化发展之内容、文化互动之形式、各民族共有精神家园之纽带,以及中华文化之最高认同。经济嵌入为宁夏各民族交往交流交融不断注入内生性动力,互惠共生、相互依存的经济关系为各民族交往交流交融注入了新鲜血液和活力,成为各民族交往频率最高、交流范围最广、交融程度最深的社会活动。社会嵌入的要义在于社会关系建设,要强调宁夏各民族社会关系的结构性嵌入,推动民族之间的深度交融,进一步加强民族团结,凸显民族之间相互依存关系理念和命运共同体思想。心理嵌入以空间、文化、经济和社会等方面的嵌入为表现形式,又反作用于这些领域能否实现真正意义上的嵌入,它的价值在于拉近宁夏各民族之间情感距离,不断增强各民族之间相互认同,不断增强各民族对中华民族共同体的认同。

五、做好促进各民族交往交流交融,要围绕宁夏民族团结进步创建工作主题

习近平总书记在党的十九大报告中强调:"全面贯彻党的民族政策,深化民族团结进步教育,铸牢中华民族共同体意识,加强各民族交往交流交融,促进各民族像石榴籽一样紧紧抱在一起,共同团结奋斗、共同繁荣发展。"[1]

多民族并存是宁夏历史发展的客观存在,处理好民族关系始终是宁夏政治生活极为重要的内容,做好民族团结是一项政治性、政策性都很强的民族工作。只有坚持党的全面领导,促进各民族交往交流交融,才能实现宁夏民族大团结,只有坚持中国特色社会主义道路,团结各民族、凝聚各民族、发展各民族、繁荣各民族,才能更好地促进宁夏各民族交往交流交融。民族团结是宁夏各族人民的生命线,促进宁夏各民族交往交流交融要围绕民族团结进步创建工作主题,必须坚持从政治上把握民族团结、看待民族团结,全面贯彻党的民族理论和民族政策,正确认识和处理民族关系;必

---

[1] 习近平:《决胜全面建成小康社会 夺取新时代中国特色社会主义伟大胜利——在中国共产党第十九次全国代表大会上的报告》,《人民日报》2017年10月28日,第1版。

须把宁夏民族团结进步创建工作作为基础性事业常抓不懈,全面深入、持久地开展,注重深化内涵、丰富形式、创新方法。一方面,以各民族交往交流交融为形式,推动民族互助,促进民族和谐,让民族团结思想根植于每个人内心深处;另一方面,以"五个认同"为内涵,促进各民族交往交流交融,进一步打牢民族团结的思想基础。在民族团结进步创建活动中,不断引导宁夏各民族交往交流交融,并不断深化各民族交往交流交融,让各民族交往交流交融成为一种政治自觉。

六、做好促进各民族交往交流交融,要正确处理宁夏各民族共同性和差异性的关系

我们伟大的祖国是56个民族共同交往交流交融中发展起来的,未来依然需要各民族凝聚的力量;中华民族是历史上诸多民族群体交往交流交融发展的结果,未来也需要56个民族共同来开创。多民族贯穿于宁夏发展历史整体之中,我们应视其为宁夏发展的有利因素和重要动力。但是,我们要正确处理各民族共同性和差异性的关系问题,增进同一性而不能不强调差异性,尊重差异性而不能无视共同性。增进共同性、尊重和包容差异性是宁夏民族工作的重要原则,更是促进各民族交往交流交融坚持的方向。增进中华民族共同性是宁夏尊重和包容各民族差异性的必然要求,强化中华民族共同性是宁夏各民族差异性存在的必要条件。共同性集中包含各民族核心利益,是宁夏各民族一致的理想追求,是每一个民族未来发展的出路。共同性以中华民族共同体意识为最高凝聚力,各民族的差异性都不能超越这一共同体意识。中华民族共同体意识是国家意识在民族层面上的象征,是一个大家庭集体意识的具体表现,我们要不断引导宁夏各民族树立中华民族共同体至上的意识,各民族意识要服从和服务于中华民族共同体意识。

七、做好促进各民族交往交流交融,要立足宁夏经验模式开启未来新局面

各民族共聚并存、互动融合是宁夏有史以来的发展主流,形成了各民族广泛交往、全面交流、深度交融的优良历史传统。一部宁夏史就是一部移民史,更是一部民族交往交流交融史。坐落在红寺堡区的爱国主义教育基地宁夏移民博物馆,不仅再现了宁夏移民的历史图景,也再现了各民族交往交流交融的历史脉络。自秦代蒙恬率兵"屯耕河套"以来,历经汉代"募民守边"到民国时期的"移民兴边"历史进程,持续为宁夏各民族交往交流交融注入了历史血液,为宁夏民族团结事业增添了历史底色,为宁夏各民族和谐共生理念夯实了历史根基。沿着宁夏移民历史的足迹,我们依然能够感知各民族交往交流交融的历史遗风,并不断发扬光大、继往开来。中华人民共和国成立之后,祖国大江南北中华儿女支边的"三线建设",揭开了宁夏移民的新历史,也开启了宁夏各民族交往交流交融的新时代。改革开放以来,宁夏持续实施的"百万移民工程",从"插花式"移民安置到易地扶贫搬迁的多民族"互嵌型社区"建设,塑造了脱贫攻坚典型的"闽宁合作"经验模式,创造了跨区域跨民族跨世纪的"山海情缘",成为宁夏各民族交往交流交融的新时代象征符号,不断继承红军长征时期"单家集夜话""回汉一家亲"的各民族水乳交融的民族团结佳话和伟大的革命情怀,特别是在自治区党委的正确领导下,各族干部深入基层、贴近群众、驻村驻点、精准扶贫,宁夏各族人民全面实现小康,以及宁夏各级各类国家级民族团结进步创建示范集体(个人)荣誉称号的获得和抗疫过程中涌现的感人事迹,体现了宁夏各民族交往交流交融历史积淀的民族团结思想和铸牢中华民族共同体意识。因此,总结宁夏各民族交往交流交融的历史经验,我们不仅要推进区内不同民族、不同地区之间的交往交流交融,还要推进城市与乡村之间的交往交流交融广度,统筹城乡一体化发展,也要推动宁夏区内和区外各族干部群众之间的双向流动所形成的大融居、大趋势,积极探索适合宁夏实际的经验模式,才能更好地开启宁夏各民族交往交流交融的未来新局面。

总之,全面促进宁夏各民族交往交流交融是一项政治性强、战略意义重大的工作。我们必须坚持党的全面领导,不断提高政治觉悟,从政治战略高度认识民族交往交流交融的重大意义;必须坚持以铸牢中华民族共同体意识为主线,助推宁夏民族工作高质量发展,继承和发扬宁夏民族团结的优良传统,不断推进中华民族共同体建设;必须坚持借鉴宁夏各民族交往交流交融的历史经验与启示,不断传承和创新各民族交往交流交融的新时代经验模式,还要立足宁夏历史和民族实情,促进宁夏民族交往交流交融工作的实践性和成效性。只有广泛做好宁夏各民族交往交流交融,才能实现中国共产党宁夏回族自治区第十二届委员会第十三次全体会议所确立的"党对民族工作的全面领导显著加强,各民族中华民族共同体意识显著增强,推进各民族现代化建设取得显著成效,各民族交往交流交融显著拓展,民族事务治理能力和治理水平显著提升,努力创建铸牢中华民族共同体意识示范区"[1]总体目标,才能为实现全面建成社会主义现代化强国的第二个百年奋斗目标贡献宁夏经验和宁夏智慧。

---

①《自治区党委十二届十三次全会在银川召开》,《宁夏日报》2021年10月12日,第1版。

民族地区乡村治理与民族团结进步创建：
契合、互嵌与走向

——基于宁夏吴忠市XX乡的经验研究

高国富　张舒满　潘忠宇

摘　要:民族地区乡村治理与民族团结进步创建是维护民族地区乡村团结稳定、实现乡村振兴的两项重要工作。本文聚焦民族地区乡村治理与民族团结进步创建互促关系在理论逻辑、事实逻辑与实践逻辑的契合点,分析吴忠市XX乡"乡村治理"与"民族团结进步创建"相互支撑、促进的治理实效经验,提出二者互促发展需要坚持党的领导、把握铸牢中华民族共同体意识主线、巩固拓展脱贫攻坚成果同乡村振兴有效衔接和推动政策对接优势转化治理效能,以达到实现民族地区乡村治理有效的目的。

关键词:民族地区乡村治理;民族团结进步创建;契合;互嵌

一、引言

乡村治理是实现乡村振兴的重要内容,治理有效是实现乡村治理体系和治理能力现代化的基础所在。党的十八大以来,以习近平同志为核心的党中央高度重视乡村治理工作,强调要"加强农村基层基础工作,健全自治、法治、德治相结合的乡村治理体系"[①],提出"乡村振兴,治理有效是基础"[②],"建立健全党委领导、政府负责、社会协同、公众参与、法治保障、科技支撑的现代乡村社会治理体制"[③]。随着脱贫攻坚完

---

① 习近平:《决胜全面建成小康社会　夺取新时代中国特色社会主义伟大胜利——在中国共产党第十九次全国代表大会上的报告》,《人民日报》2017年10月28日,第1版。
② 中共中央办公厅、国务院《关于实施乡村振兴战略的意见》,中国政府网(http：//www.gov.cn/zhengce/2018/02/04/content_5263807.htm),2018年2月4日。
③ 中共中央办公厅、国务院办公厅印发《关于加强和改进乡村治理的指导意见》,中国政府网(http://www.gov.cn/zhengce/2019/06/23/content_5402625.htm),2019年6月23日。

成了消除绝对贫困的艰巨任务后,全面推进乡村振兴成为当前和今后一段时间乡村社会发展重心的转移,治理有效作为全面推进乡村振兴的重点转向之一,已经逐步成为乡村振兴的重要目标。我国是统一的多民族国家,截至目前,我国共建有5个自治区、30个自治州、120个自治县(旗)。同时,作为民族区域自治的重要补充形式,还建立了近1000个民族乡。①在我国55个少数民族中,实行区域自治的少数民族人口占少数民族总人口的71%,民族自治地方面积占全国总面积的64%。因此,民族地区乡村治理作为推进国家治理体系和治理能力现代化的重要基石,其治理有效性如何,直接关系国家的安全稳定和乡村振兴的成败。

民族团结进步创建是我国民族地区经济社会发展的重要抓手和载体,党的十八大以来,民族团结进步创建从"创建活动"到"创建工作"再到"以铸牢中华民族共同体意识为主线,把民族团结进步事业作为基础性事业抓紧抓好"的发展之路,充分体现了民族团结进步创建越来越广的社会覆盖面、越来越大的社会影响力和越来越强的示范引领作用。近年来,民族团结进步创建坚持以铸牢中华民族共同体意识为根本方向,坚持以加强各民族交往交流交融为根本途径,不断推动民族团结进步创建向纵深拓展,把重心下沉到社区、乡村、学校等基层单位。尤其是在2021年,中央民族工作会议中再次明确提出"要深入开展民族团结进步创建,着力深化内涵、丰富形式、创新方法"②。民族团结进步创建是党和国家推动民族工作高质量发展的重大战略部署,是推进民族团结进步事业的重要举措和有效载体。在此背景下,本文结合民族地区乡村创建工作的实际情况,将民族团结进步创建工作融入乡村治理的整体战略中,坚持党对乡村治理的集中统一领导,坚持自治、法治、德治相结合,发挥各族群众在乡村治理中的主体作用,努力构建简约高效的乡村治理体系,是实现民族地区乡村治理的新思路,对于实现有效民族地区乡村治理与增强中华民族凝聚力向心力、促进民族地区共同繁荣发展意义重大。

近年来,民族地区乡村治理与民族团结进步创建工作持续受到党、国家及社会各界广泛关注。学界也对此进行了深入研究,通过梳理相关研究发现,一方面民族地区

① 国家民族事务委员会:《中央民族工作会议精神学习辅导读本(增订版)》,民族出版社,2019年,第38页。
② 《习近平在中央民族工作会议上强调以铸牢中华民族共同体意识为主线 推动新时代党的民族工作高质量发展》,《人民日报》2021年8月29日,第1版。

乡村治理的研究主要集中在治理体系、治理能力和治理路径等领域。具体而言,李增元指出,民族地区应结合民族特色创新基层党组织体系及党建平台,创新多样化治理单元与信息化治理方式,推动民族传统社会资源的现代利用与多元主体制度化参与。① 孙萍和张春敏通过考察贵州 G 县"十户一体"的村治实践,提出通过单元重构、精英再造、利益联结、监督考核和村规民约等机制创新和制度安排,形成了具有地方特质的"农民再组织化"实践路径。② 郑世林和毛海军认为,积极营造各民族彼此嵌入的乡村环境与治理结构,推动各族人民交往交流交融,这既是新时代乡村治理的基本要求,也是铸牢中华民族共同体意识的深层内涵。③ 王猛认为,民族地区乡村治理创新的路径分别是乡村建设、乡村组织、乡村服务、乡村福利和乡村秩序。④ 另一方面民族团结进步创建学界的研究主要集中关注点在创建工作的模式、路径和经验等方面。具体而言,隋青、李钟协等系统梳理了民族团结进步创建的发展历程,重点阐述了党的十八大以来民族团结进步创建示范区和示范单位建设情况,提出了创建工作的不足和创新发展的路径。⑤ 严庆和于浩宇从社会资本的视角出发,为民族团结进步创建提出了一个新的研究视角。⑥ 杨秀芝和孙明福通过实地参与广东连南瑶族盘王节节庆活动,提出了利用传统节日提升民族团结进步创建的效能。⑦

民族地区乡村治理与民族团结进步创建契合、互嵌与走向背后蕴含的学术命题,其实是如何在民族地区乡村社会破解治理困境、形成善治新格局。简言之,即"治理有效"在民族地区乡村社会如何实现的问题。总体而言,以上两个方面的研究对民族地区乡村治理与民族团结进步创建工作皆有启发,但有两点关注不够:一是虽有学者提出要积极营造各民族彼此嵌入的乡村环境与治理结构,但面临既要助力脱贫攻坚

① 李增元:《民族地区乡村治理体系创新探索及新时代重点内容》,《湖北民族大学学报》(哲学社会科学版)2020 年第 6 期,第 1—10 页。
② 孙萍、张春敏:《再组织化与民族地区农村基层治理创新——以贵州 G 县"十户一体"抱团发展的村治实践为例》,《西南民族大学学报》(人文社会科学版)2020 年第 11 期,第 205—211 页。
③ 郑世林、毛海军:《乡村振兴背景下民族地区乡村治理路径研究》,《财经问题研究》2021 年第 5 期,第 22—29 页。
④ 王猛:《乡村振兴下民族地区乡村治理创新的目标模式及实现路径》,《广西民族研究》2019 年第 6 期,第 75—82 页。
⑤ 隋青、李钟协等:《我国民族团结进步创建的实践》,《民族研究》2018 年第 6 期,第 15—27 页。
⑥ 严庆、于浩宇:《社会资本视域下的民族团结进步创建》,《西北民族研究》2019 年第 1 期,第 38—47 页。
⑦ 杨秀芝、孙明福:《利用传统节日提升民族团结进步创建的效能——兼论民族团结进步创建的人文化、实体化、大众化》,《中南民族大学学报》(人文社会科学版)2020 年第 3 期,第 32—37 页。

与乡村振兴的有效衔接，又要维护社会和谐、乡风文明、民族团结，在如何在民族地区聚焦构筑各民族共有精神家园，促进各民族交往交流交融的总要求下，着力解决治理体系不完善、治理能力不适应、治理责任不落实等突出问题的研究相对不足。二是从民族团结进步创建的整体研究来看，现有研究成果数量虽然很多，但对新形势下民族团结进步创建内涵深化、形式丰富和方法创新的深层触及和研究仍显不足，尤其是对民族团结进步创建与民族地区乡村治理的互嵌与发展的关注较少。

为了研究的展开，笔者于2021年3月和9月三次参加各级民族团结进步创建第三方评估，并对宁夏吴忠市XX乡就"创建+治理"的契合、互嵌与走向开展多次调研，在已有研究的基础上重新分析二者的契合逻辑和治理实效，以期能够推进学界对于民族地区乡村治理与民族团结进步创建互促发展的学理认知。

二、民族地区乡村治理与民族团结进步创建的契合逻辑

民族地区乡村治理作为民族地区全面推进乡村振兴的重要基础保障，随着脱贫攻坚这一历史任务的完成和乡村社会的发展变迁，也面临一系列新挑战。乡村治理过程中多重诉求、利益差别与民族地区乡村治理体系和能力之间的矛盾冲突不断凸显；民族地区各族群众对待乡村治理的内生动力不足；民族事务治理能力亟待提升等问题都在一定程度上增加了民族地区乡村治理的复杂性和多变性。民族团结进步创建作为促进各民族交往交流交融，铸牢中华民族共同体意识的综合举措，各地方在创建过程中，不断把创建工作与其他工作紧密结合在一起，将创建工作纳入当地国民经济与社会发展总体布局，不断丰富创建内涵，密切了民族交往交流交融，对实现当地社会稳定、促进经济社会发展发挥着巨大的推动作用。因此，全面把握民族地区乡村治理与民族团结进步创建的内在联系与基本要求，分析两者在理论逻辑、事实逻辑与实践逻辑三个方面的契合，对于提升民族地区乡村治理效能与促进民族团结进步事业创新发展具有重要意义。

（一）理论逻辑契合

民族地区乡村治理与民族团结进步创建命题的提出是有其理论依据的，是对马克思、恩格斯国家自主性理论和无产阶级政党领导方式理论的继承和发展，是把马克思主义理论基本原理与中国的具体实际相结合的成功实践。马克思主义认为，国家是从社会中产生，但又居于社会之上，并且日益同社会相分离的力量，国家具有自主性。①马克思主义国家自主性理论为分析我国民族地区乡村治理与民族团结进步创建提供了一个新的理论框架。我国民族地区乡村治理与民族团结进步创建的重要基础空间是乡村社会,只有国家才能为乡村治理提供必需的政治经济文化资源,国家要在乡村建立一整套乡村政治权力系统、村民自治系统、市场系统和文化系统,实现乡村治理的制度化、规范化。也只有国家才能为民族团结进步创建提供必需的资源,建立相关的制度体系。按照马克思主义基本理论的发展脉络,资产阶级本身并不会自动退出历史舞台,其是被代表生产力发展方向的无产阶级所推翻,而无产阶级要完成这一历史使命就必须成立政党。正如马克思、恩格斯指出:"过去的一切运动都是少数人的或者为少数人谋利益的运动。无产阶级的运动是绝大多数人的、为绝大多数人谋利益的独立的运动。"②马克思主义无产阶级政党领导权理论告诉我们,在我国民族地区乡村治理与民族团结进步创建的过程中,必须要坚持党的领导,党的领导是最大的优势和保证,是不可替代的。自1953年3月,延边召开第一次民族团结模范代表会议,在全国最早开展民族团结进步创建活动以来,党的领导始终贯穿于历史上民族团结进步创建的每一个阶段,体现在民族团结进步创建的全过程,成为党的民族理论创新实践的重要载体。我国民族地区乡村治理与民族团结进步创建的实践场域是乡村社会,党的领导始终是协调和凝聚乡村社会政治经济文化资源的优势动力。为此,国家自主性理论与无产阶级政党领导方式理论作为实现民族地区乡村治理与民族团结进步创建有效性的前提,使民族地区乡村治理与民族团结进步创建具有深度的理论逻辑契合。

(二)历史逻辑契合

自古以来,乡村就是我国社会发展的重要根基,而乡村如何实现和谐稳定、人民富裕、有序发展的有效治理则是我国几千年来旨在实现的奋斗目标。在中国传统社会里,乡村社会是附于地方性的,是生于斯、长于斯、死于斯的社会。历史上乡村治理主要依赖村规民约、宗法伦理、道德礼俗、保甲制度等道德文化力量维系的乡村社会治理秩序。中华人民共和国成立后,我国乡村社会逐步形成了"政社合一"的治理体系。改革开放后,乡村治理的主要变化是在"撤社建乡"的同时,推行村民自治制度,

---

① George Ross et al: *Bringing the State Back In*, *Contemporary Sociology A Journal of Reviews*, 15(6), 1986.
②[德]马克思、恩格斯著,中央马克思恩格斯列宁斯大林著作编译局编译:《共产党宣言》,人民出版社,2014年,第39页。

在"乡政村治"的治理体系基础上逐步形成了党委领导、政府负责、社会协同、公众参与、法治保障、科技支撑的现代乡村社会治理体制。回望中华文明发展的历史进程，我国的各民族频繁交往互动，民族之间不断交流与融合，较早就结合成为一个更高层次的政治文化共同体，并且都对维持这一共同体的团结和统一有着强烈的使命感。[1]近代以来，中国曾经面临深重的民族灾难，但我国各族人民共同对抗侵略者的斗争，使得我国各族人民自觉形成了超越单一族群的中华民族共同体。中华人民共和国成立后，民族团结进步创建在党的领导下，以各族群众为主体，立足国情，先后经历了20世纪50—70年代的萌芽与发端、十一届三中全会至2009年的探索与发展、2009年至今的明确创建与全面推进，并在2019年提出"新时代民族团结进步创建工作要坚持以铸牢中华民族共同体意识为根本方向，坚持以加强各民族交往交流交融为根本途径，坚持以'中华民族一家亲，同心共筑中国梦'为总目标，坚持依法治理民族事务促进民族团结，遵循社会团结规律，坚持正面引导，坚持齐抓共管、形成合力"[2]。民族地区乡村治理与民族团结进步创建都是一个历史范畴，在不同的历史时期有不同的发展形态，不断推进各族人民的生活富裕、和谐稳定和民族团结，共同构成了民族地区乡村治理与民族团结进步创建的历史逻辑契合，共同促进了民族地区乡村社会的稳定和经济发展。

（三）实践逻辑契合

党的十八大以来，党和国家高度重视乡村治理工作，连续多年在中央一号文件中针对乡村治理持续提出创新和完善乡村治理体制的内容，不断丰富乡村治理的内涵。民族地区乡村治理作为国家治理体系和治理能力现代化的重要基石和组成部分，兼具乡村治理和民族事务治理的双重属性，其是否能够实现有效治理，既关系到乡村振兴战略的顺利实施，又关系到民族地区的团结和谐与社会稳定。[3]实践证明，民族团结作为我国各族人民的生命线，关乎国家的长治久安和各族人民的生命安全。民族地区乡村治理只有始终把民族团结工作放在治理过程的重要位置，才能维护各族群

[1] 李俊清：《新中国民族关系的回顾与前瞻》，人民出版社，2021年，第5页。
[2] 中共中央办公厅、国务院办公厅印发《关于全面深入持久开展民族团结进步创建工作铸牢中华民族共同体意识的意见》，中国政府网（http://www.gov.cn/zhengce/2019/10/23/content_5444047.htm），2019年10月23日。
[3] 陈蒙：《新时代民族地区乡村治理现代化瓶颈及对策》，《中南民族大学学报》（人文社会科学版）2020年第5期，第58—63页。

众来之不易的幸福生活,实现乡村社会治理有效、充满活力、和谐有序。2019年党的十九届四中全会中系统总结了我国国家制度和治理体系的显著优势,其中将"坚持各民族一律平等,铸牢中华民族共同体意识,实现共同团结奋斗、共同繁荣发展的显著优势"[1]列为13个显著优势之一,这充分体现了我国民族团结进步事业在国家治理体系中的重要地位。民族团结进步创建作为立足国情,开展我国民族团结进步事业的重要举措和有效载体,通过明确创建方向、深化创建内涵、丰富创建形式、扩大参与范围、提升创建水平等要求,推动了党和国家民族政策的贯彻落实,促进了少数民族和民族地区经济社会发展,维护了民族团结、社会稳定和国家统一,在基层乡村社会中充分营造出了中华民族一家亲的社会氛围,夯实了乡村社会民族团结进步的坚实根基。为此,民族地区乡村治理与民族团结进步创建作为新时代加强民族团结、巩固和发展社会主义民族关系、推进各民族"共同团结奋斗,共同繁荣发展"的两项十分重要的基础性工作,在实践层面具有高度的契合性。

三、吴忠市XX乡乡村治理与民族团结进步创建的治理实效

吴忠市XX乡位于宁夏回族自治区中部干旱带核心区,地处吴忠市B县城新区所在地,地域总面积178平方公里,下辖6个建制村、42个自然村、4257户15512人,其中少数民族人口13861人,占总人口的89.4%。吴忠市XX乡属于汉族和少数民族杂居乡,是吴忠市民族团结进步创建活动示范单位和第十批宁夏回族自治区民族团结进步示范乡镇,促进乡村民族团结、宗教和顺、社会和谐、经济发展、群众生活持续改善是其施政重点。近年来,吴忠市XX乡结合乡情社情实际,以乡村治理体系和治理能力建设为主攻方向,以铸牢中华民族共同体意识为主线,牢牢把握"各民族共同体团结奋斗、共同繁荣发展"主题,大力推进民族团结进步示范乡村建设,积极探索出"民族团结进步创建'细胞工程'"与"乡村治理中'政治引领、自治强基、法治保障、德治教化、智治支撑'的'五治'融合模式"相结合的治理体系,将民族团结进步作为"细胞"与乡村治理中精神文明建设、产业培育、团结稳定、移风易俗、品牌活动打造等内容相结合,实现了以党建为引领、以自治增活力、以法治强保障、以德治扬正气,积极构建了

---

[1]《中共中央关于坚持和完善中国特色社会主义制度推进国家治理体系和治理能力现代化若干重大问题的决定》(2019年10月31日中国共产党第十九届中央委员会第四次全体会议通过),《人民日报》2019年11月6日,第1版。

政府主导、人民为主、社会参与的多元化民族地区乡村治理模式。

（一）坚持党建引领，形成治理合力

党的领导是中国特色社会主义制度的最大优势，近年来，吴忠市XX乡坚持和完善党的领导制度体系，把党的领导落实到乡村治理和民族团结进步创建各领域、各方面和各环节，突出政治功能，注重系统集成、协同高效，推行"七个一"党建工程（图1），在体系中形成治理合力，在民族地区乡村治理和民族团结进步创建中取得了一定的成效，积累了宝贵的经验。从具体的做法来看，吴忠市XX乡首先完善村党组织领导乡村治理和民族团结进步创建的体制机制。坚持把乡村治理和民族团结进步创建纳入党委重要议事议程，纳入干部教育和培训计划，纳入宣传文化工作计划，纳入领导班子和领导干部考核工作，定期召开乡村治理与民族团结进步创建协同推进专题会议，将民族团结进步创建和乡村治理同基层党建、脱贫攻坚、移风易俗等各项工作同研究、同安排、同部署、同落实，及时发现并研究解决乡村治理与民族团结进步创建中的困难和问题，实现了携手推进、全面发展。其次，吴忠市XX乡充分发挥党员在乡村治理和民族团结进步创建中的先锋模范作用。实施村党员干部本领提升行动，组织党员在乡村治理和民族团结进步创建中宣传党的主张和民族理论政策，执行党组织决定。以党员承诺会议、党员议事会等活动为载体，推动党员在乡村治理和民族团结

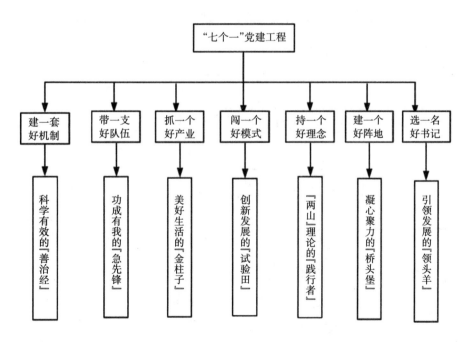

图1 吴忠市XX乡"七个一"党建引领工作法

进步创建中起带头示范作用,带动群众全面参与。XX乡全国"敬业奉献"模范、全国"最美奋斗者"荣誉称号获得者、优秀共产党员L同志三十年如一日,始终坚守基层一线,弥留之际念念不忘的仍是那份难以割舍的职责,展现了一名基层党员干部靠得住、冲得上、顶得牢的先锋模范风采,谱写了各民族共同团结奋斗、共同繁荣发展的美好篇章。

(二)坚持载体创新,构建相互支撑的治理体系

坚持乡村治理与民族团结进步创建载体创新是实现民族地区乡村治理有效、夯实民族团结的基础有效途径。近年来,吴忠市XX乡大力弘扬"等不是办法,干才有希望"的奋发拼搏精神,着力打造完善了"进网格、走村社、进农户"的近距离、简约高效的乡村治理与民族团结进步创建网格化载体,规范建立了网格化管理服务流程图(图2),通过创新载体破解乡村治理难题,构建起了乡村治理与民族团结进步创建相互支撑的治理体系。从具体的做法来看,吴忠市XX乡首先整合优化各建制村和站所,实行网格化管理,规范村级组织工作事务,推行乡村治理与民族团结进步创建的乡、村权责清单管理,从源头上清理规范上级对村级组织的考核评比项目,让村干部从频繁的考核、评比、填表等烦琐的事务中走出来。其次,吴忠市XX乡丰富拓展民族团结进步创建与乡村治理互促发展的活动内涵,将民族团结进步创建活动纳入乡村治理的整体规划中,以乡村治理推动民族团结进步创建。积极推动建立相互嵌入式的网格

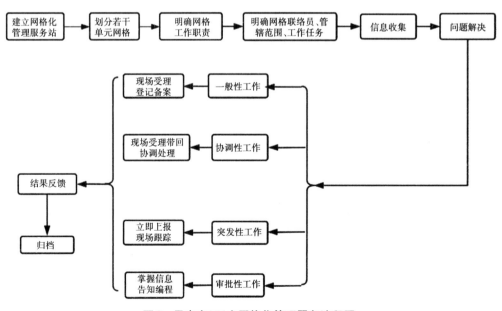

图2　吴忠市XX乡网格化管理服务流程图

化社会结构和社会环境，创造各族群众共居共学共事共乐的社会条件。通过扎实开展"民族团结进步宣传月"活动，各网格化包片领导分管负责各自区域，包村干部和"三委"深入村社进行民族团结进步和民族政策宣传。近年来，吴忠市XX乡调解处理各类矛盾纠纷127件，接待来访群众多人，化解信访问题多件。使相互了解、相互尊重、相互学习、相互帮助成为各族群众的普遍共识和行动自觉，维护民族团结已经成为全乡干部群众的基本价值取向。

（三）坚持因地制宜，实现团结发展同频共振

近年来，吴忠市XX乡将乡村治理与民族团结进步创建有效衔接，以增进农民群众的获得感、幸福感、安全感为基本前提，因地制宜，建设了充满活力、和谐有序的乡村社会。从具体的做法来看，吴忠市XX乡首先坚持民族团结进步创建助力脱贫攻坚，打造"民族团结进步创建+脱贫攻坚"模式，补齐乡村治理的短板弱项。将乡村危房改造、饮水安全、教育扶贫、健康扶贫、金融扶贫等内容与民族团结进步创建相融合，牢牢把握"各民族共同体团结奋斗、共同繁荣发展"的主题，将创建工作贯穿全局、抓在日常，大力推进民族团结进步示范乡村建设。因地制宜抢抓"闽宁结对帮扶"有利契机，以补齐产业短板、壮大村集体经济，促进农民增收为出发点和落脚点，以"一收入两不愁三保障"为目标要求，用足用活闽宁协作项目资金。结合地方特色产业，围绕民族团结进步创建工作，培育民族团结进步示范个人和集体，发挥辐射带动效应，持续推动特色产业提质增效。全乡贫困发生率由2014年的21.53%降为零，全乡1117户4178名贫困群众全部如期脱贫，实现建档立卡户动态清零，错退率、漏评率为零。吴忠市XX乡结合民族团结进步创建阵地助推乡村公共服务发展，利用民族团结进步创建与扶贫项目专项资金，先后对辖区内6个村级活动场所进行了改造、翻建，每个村农村文化活动中心都达到200平方米以上。新建了老年福利院，安装了太阳能、石墨烯电热炕、老年人饭桌等设施，合理设置为民服务大厅窗口，实行了"一站式"服务，提高了村民的满意度、获得感、幸福感，实现了团结发展同频共振。

四、民族地区乡村治理与民族团结进步创建互促发展的思考

党的十八大以来，民族地区乡村脱贫攻坚和社会治理取得了举世瞩目的成绩，但打赢脱贫攻坚战、全面建成小康社会不是终点，而是全面推进乡村振兴，实现乡村治理有效的起点。吴忠市XX乡以"乡村治理"与"民族团结进步创建"互相促进和相互发展为载体开展的乡村治理模式创新，表面看就是将乡村治理与民族团结进步创建

简单结合在一起共同推进,但从深层次上分析发现,这实质上是各族群众在党的领导下,牢牢把握对美好生活的向往,不断加强交往交流交融,形成的因地制宜、相互支撑、团结发展的创新体系。对于破解民族地区乡村治理困境、增强各族群众的内生动力、提升民族事务治理能力、形成诸多有效的乡村治理体系实践模式而言,吴忠市XX乡的实践无疑为我们系统思考民族地区乡村治理的治理体系和发展方向提供了有益借鉴。

(一)坚定党的领导,守好民族团结生命线是两项工作互促发展的前提

中国共产党的领导是中国特色社会主义最本质的特征。坚持中国共产党这一坚强领导核心,是中华民族的命运所系。[①]党的十八大以来,中央在历年来的"一号文件"关于乡村治理的政策表述中,都是将加强党的领导放在乡村治理的核心地位,多次提出要把党的领导落实到乡村治理的各个领域、各个方面和各个环节。而在民族团结进步创建的发展历程中,党的领导始终居于核心地位,不断推动着民族团结进步创建工作高质量发展。民族地区的乡村社会,既是各民族群众交往交流交融的基础空间,也是各民族群众因地制宜创新乡村治理体系的载体。吴忠市XX乡通过不断完善乡村党组织领导乡村治理和民族团结进步创建的体制机制、发挥党员在乡村治理和民族团结进步创建中的先锋模范作用的创新实践证明,只有坚持党的全面领导,守好民族团结生命线,才能凝聚各民族、发展各民族、繁荣各民族。民族团结"生命线"理论作为习近平总书记站在国家发展全局和战略高度阐明的重要论断,进一步明确了处理民族问题的大政方针,为我们做好新形势下民族工作指明了方向、提供了遵循。[②]因此,在民族地区的乡村治理和民族团结进步创建互促发展中,只有以党的全面领导为统领,守好民族团结生命线,加强党的民族理论和民族政策学习,加强民族团结教育,将党组织的服务管理延伸到乡村治理与民族团结进步创建工作的一线,把民族地区各族干部群众的思想和行动统一到党中央决策部署上来,才能够为推动实现民族地区乡村治理有效与民族团结进步事业取得新的历史性成就奠定坚实的基础。

---

① 习近平:《习近平谈治国理政》第二卷,外文出版社,2017年,第18页。
② 南方日报:《民族团结是各族人民的生命线》。http://epaper.southcn.com/nfdaily/html/2016—03/12/content_7525054.htm,2016年3月12日。

（二）紧紧把握铸牢中华民族共同体意识这一关键连接点，促进各民族交往交流交融是两项工作互促发展的主线

铸牢中华民族共同体意识是习近平总书记在党的民族理论方面做出的重大原创性论断，是支撑中华民族长期生存并始终凝聚在一起的内在动力，是民族地区实现乡村治理有效与民族团结进步事业取得成功的必然要求。2017年，在党的十九大上，习近平总书记正式提出"铸牢中华民族共同体意识"，并推动其写入党章。2019年，全国民族团结进步表彰大会上，习近平总书记明确强调"以铸牢中华民族共同体意识为主线做好各项工作"①。2021年，中央民族工作会议强调"铸牢中华民族共同体意识是新时代党的民族工作的'纲'，所有工作要向此聚焦。"②铸牢中华民族共同体意识，就是要自觉站在党和国家的工作全局，从中华民族根本利益出发想问题、办事情，是支撑中华民族长期生存并始终凝聚在一起的内在动力，是民族地区实现乡村治理有效与民族团结进步事业取得成果的必然要求。中华民族是一个命运共同体，各民族交往交流交融是民族地区社会发展的必然趋势，是推动民族地区经济社会发展的强大动力杠杆，是协调各民族成员的行为，保持社会生活平衡、控制社会生活节奏和秩序的调节器。"各民族交往交流交融"这一理念的提出是在2010年中央召开的第五次西藏工作座谈会上，此后，在党和国家历次民族工作会议中都予以重申，其中党的十九大报告对"加强各民族交往交流交融"的重申，则标志着这一方针在中国特色社会主义新时代的民族工作中依然具有方向性和指导性意义。③吴忠市XX乡通过以铸牢中华民族共同体意识为主线，加强各民族交往交流交融，将民族团结进步创建活动纳入乡村治理的整体规划中，以乡村治理推动民族团结进步创建的互促发展模式证明，民族地区乡村治理与民族团结进步创建只有牢牢把握中华民族发展的历史大势，把握铸牢中华民族共同体意识这一关键连接点，处理好"中华民族大家庭"的内部民族关系，促进各民族交往交流交融，才能形成各民族同呼吸、共命运、心连心的强大精神纽带，真正实现团结发展同频共振。

---

① 习近平：《在全国民族团结进步表彰大会上的讲话》，《人民日报》2019年9月28日，第2版。

② 《习近平在中央民族工作会议上强调以铸牢中华民族共同体意识为主线 推动新时代党的民族工作高质量发展》，《人民日报》2021年8月29日，第1版。

③ 郝亚明：《中华民族共同体意识视角下的民族交往交流交融研究》，《西南民族大学学报》（人文社科版）2019年第3期，第9—13页。

（三）坚持聚焦脱贫攻坚成果同乡村振兴的有效衔接，夯实乡村经济基础是两项工作互促发展的保证

发展是解决民族地区各种问题的"总钥匙"，脱贫攻坚作为中华民族发展史上具有重要里程碑意义的一项伟大事业，党和政府一直把各族人民对美好生活的向往作为奋斗目标，确保了少数民族和民族地区同全国一道打赢了脱贫攻坚战，现行标准下农村贫困人口全部实现脱贫、贫困县全部摘帽、区域性整体贫困得到解决，夯实了民族地区乡村社会发展的经济基础。经济基础决定着上层建筑，这是乡村社会发展中最活跃的因素。从实践来看，民族地区乡村治理与民族团结进步创建都离不开经济建设这个主战场。近年来，吴忠市XX乡坚持把培育产业发展和乡村人口稳岗就业作为做好乡村治理和民族团结进步创建工作的关键。因地制宜抓产业，抢抓闽宁结对帮扶、南京证券"一司一县"金融扶贫结对帮扶等有利契机，以补足产业短板、促进农民增收为出发点和落脚点，先后兴建了14座高效设施蔬菜大棚，探索出"土地租金、务工薪金、年终红金"的"三金"收入新模式，既盘活了闲置土地，又促进了农民增收。在2020年全部贫困群众如期脱贫后，贫困面貌得到了根本性改变，全乡各族干部群众生产生活环境得到了明显改善，民族关系更加和谐，各族群众的获得感、幸福感、成就感不断提升，各族群众发自内心深感"黄河水甜，共产党亲"。由此可见，在民族地区的乡村治理和民族团结进步创建互促发展中，经济发展是基础性力量，是两项工作互促发展的保证。面对脱贫攻坚成果同乡村振兴有效衔接的新形势，只有继续坚持以发展为第一要务，切实解决好教育、就业、收入、医疗、养老、住房等各族人民关心关切的问题，牢牢把握各族人民日益增长的美好生活需要和不平衡不充分的发展之间的矛盾，大力提升社会保障水平，才能不断增进民生福祉，实现各族人民对美好生活的向往。

（四）实现政策对接互融，推动政策优势转化为治理效能是两项工作互促发展的新格局

治理效能是衡量治理水平高低的依据，推动政策优势转化为治理效能的目的在于最大限度地提升各族人民的获得感、幸福感与安全感。党的十九届四中全会强调，要把我国制度优势更好地转化为国家治理效能。在制度优势和治理效能的互动关系中，制度是基础和前提。制度是否具有优势，在多大程度上保持优势，在根本上与制

度优势及如何转化为治理效能密切相关。[①]因此,政策作为制度优势所体现的具体行动准则,能否高质量抓好政策,将政策贯彻到基层,才是能否转化为治理效能的关键所在。长久以来,民族地区乡村治理与民族团结进步创建在建设、改革的实践探索中形成了一套严密完整的政策体系,在民族地区乡村建设中发挥着重要的指引作用。吴忠市XX乡作为政策体系的"终端"和治理体系的"底盘",通过合理分工,形成合力,以乡村治理的政策优势实现二者对接互融,以民族团结进步创建的政策优势实现强强联合。吴忠市XX乡承接着国家、自治区和市县关于乡村治理和民族团结进步创建的各项政策安排。在乡村治理的政策方面,坚持党建引领、因地制宜、多元主体、三治融合等内容,制定了《吴忠市XX乡关于加强和改进乡村治理的实施方案》,明确了以乡村治理推动民族团结进步创建等14项重点任务。而在民族团结进步创建方面,着重考虑的是丰富创建载体、开展创建活动、注重创建实效等内容,制定了《吴忠市XX乡民族团结进步创建工作实施方案》,明确了"全力打赢乡村脱贫攻坚战、扎实推进乡村治理"等重点任务,实现了二者政策的对接互融,推动了各项政策的落地生根,持续增强了乡村治理效能。由此可见,在民族地区的乡村治理和民族团结进步创建互促发展中,通过实现政策对接互融,使二者功效互补、时效衔接,从而最大化地发挥政策优势,激发治理效能,以此更好维护民族团结稳定,实现民族地区乡村治理有效,凝聚各民族的智慧和力量,最终实现中华民族的伟大复兴。

五、结语

民族地区乡村治理与民族团结进步创建互促发展之路来自民族地区长期实践经验的总结与提升,是民族地区在促进乡村经济社会发展中探索出来的宝贵经验。吴忠市XX乡的实践证明,这样一条互促发展之路能够适应民族地区乡村社会发展的变化和挑战,能够有效化解当前民族地区乡村社会发展的治理困境,对于保持民族地区乡村治理活力,向着实现民族地区乡村治理有效目标又迈进了一步。同时,我们也应该看到,我国各地区乡村之间的情况千差万别,民族地区乡村之间的情况也有许多不同,民族地区乡村治理与民族团结进步创建互促发展之路也只是实现民族地区乡村治理有效的路径之一,但要达到治理有效的共同目的,只有不同民族地区在实践和探

---

① 黄新华:《"十四五"时期提升国家治理效能路径研究》,《国家治理》2020年第41期,第39—43页。

索过程中不断创新治理思路、创新治理载体、创新治理方法,才能为全国其他民族地区乡村治理提供更多成功的、有效的、鲜活的范例,为实现乡村振兴战略提供坚强保障。

互嵌与认同:铸牢中华民族共同体意识的社区个案研究

王　荣

摘　要:在民族互嵌式社区内,空间互嵌是铸牢中华民族共同体意识的社会认同基础;关系互嵌是铸牢中华民族共同体意识的情感认同纽带;生计互嵌是铸牢中华民族共同体意识的心理认同保障;文化互嵌是铸牢中华民族共同体意识的价值观认同根基。文化的核心是价值观,价值观认同是一个文化认同过程,它是强化文化自觉、笃信文化生命力、彰显文化自信的过程。本文通过宁夏银川 GX 社区的个案研究发现:民族互嵌式社区建设有助于和谐民族关系的建构;有助于各民族交往交流交融;有助于维护民族团结和社会的和谐稳定;有助于铸牢中华民族共同体意识认同。

关键词:互嵌;社区建设;中华民族共同体;文化认同

1887年,德国社会学家藤尼斯在《社区与社会》中最早提出社区概念和社区理论,他认为社区是一种具有情感归属和价值认同的社会生活形态。Community 一词传入中国被翻译为“社区”,费孝通先生在《乡土中国》中把它称为“时空的坐落”[①];芝加哥大学教授罗伯特·帕克认为人口、地域、关系是社区的基本构成要素,共同维系着社区的形成、发展与变迁。1936年,帕克概括了社区的基本特点,即常住人口、对地域和社区文化的认同、相互依赖的社会关系。[②]社区的实质就是社会生活中精神、价值和情感的共同体。[③]现在学术界普遍认为社区就是人们在一定地域基础上形成的守望相助、相互依存的社会利益共同体。[④]我国是统一的多民族国家,自2014年中央提出“建

---

① 费孝通:《乡土中国》,生活·读书·新知三联书店,1985年,第94页。
② 周平:《民族政治学》,高等教育出版社,2007年,第115—118页。
③ 曹绪飞:《导入社区制:基础性问题再研究》,中国社会科学出版社,2012年,第143页。
④ 张会龙:《论各民族相互嵌入式社区建设:基本概念、国际经验与建设构想》,《西南民族大学学报》(人文社会科学版)2015年第1期,第44—48页。

立相互互嵌的社会结构和社区环境"①后,迅速得到了学术界的回应,关于民族②互嵌式社区治理、社区建设等方面的研究也逐步升温。本文以宁夏银川GX社区为个案,探究民族互嵌式社区如何铸牢中华民族共同体意识。

一、前言

多民族社会结构是多民族国家建设的起点与基础,良好的社会结构可以促进民族交往交流交融,使不同民族成为社会利益共同体。相反,社会结构的断裂导致社会异化。③"嵌入"是一种多民族社会结构模式,它强调的是融合和分隔之间的一种均衡,通过民族交往交流交融,建立多民族之间的内在关联,以一种"共同体"的意识来维系平等团结互助和谐的民族关系;嵌入式社会结构的主体性、多向性与平等性体现在"相互"二字,即各民族要相互尊重、相互包容、相互欣赏、相互团结,像石榴籽一样紧紧抱在一起。民族互嵌式社会结构是社会团结的基础④,目标是构建一种有机的民族团结。⑤同化形成机械团结,互嵌形成有机团结。因此,在多民族国家中,民族团结是社会稳定的根基。各民族相互嵌入式的社会结构就是促进民族团结,民族互嵌式社区就是积极构建各民族之间自由交往、相互关联、相互依赖、相互包容、共生共荣的精神关系和情感关联⑥,实现民族社会关系由"机械团结"向"有机团结"的转型。⑦本文以GX社区的田野调查为基础,依托社区"党建铸魂工程"开展的系列活动为例,探究民族互嵌式社区如何增进认同教育,以此来铸牢中华民族共同体意识。

GX社区面积2.5平方千米,有居民楼40栋,1894户,总人口4477人。GX社区是

---

① 《中央民族工作会议暨国务院第六次全国民族团结进步表彰大会在北京举行》,《人民日报》(海外版)2014年9月30日,第1版。
② 国内部分学者曾对"民族"和"族群"的概念存有争论。本文依据国家宪法等法律文本和中央文献等资料,使用"民族"一词。
③ David Varady,*Muslim Residential Clustering and Political Radicalism*,Housing Studies,Vol. 23,No.1,2008.
④ [法]埃米尔·涂尔干著,渠东译:《社会分工论》,生活·读书·新知三联书店,2000年,第33—92页。
⑤ 闫丽娟、孔庆龙:《民族互嵌型社区建构的理论与现实基础》,《新疆师范大学学报》(哲学社会科学版)2015年第6期,第86—93页。
⑥ 胡平、韩宜霖:《心理空间视阈下中华民族共同体意识培育路径初探》,《贵州民族研究》2020年第6期,第150—154页。
⑦ 郝亚明:《民族互嵌型社区社会结构和社会环境的理论分析》,《新疆师范大学学报》(哲学社会科学版)2015年第4期,第2页,第14—20页。

以GX家园为中心的各民族相互嵌入式格局小区，居住着汉族、回族、满族、藏族、蒙古族、苗族等多个民族，常住少数民族人口443人，约占社区人口的10%。GX社区党委共有党员202名，下设3个党支部、6个党小组、8个睦邻点。深入探究GX社区的民族互动实践，对互嵌式社区铸牢中华民族共同体意识有一定的参考价值。

二、空间互嵌：铸牢中华民族共同体意识的社会认同基础

有些学者将各民族相互嵌入的社会结构和社区环境解读为民族混居的倾向[1]，也就是狭义的把空间互嵌等同于居住空间。实际上，在社区场域内，空间互嵌不仅限于居住空间，而且包括更大范围的公共空间，如学习空间、活动空间、休闲空间、娱乐空间、文化空间等。以社区党群服务中心或团结广场为例，它们既是文化社交空间，还是健身娱乐空间。

（一）"讲习所"传播的正能量

党员活动中心是社区"讲习所"的前身，党的十八大以来，为了更好地宣传学习贯彻习近平新时代中国特色社会主义思想，扩大党员活动中心的功能，所以改名为"社区讲习所"，也称"党员之家"。社区讲习所每月定期开展内容丰富、形式多样的宣讲活动，如党史学习教育、英模报告、党风廉政、道德规范、环境保护、文化礼仪、国防教育、食品安全等主题的活动。同时，为了扩大"讲习所"的传播力，每期活动都邀请部分退休党员一起参加。

社区场域内的空间互嵌，其实就是为各民族交往交流提供了一个公共平台，是民族交融的基础。"社区讲习所"是一个公共的学习空间，也是共同学习民族交往、集体探讨民族交流的平台。交往就是不同群体之间的互动，也是人类社会的基本形态；民族作为稳定的共同体，也是相互协作的共同体，各个民族都是在同其他民族相互学习、交往、协作和借鉴中不断发展的。GX社区通过"讲习所"定期举办的各种集体活动，给不同民族群众提供了一个学习交流的平台，通过宣讲活动，增进党员对党的忠诚度，潜移默化地引导社区党员对伟大祖国、中华民族、中华文化、中国共产党、中国特色社会主义的认同。空间是社会的产物[2]，组织化的公共空间集体活动有助于唤醒

---

① 王希恩：《民族的融合、交融及互嵌》，《学术界》2016年第4期，第33—44页，第324页。
② Lefebvre H, *The Production of Space*, Oxford：Blackwell，1991，p141-145.

集体记忆、增强社区认同、提高社区凝聚力[①]、构建和谐的社会关系(人际关系、家庭关系、民族关系等)

(二)"熟人"社区的建构

居住空间是个人成长和家庭成员互动的重要场所,是个体参与社会交往的重要场域,和谐的邻里关系有助于建构健康的民族认同。群际接触理论[②]告诉我们,多民族间的交往互动能有效减少偏见、缓解焦虑、增进情感、促进团结,改善民族关系。[③] GX 社区周边有几个国企,为了工作和生活更加便利,部分职工就选择在 GX 社区购房。退休后的老职工不愿意离开熟悉的生活环境,所以他们由以前的同事关系转变成现在的邻里关系,随着时间推移和工作生活中频繁互动,增进了彼此的感情,也逐步建构了一个稳固的"熟人"社区。在日常的生活中,"熟人"社区发挥着它的聚合功能,促使社区的"新人"加快融入社区生活的步伐;"熟人"社区以"和"为贵,建构了和睦相处的邻里关系、和气生财的社交关系、和而不同的民族关系、和衷共济的党群关系。

(三)多民族大家庭

社会性建构起来的邻里关系和社区空间会直接影响社会结构和经济发展。[④]如果缺少空间互嵌,就会减少民族交往、文化交流、心灵交融,那么多民族社区和多民族社会就很难保持团结和谐,多民族国家很难维持长治久安。彼此隔离的民族关系会产生社会结构断裂的恶果[⑤],影响民族关系建构,对社会凝聚力、民族认同、国家认同

---

① 姚华松、周春山等:《空间的力量:广场舞的社会文化意义与地方认同效应》,《地理研究》2019 年第 5 期,第 1134—1146 页。

② 群际接触理论创始人是美国社会心理学家奥尔波特,该理论形成于二战之后的美国,由群际接触假说发展而来。群际接触假说认为,群际之间的偏见多数情况是一个群体对另一个群体缺乏充分了解或者是由于接受了一些错误信息而产生的;而群际接触则能够通过获得新信息,从而减少族际偏见。该理论形成几十年来,一直被认为是减少偏见和改善群际关系的理论和策略。研究结果显示,群际接触与群际偏见之间呈现一种负相关关系,并且这种关系具有高度稳健性。也就是说,群际之间接触越多,群际偏见的程度则会显著降低。

③ 郝亚明:《西方群际接触理论研究及启示》,《民族研究》2015 年第 3 期,第 13—24 页,第 123 页。

④ Nick Buck, *Identifying Neighborhood Effects on Social Exclusion*, Urban Studies, 2001, 38(12), pp.2251–2275.

⑤ 郝亚明:《民族互嵌式社会结构:现实背景、理论内涵及实践路径分析》,《西南民族大学学报》(人文社会科学版)2015 年第 4 期,第 22—28 页。

形成威胁。①因此，在民族互嵌式社区建设中，从居住生活、工作学习、文化娱乐等日常环节入手，有意识地创造民族交往的机会，扩大民族交流的平台，逐步增进民族交融，创造各民族共居、共学、共事、共乐的社区环境，为铸牢中华民族共同体意识打下坚实的社会认同基础。

希勒里使用"特定地点"②概述社区的空间属性。德国著名社会学家西美尔把空间的社会属性归纳为分割性、排他性、固化效应等，但空间接触可以有效改善行为者的关系③，空间互嵌可以增加不同民族间交往交流的频率，空间互动可以有效改善民族关系。如多伊奇和柯林斯的社区研究表明，在混合居住的社区里，积极主动的种族接触会产生正面健康的族群关系。④

实际上，社区中每一个人都生活在相互依赖的关系中⑤，这种情感的联系会增进社区的凝聚力，也为互嵌式社区创建民族交往、文化交流、心灵交融提供了平台和保障。多民族、多元文化的居住格局很大程度上决定着民族群体之间的交融程度。⑥因此，空间互嵌是推动民族互嵌式社区建设、为各民族在族际交往交流的过程中形成交融共生的社会关系创造空间条件，同时也影响着不同民族在交往交流交融中互动的深度、频度、持久度和稳定度。宏观社会结构的互嵌是构建民族团结的社会基础⑦，互嵌式社区建设已经潜移默化地促进民族社会结构的再生；多民族互嵌式社区的建构过程是深度的民族认知、理性的民族意识、宽容的宗教心理相互融合的过程，是构建民族互嵌式社区的社会认同基础。GX社区通过学习空间、居住空间、活动空间等多维空间的互嵌形式，逐步增加多民族社区居民之间的交往交流频率，为民族交融和铸牢中华民族共同体意识提供了坚实的社会认同基础。

---

① 郝亚明：《城市与移民：西方族际居住隔离研究述论》，《民族研究》2012年第6期，第12—24页。

② G·A. Hillery, *Definitions of Community: Area of Agreement*, Rural Sociology, No.20, 1995, p.2.

③ ［德］盖奥尔格·西美尔著，林荣远译：《社会学——关于社会化形式的研究》，华夏出版社，2002年，第459—483页。

④ Deutsch M, Collins M E, Interracial Housing: *A Psychological Evaluation of A Social Experiment*. Minneapolis, MN: University of Minnesota Press, 1951.

⑤ R Park, *Human Ecology*, American Journal of Sociology, 1936, 42(01), pp.1-15.

⑥ 刘斐、田野、符晓波：《第二次中央新疆工作座谈会要点解读：依法治疆团结稳疆长期建疆》，http://news.eastday.com/c/20140531/u1a8120075.html。

⑦ 戴宁宁：《构建民族互嵌型社会结构的民族心理基础及实践路径》，《北方民族大学学报》（哲学社会科学版）2019年第2期，第44—50页。

三、关系互嵌:铸牢中华民族共同体意识的情感认同纽带

关系互嵌是指不同个体和群体在社会互动中相互接纳、吸收和依赖,并形成共同体的过程。滕尼斯指出,精神属性也是社区本质属性之一。①在实际生活中,社区场域内的"守望相助"就是建立在信任的基础之上,反映社区成员之间平等、团结、互助、和谐的邻里关系,以及相互依赖的精神关系。在本文中,关系互嵌属于社区精神建设的内容,主要从社区治理的层面考察社区的制度建设、组织网络和社区服务等要素对促进和谐民族关系、巩固民族团结发挥的积极作用。②

(一)榜样的力量

"讲习所"是社区党校的一部分。社区党校的活动比较丰富,其中"百姓大讲堂"就是比较受欢迎的活动形式,每次讲座都邀请身边的优秀党员讲述他们自己的故事。退休老党员的表率作用对年轻人是一种激励;年轻人通过身边的楷模,逐步向优秀党员靠近,这种有声的教导和无声的鞭策让榜样的力量扎根内心。社区党校还不定期地组织党员到爱国主义教育基地参观学习。

民族互嵌型社区作为一种特殊的社区形态,在社区场域内实现了公共管理和政治认同的统一③,即多民族互嵌式社区具有空间居住格局的多民族性、社区行为的互动性、社区文化和社区意识的共同性、社区居民心理情感的认同性。通过多样的社区活动促进不同民族间交往交流交融,消除民族偏见、民族隔阂,逐步构建互相欣赏、互相认同的情感共同体,使社区内各民族成员最终能在心理情感上彼此接纳,达到情感交融。④实际上,一部中国史也是一部各民族交往的历史,对伟大祖国的认同源于对伟大祖国的热爱、对统一的多民族国家的认同源于对民族共同体的认同等。社区党校根据社区的特点开展活动,不但承担着党员干部教育、培训、拓展的任务,而且通过活动可以凝聚人心、汇聚力量、增进共识、强化认同,通过榜样的力量讲好中国故事、

① [德]斐迪南·滕尼斯著,林荣远译:《共同体与社会:纯粹社会学的基本概念》,北京大学出版社,2010年,第70—80页。
② 裴圣愚:《相互嵌入:民族社区环境建设的新方向》,《黑龙江民族丛刊》2015年第1期,第111—115页。
③ 田铮:《民族互嵌型社区治理评估的实践反思》,《湖北民族大学学报》(哲学社会科学版)2020年第5期,第27—33页。
④ 宋晓明:《互嵌式社区治理:宁夏多民族互嵌式社区建设的有效选择》,《回族研究》2020年第3期,第99—103页。

传递好中国声音，在故事中让人民感受中国共产党的伟大，体会中国特色社会主义制度的优越性。

（二）"我"的多重身份

GX社区现有党员202名，每个党员都拥有多重身份，如社区居民、优秀党员、退休职工、社区干部、物业管理人员、卫生保洁员、志愿者、督导员等。身份互嵌、工作互嵌、职能互嵌、群体互嵌等形式的网状关系，逐步构建了GX社区居民的情感认同纽带，形成了以信任为基础的情感共同体。GX社区党委书记LLJ介绍，GX社区以"党建铸魂工程"①提升社区服务水平，他们把党支部建在小区里，党小组建在网格上，党员睦邻点建在单元中，发挥党员在基层治理中的先锋模范作用。同时创新了"5个5"工作机制②和学习教育机制，如结合"学习强国"平台的推广和使用，带领社区党员群众以学习为抓手，以提升为目的，通过多种学习方式，提高社区群众的政治觉悟和文明素养。另外，"五步工作法"的全面推行，效果比较明显：通过"说"畅通渠道集民意；通过"议"分类梳理定责任；通过"办"整合资源办实事；通过"回"及时答复不拖延；通过"评"深化服务受监督；党总支通过"五个一"网格化管理为党员群众提供更加人性化的服务。近年来，GX社区以"党建铸魂工程"为核心开展的系列活动越来越受到社区居民认可，志愿服务队的规模也在逐年扩大，居民在参与志愿服务的过程中享受社区提供的各项贴心服务，在创建各民族共居、共学、共事、共乐的社区环境中，每个人都积极努力地贡献自己的一份力量。

（三）"爱"的传递

GX社区不止一次联系周边学校、企业、军队等为民族地区捐款捐物，用实际行动诠释"爱"的传递。2020年底，GX社区牵手S小学举办了"民族团结心连心 捐衣赠物手拉手"活动，通过此活动向新疆喀什地区生活困难的孩子们捐衣献爱心，希望每一个中华儿女都能感受到祖国大家庭的温暖。

多民族互嵌是GX社区的特点，因此社区牢牢把握各民族共同团结奋斗、共同繁荣发展的民族工作主题，为维护社会稳定，充分发挥自身优势，积极发展民心工程，创

---

① 党建铸魂工程：铸思想之魂牢党建根基、铸学习之魂强理想信念、铸服务之魂惠百姓民生、铸团结之魂展幸福和谐、铸法治之魂提基层治理，以此来强化基层党组织的战斗堡垒作用。
② "5个5"工作机制，即5处场所、5支队伍、5类人员、5大平台、5个作用。

新"同心联盟"工作机制①,夯实民族团结的根基;通过"三区三联三互"②构建一个互助互动网络平台,增进各民族交往交流交融。社区居民通过参与社区活动,逐步形成对社区文化的归属感和认同感。③GX社区以"党建铸魂工程"为引领,开展多元化社区活动,使各民族居民在交往交流中逐步达到心理交融,进一步提高社区居民的幸福感和获得感。在充分发挥基层党组织作用的同时,通过网格化的关系互嵌,潜移默化地构建起多民族社区铸牢中华民族共同体意识的情感认同纽带。

四、生计互嵌:铸牢中华民族共同体意识的心理认同保障

维护民族团结与社会长治久安,需要稳定的民族社区创建:民族互嵌式社区有利于减少族际冲突,促进各民族交往交流交融;④有助于社会的稳定发展,促进基层和谐的民族关系;⑤"互嵌"是一种新型的多民族社会结构模式;⑥互嵌式社区既是增进民族了解、加强民族团结的重要举措⑦,也为增强民族凝聚力、促进各民族间的有机团结研究提供了新的视野;⑧为铸牢中华民族共同体意识提供了社区建设方案,巩固和加强社会主义和谐民族关系的构建。⑨随着社会流动的加速和城镇化的进程,越来越多的少数民族群体为了家庭的发展、孩子的教育开始主动做出选择:离开自己熟悉的民族聚居区,融入陌生的社区环境。

---

① "同心联盟"机制:同心同德、同心同乐、同心同助、同心同安、同心同富。GX社区以"同心铸团结,爱心促和谐"为目标,加强社区建设,社区党总支创新活动载体,积极发展民心工程,引领社区各族群众铸牢同心思想,广泛持久地开展民族团结进步创建活动,重点打造了社区"同心联盟""三区三联三互""流动人口服务体系"等系列亮点工作。
② "三区三联三互":"三区"即社区、营区、校区;"三联"即组织联建、活动联抓、党群联心;"三互"即互学提高、互帮发展、互促和谐。
③ 王春光、梁晨:《对当前中国大陆社区建设的几点理论反思》,《北京邮电大学学报》(社会科学版)2011年第4期,第11—15页。
④ 来仪:《城市民族互嵌式社区建设研究》,《学术界》2015年第10期,第33—12页,第324页。
⑤ 马晓玲:《关于城市"民族互嵌式"社区的内涵思考》,《中南民族大学学报》(人文社会科学版)2016年第1期,第15—19页。
⑥ 夜晓语、毕振昇:《建设多民族"互嵌式社区"的深远用意》,《人民论坛》2016年第31期,第90—91页。
⑦ 张少春:《互嵌式社会视域下的民族团结研究》,《西北民族研究》2019年第1期,第48—58页。
⑧ 高进、阿达莱提·图尔苏:《边疆地区民族互嵌式社区营造路径探析——以新疆地区为例》,《边疆经济与文化》2018年第10期,第34—35页。
⑨ 平维彬:《互嵌与交融:马克思主义交往理论视野下的民族互嵌式社区建设》,《江苏大学学报》(社会科学版)2018年第4期,第29—33页。

(一)社区的"就业网"帮我找到了工作

随着改革开放的深入和城镇化的进程,少数民族流动人口的服务和管理工作已经给社区常态化工作带来了新的挑战。为了加强民族团结、落实城市民族工作,GX社区通过网格化的管理,发挥"楼长"的功能,重点关注部分生活困难的民族群众,通过社区"就业网"向社区居民推荐合适的就业岗位。

社区"就业网"帮助了不止一个家庭,"为民服务、为民解忧"是社区工作的宗旨。因此,深入家庭,了解群众疾苦,有针对性地帮助他们排忧解难,是GX社区落实城市民族工作的具体举措。社区工作人员与流动民族群体接触的过程,增加了民族交往交流的机会,在了解他们需求的同时,向他们普及宣传党的民族政策和法律法规;志愿者和楼长在帮助民族群众解决困难、了解群众诉求、协调婆媳关系的过程中,就是增进民族了解、促进民族情感、建立民族互信、强化民族认同的过程。

(二)"法律援助"为我服务

法律援助主要指由政府设立、具有扶贫性质的社会公益事业,为保障弱势群体的合法权益提供的无偿法律服务。

法律援助是GX社区的服务项目之一,借助这一平台为流动人口、困难群众无偿提供法律咨询和帮助,解决群众的实际困难。"为中国人民谋幸福"是共产党人的初心和使命,而生计问题是普通群众最大的事情。GX社区帮助群众解忧,在提供法律援助的过程中,真真切切让群众感受到社区的温暖和党的为民政策,"听党话、感党恩、跟党走"不是一句空话,而是发自群众内心的呼唤。在为民服务、为民解忧的过程中也增进了各民族的交往交流,为民族心理融合[1]奠定了坚实的基础。

群体生活是人类进化的表现形式[2],在频繁交往的过程中会逐步产生群体偏爱[3]或族际冲突,这种心理情感会传递给其他群体人员[4],在交往和频繁互动中重新建构

---

[1] 赵玉芳、梁芳美:《共同内群体认同促进民族心理融合》,《西北师大学报》(社会科学版)2019年第5期,第99—107页。

[2] Brewer M B, Caporael L R, An Evolutionary Perspective on Social Identity: *Revisiting Groups*, *Psycho-social Press*, 2006, pp.143-161。

[3] Taijfel H, *Experiments in Intergroup Discrimination*, Scientific American, 1970, 223(5), pp.96-102.

[4] Gaertner S L, Dovidio J F, Anastasio P A, Bachman B A, Rust M C, *The Common Ingroup Identity Model: Recategorization and the Reduction of Intergroup Bias*, European review of social psychology, 1993, 4(1), pp.1-26.

和谐的族际关系。①建立群体认同可以有效减少族际偏见②,群体认同可以通过群体偏爱将"外人"看作"自己人",并通过群体偏爱给"外人"更多积极正面的评价,逐步缩减群体之间的心理距离,增进群体情感③和心理融合。民族交往交流会促进民族融合,民族心理融合是民族融合的深层表现形式,也是民族共同体良性互动的心理表征,各民族在交往交流交融中增进了对中华民族的认知和认同。共同团结进步、共同繁荣发展是民族工作重点,为了落实城市民族工作,GX 社区制定了流动人口"七大服务体系"(党团建设、信息系统、宣传引导、治安管理、公共服务、创业就业、法律援助)帮助流动人口融入社区生活,增强流动人口对社区的认同感和归属感;通过建设"五立提升工程"④,增强社区居民的幸福感和安全感,稳步推进民族团结工作,创建和谐的社区文化,促进社区和谐发展。

五、文化互嵌:铸牢中华民族共同体意识的价值观认同根基

团结和谐是民族互嵌式社区的政治基础,文化共享是各民族成员在交往中进行自我认知和他者认知的过程,是多元文化的精神共同体,也是互嵌社区各民族共筑的精神家园。⑤民族互嵌是一个包含了政治、经济、文化等元素的多元共生社会形态⑥,文化可以塑造人的行为,人的日常行为会受到周围文化环境的影响,一个群体的行为方式是由该群体的文化决定的。⑦

(一)在经典诵读中传承中华文化

为传承和弘扬中华优秀传统文化,进一步拓展全民阅读的深度和广度,引导居民

---

① Gaertner S L, Dovidio J F, Banker B S, Houlette M, Johnson K M, *Reducing intergroup conflict:From superordinate goals to decategorization, recategorization, and mutual differentiation*, Group Dynamics Theory Research&Practice, 2004,(1),pp.98-114.
② Halloran M, Chambers G, *The Effects of a Common Ingroup Prime on Intentions to Help Indigenous and Homeless Australians*.Australian Psychologist, 2014,46(3),pp.163-170.
③ Gaertner S L, Dovidio J F, Reducing Intergroup Bias:*the common Ingroup Identity Model*, London:*Psychology Press*,2012.
④ "五立提升工程":即设立一个民情联络站、建立一支志愿服务队、成立一个文化帮扶小组、创立一支文艺演出队伍、树立一种民族团结精神。
⑤ 李静、于晋海:《从地域认同到文化共享——牧区民族互嵌式社区的实践路径》,《贵州民族研究》2019年第4期,第41—44页。
⑥ 刘成:《民族互嵌理论新思考》,《广西民族研究》2015年第6期,第7—14页。
⑦ Mead, G.H,*Philosophy of the Act*,Chicago:University of Chicago Press,1938.

多读书、读好书,着力提高居民思想道德素质和科学文化水平,GX社区以传承中华优秀传统文化为主题,开展经典诗词诵读、书画摄影展、最美民族家庭评选、疫情志愿服务等活动。以开展的"诵读经典诗文、传承中华文明"全民阅读活动为例,活动现场以一首《我的南方和北方》激情开场,随后有男女单独朗诵、集体朗诵等多种表演形式,最后在集体诵读《再别康桥》中结束了这次经典诵读活动。

尽管小区里建有"文化长廊",平时休闲时可以在"文化长廊"里欣赏社区居民的书法、绘画、剪纸等艺术作品,但是经典诵读可以通过有声的语言欣赏中华文化之美、感受中华文化之美、传递中华文化之美。爱我中华,从热爱和传承中华文化开始!

文化是一个国家和民族的灵魂,中华文明五千年没有中断,背后的秘密就是中华文化的连续性、多样性、包容性。中华民族创造了博大精深的灿烂文化,中华优秀传统文化是中华民族的基因传承、中华民族的精神命脉;它是中华民族软实力的具体体现,也是中华民族屹立于世界东方的根基;它植根于中国人民的内心,涵养着社会主义核心价值观,代表着中华民族独特的精神标识;它是铸牢中华民族共同体意识和构建人类命运共同体的核心力量。社区治理离不开文化建设,民族团结进步创建需要文化传承和文化创新。

(二)春节大礼包

GX社区在多年的工作实践中逐步探索出"同心联盟"(又称"五个同心")的方式助推社区民族团结工作,即同心同德,塑造团结品牌;同心同乐,体现团结幸福;同心同助,彰显团结力量;同心同安,享受团结安康;同心同富,推进团结发展。如每年春节前夕,社区党委都要表彰社区优秀党员、五好家庭,并邀请社区文化名人和大家一起参与社区文艺会演,文化名人现场为大家送上"春节大礼包":春联、剪纸、窗花、"福"字等。活动现场妙语连珠、欢声笑语、其乐融融、团结和谐。

GX社区的"同心联盟"不是一句口号,而是转化为群众喜闻乐见的社区活动,以群众广泛参与的形式推广开展、传承弘扬中华文化,把创新文化载体落到实处。社区干部在鼓励群众参与各种社区活动的过程中,潜移默化地营造各民族交往交流交融的和谐氛围;用"五好家庭"树立榜样的力量,共同维护民族团结之花;用联谊活动创建互动平台,共同享受民族团结之果;用"春节大礼包"送上温暖的祝福,共同创建各民族共有的精神家园。

(三)"结亲互助"让我多了一个"家"

"同心联盟"系列活动主要以社区服务为主线,解决民生问题、凝聚社区力量、增进民族团结,如"我爱我家"爱心传递、四点半课堂、扶贫帮困、"结亲互助"志愿服务等活动,其中"结亲互助"受到良好的社会评价。

"结亲互助"已经成为 GX 社区的一个品牌,它是"三区三联三互"创新工作的一个载体,自 2015 年 3 月启动至今,共有 30 多个社区家庭和蒙古族、满族、维吾尔族、藏族等多个少数民族学生签订志愿服务协议。

文化是价值的载体,文化认同是价值观认同的目的和手段,价值观认同是文化认同的核心,文化自觉和文化自信是文化认同的表现形式[1],价值自信是文化自信的核心和基础;社会主义核心价值观植根于中华优秀传统文化,发展于社会主义先进文化的精髓,是两种文化的结合体,二者互通互补。社会主义核心价值观中的每一个词都体现着深厚的文化内涵;文化的核心是价值观,社会主义核心价值观具有先进性、开拓性、创新性等文化属性[2],它来源于中华文化、生长于中华文化、根植于中华文化,是中华优秀传统文化的结晶;文化认同就是价值观认同,价值观认同是文化认同过程,它是强化文化自觉、笃信文化生命力、彰显文化自信的过程。[3]因此,民族互嵌式社区通过空间互嵌、关系互嵌、生计互嵌、文化互嵌潜移默化地进行了"五个认同"教育,实现了社会主义核心价值观认同,为铸牢多民族社区中华民族共同体意识打下坚实的认同基础。

文化世界通过"文化场"的作用对周围的群体产生文化渗透和文化熏陶,从而影响该群体的文化认识、文化选择、文化行为和文化素养的形成。[4]认同是个体从外界获得认可的内在自信[5],"五个认同"是铸牢中华民族共同体意识的核心,其中文化认同是最深层次的认同。在社区场域内,社区文化认同需要社区居民在互动式实践参与、协商式治理建设的日常行为中逐步建构;[6]通过社区文化中的集体记忆,帮助居民

---

① 罗迪:《文化认同视角下的大学生社会主义核心价值观教育》,《思想教育研究》2014 年第 2 期,第 106—109 页。

② 李晶:《文化认同视域下社会主义核心价值观的培育研究》,《学校党建与思想教育》2017 年第 5 期,第 60—62 页。

③ 黄一玲:《文化自觉视域下社会主义核心价值观认同研究》,《中国高等教育》2018 年第 12 期,第 30—31 页。

④ 司马云杰:《文化价值论》,陕西人民出版社,2003 年,第 8 页。

⑤ Erikson, Erik H, *Identity and Life Cycle*, New York:Norton, 1959, p.118.

⑥ 黄立丰:《建构文化认同:"嵌入式"党建何以可能与何以可为——浙江宁波 F 新型农村社区的探索思考》,《理论月刊》2019 年第 10 期,第 153—160 页。

在参与社区活动中逐步实现自我价值[1],在动态的行动过程和稳定的行动结果中建构个人认同,在参与社区活动的过程中逐步认同丰富的社区文化、多彩的民族文化、优秀的中华文化。

GX社区党总支通过"同心联盟"的创建,逐步营造出各民族平等、团结、互助、和谐的新型民族关系和良好的社区氛围,形成了不断推进民族团结进步事业的强大社会舆论和良好社区风气;社区党委依托"党建铸魂"工程开展内容丰富、形式多样的社区活动,促进各民族交往交流,增进民族互信,促进民族交融,夯实认同根基。实际上,民族互嵌式社区建设需要通过宣传普及、联谊交友、为民服务、志愿公益等多种社区活动,让社区群众深切感受到党和国家的为民政策,体会到共产党人的初心和使命就是"为人民谋幸福、为民族谋复兴、为世界谋大同"。通过互嵌式社区建设,增进社区居民对伟大祖国、中华民族、中华文化、中国共产党和中国特色社会主义的认同,在认同中增强群众的幸福感和获得感。强化民族团结,为铸牢中华民族共同体意识打下坚实的认同根基,让各民族群众像石榴籽一样紧紧抱在一起,实现费孝通先生描绘的"各美其美,美人之美,美美与共,天下大同"的美好画卷。

---

[1] 颜玉凡、叶南客:《认同与参与——城市居民的社区公共文化生活逻辑研究》,《社会学研究》2019年第2期,第147—170页,第245页。

宁夏创建全国民族团结进步示范区的思考与建议

杨文笔　何　洋

摘　要：民族团结进步示范区建设是推进我国民族团结进步事业的一个重要平台,是铸牢中华民族共同体意识,实现中华民族伟大复兴中国梦的现实需要。中国共产党宁夏回族自治区第十二次代表大会提出,要将宁夏创建成全国民族团结进步示范区,对宁夏民族团结进步创建工作提出了更高的要求。推进宁夏创建全国民族团结进步示范区工作,要明确示范区创建的概念,紧紧围绕铸牢中华民族共同体意识这条工作主线,尊重地区实际情况,认真分析宁夏创建全国民族团结进步示范区的历史、现实、经验基础,以及创建中面临的挑战和现实问题,探求适合宁夏实际的创建路径和模式。

关键词：宁夏；民族团结进步；示范区；创建

加强民族团结进步示范区建设,是推动社会进步和发展的时代需要,是提升我国民族团结进步工作水平的重要路径,是应对当前我国民族工作面临"五个并存"阶段性特征的必要之举[1],是世界局势、国家理想和区域经济发展的需要[2],也是适应新时代推动民族团结进步创建工作纵深发展的必然之举。中国共产党第十九次全国代表大会做出了中国特色社会主义进入新时代的新的重大判断,新时代我国民族工作被赋予新的时代任务。中华民族一家亲,同心共筑中国梦,这是全体中华儿女的共同心愿,也是全国各族人民共同奋斗的目标。实现这一心愿和目标,需要进一步做好我国民族工作,增强中华民族凝聚力和向心力,铸牢中华民族共同体意识,深化新时代我国民族团结进步事业。民族团结进步示范区建设是一项系统性工程,包括示范村(社

---

① 国家民族事务委员会编:《中央民族工作会议精神学习辅导读本》,民族出版社,2015年,第27—29页。
② 谭安:《民族团结示范区建设的优化措施》,《开封教育学院学报》2018年第4期,第279—280页。

区)、示范乡镇(街道)、示范县(市、区、旗)、示范州(地、市、盟)、示范区(省、自治区、直辖市)五个层级。我国民族团结进步示范区建设,多强调对民族团结进步示范村(社区)、示范乡镇(街道)、示范县(市、区、旗)、示范州(市、地、盟)、示范区(省、自治区、直辖市)等层级示范单位的创建与命名工作。自2011年起,为落实习近平总书记重要指示精神和党中央、国务院的战略部署,青海、云南、宁夏等省区先后提出创建全国民族团结进步示范省区的目标。2013年12月召开的中国共产党宁夏回族自治区第十一届委员会第三次全体会议,做出"努力争创民族团结模范自治区"的决定;2017年6月召开的中国共产党宁夏回族自治区第十二次代表大会,提出要将宁夏创建成全国民族团结进步示范(以下简称"示范区")。这样一个目标的提出恰逢其时,是挑战,更是机遇。2018年4月,宁夏回族自治区党委常委会审议通过了《关于打造全国民族团结进步示范区的实施方案》,标志着宁夏创建全国民族团结进步示范区进入实质性阶段。如何有效地落实推进实施方案? 如何扎实推进宁夏民族团结进步示范区创建工作? 本文基于对宁夏民族团结进步工作的实地考察,从理论和实践角度对这些问题进行思考。

一、"示范区"创建的历史、现实、经验基础

创建全国民族团结进步示范区是民族团结进步示范区建设的最高层级,做好此项工作,不仅需要扎实深入的创建实践,更需要深厚的创建基础,它们是建设工作的必备条件,也决定着创建工作的高度与成效。宁夏提出创建全国民族团结进步示范区的目标任务,不是无源之水、无本之木,而是有着一定的历史、现实、经验基础,是从宁夏历史与现实角度的综合考量。

(一)历史基础

民族团结进步示范区创建作为一种时代任务,决定其目标的发生、任务的实施及最终能否完成,历史基础是一个不可忽视的重要因素,民族团结进步示范区建设必须建立在深厚的历史基础上。诚如马克思所说:"人们自己创造自己的历史,但是他们并不是随心所欲地创造,并不是在他们自己选定的条件下创造,而是在直接碰到的、既定的、从过去承继下来的条件下创造。"①宁夏提出创建全国民族团结进步示范区的

---

① 马克思、恩格斯:《马克思恩格斯选集》(第2卷),人民出版社,1972年,第603页。

目标,也是对其社会历史传统的时代继承和综合考量,宁夏有创建全国民族团结进步示范区的深厚历史基础。宁夏各民族群众语言相通,居住格局上交错杂居,文化上相互尊重,生活中和睦相处,宁夏的历史就是一部各民族交往交流交融的历史缩影。1958年宁夏回族自治区成立以来,自治区党委、政府始终坚持把民族团结、宗教和顺、社会稳定作为一切工作的生命线,团结带领全区各族干部群众,全面贯彻落实党的民族政策,坚持和完善民族区域自治制度,扎实推进民族团结进步事业。自治区历次党代会、历届自治区人民政府工作报告中,都将民族团结作为报告的一个重要内容,如1983年7月17日召开的中国共产党宁夏回族自治区第五次代表大会指出,贯彻执行党的民族政策和宗教政策,增强民族团结。1993年5月15日召开的宁夏回族自治区第七届人民代表大会第一次会议,在政府工作报告中,强调坚持不懈地进行马克思主义民族观和党的民族政策教育,广泛开展民族团结进步活动。2017年6月6日召开的中国共产党宁夏回族自治区第十二次代表大会强调指出,要高举民族团结旗帜,深入开展民族团结进步宣传,大力培育和宣传民族团结进步先进典型,让民族团结之花开遍宁夏大地。自治区成立60年来,宁夏走出了一条有地方特色的民族团结进步之路,全区持续保持了政通人和、经济发展、社会和谐的大好局面。

经过半个多世纪的实践和发展,宁夏创建全国民族团结进步示范区,已具备坚实的政治基础、稳定的经济基础、丰富的文化基础、广泛的社会基础和良好的工作基础。改革开放以来,特别是西部大开发18年来,宁夏坚持把发展作为解决民族地区各种问题的总钥匙,积极抢抓国家实施"向西开放"战略,着力营造"两优"投资发展环境,实施"两大战略",即"沿黄经济区发展战略"和"百万贫困人口脱贫攻坚战略",推进"两区"建设,即"内陆开放型经济试验区"和"银川综合保税区",加快全面建成小康社会步伐,坚决打赢脱贫攻坚战。自治区成立60年来,各族群众生活水平总体上实现了历史性跨越,宁夏城镇居民人均收入近3万元,农村居民人均收入突破1万元。宁夏高度重视地方文化的传承与发展,充分挖掘地方特色文化资源,实施宁夏文化精品创作工程,推出一批优秀的地方文化精品,实现"文化资源"向"文化资本"的转化,并加大对器乐、歌舞、服饰等非物质文化遗产的传承与保护力度,"民族文化繁荣发展,'花儿'、剪纸、泥塑等非物质文化遗产光彩夺目",形成了开放、包容、和谐的文化生存与发展生态。坚持广泛深入开展民族团结宣传教育和民族团结进步创建工作,不断丰富内容,创新形式,寻找抓手,以实效为创建活动成功与否的评判标准,使"三个离不开""五个认同"的思想深植各民族干部群众心中。各民族之间经济相依、政治相从、文化相融,铸就了你中有我、我中有你、手足相亲、守望相助、和谐共生的民族关系,全区各民族群众普遍认识到民族团结是一种需要、一种必然、一种自觉,民族团结的凝聚力、向心力不断增强。汪洋同志在宁夏回族自治区成立60周年庆典讲话中指出:"60年来,宁夏社会大局保持和谐稳定。党的民族政策得到全面贯彻,汉族离不开少数民族,少数民族离不开汉族,各少数民族之间也相互离不开的思想深入人心,民族团结之花常开常盛。"

(二)现实基础

为了更广泛、深入、持久地开展民族团结进步创建工作,宁夏制定了民族团结进步创建"十三五"规划,明确"十三五"期间全区民族团结进步创建工作的总体要求、主要目标、重点工作、保障措施,推动创建工作广泛深入持久开展,是"十三五"期间宁夏民族团结进步创建的工作指南。宁夏自2011年开始启动了民族团结进步创建活动示范单位评选命名工作,截至2020年12月,10年间宁夏回族自治区党委统战部和宁夏回族自治区民委共同命名了十批民族团结进步创建示范单位。其中自2017年开始,宁夏回族自治区民族团结进步创建活动示范单位命名工作,严格按照《自治区民族团结进步创建工作"十三五"规划》关于"每年评选命名100个民族团结进步示范单位"的要求,进一步推动宁夏民族团结进步创建活动制度化和规范化。宁夏回族自治区党委、政府将第三方测评引入民族团结进步示范区创建命名工作中,结合宁夏民族团结进步创建的实际,制定了适合宁夏的民族团结测评指标体系,建立健全第三方评估机制,组建了一支专业复合型的评估专家组。从2017年起,宁夏回族自治区党委统战部、自治区民委联合组织有关专家、学者,对各市和有关部门推荐的全区拟命名民族团结进步创建示范单位进行了第三方测评。测评小组深入宁夏回族自治区当年推荐的122个拟命名的民族团结进步创建示范单位,采取实地查看、检查资料、听取汇报、询问情况、座谈反馈的方式进行测评。截至2020年12月,自治区人民政府已命名区级民族团结进步示范单位703个,现有的5个地级市都已创建成为全国民族团结进步示范市,15个县(区)创建成为全国民族团结进步示范县(区),其中有37个单位被命名为全国民族团结进步创建示范单位,涉及机关、学校、企业、宗教场所、社区、村庄等。这已为宁夏创建全国民族团结进步示范区奠定了坚实的前期基础。

新时代我国民族团结进步事业要有新气象和新任务,这就决定了我国的民族团结进步事业,不论在内涵拓展、层次提升,还是目标确立上都有了新要求,民族团结进步示范区建设是新时代我国民族团结进步事业被赋予新内涵、新目标、新要求、新任务的体现。中国共产党宁夏回族自治区第十二次代表大会明确提出,要将宁夏创建成全国民族团结进步示范区,相对于云南、青海、广西等先行省区,宁夏提出创建"示范区"目标稍晚于它们。如 2010 年 12 月召开的中国共产党青海省第十一届委员会第九次全体会议提出:在"十二五"期间将全省建成民族团结进步的典范,并"逐步推行和建立全国民族团结进步示范区"[①];2013 年 6 月 26 日至 27 日,中国共产党青海省第十二届委员会第四次全会审议通过《青海省创建民族团结进步先进区实施纲要》;2012 年 6 月,云南省委省政府发布《关于建设民族团结进步边疆繁荣稳定示范区的意见》,积极贯彻落实国务院《关于支持云南省加快建设面向西南开放重要桥头堡的意见》的精神。[②]宁夏前期工作扎实充分,后劲足,优势明显,横向有先行省区创建经验可借鉴,扬长避短,因地制宜,彰显宁夏"示范区"创建特色。

(三)经验基础

近年来,宁夏回族自治区党委、政府高度重视民族团结进步创建工作,取得了实质性的成果,并积累了好的地方经验和做法,总结起来,主要有四个方面:一是坚持思想引领。以社会主义核心价值观为引领,以"七进"活动为抓手,不断拓展层面、深化内涵,铸牢中华民族共同体意识,为创建提供了有力的思想保证。二是始终坚持服务群众。宁夏在创建中始终坚持以"以人民为中心"的原则,把开展民族团结进步创建工作作为服务各族群众的重要抓手,坚持每年 9 月开展多种形式的"民族团结月"活动,引导机关、企业、学校、社区、乡镇、军营等切实发挥主阵地、主渠道作用,不断拓宽渠道、创新载体,结合自身实际开展贴近基层实际、贴近群众需要的创建活动,服务各族群众,进一步优化各民族群众相互嵌入式的社区环境和居住格局,促进各民族交往交流交融,增进各族群众对中华民族共同体的认同感与归属感。三是坚持团结进步。宁夏在民族团结进步创建工作中正确处理好团结与进步的辩证关系,民族团结是社会进步的重要条件,社会共同进步是民族团结的最终目标。宁夏始终把加快发展、改善民生作为开展创建工作的根本保障,坚持团结进步、共同发展。党的十八大以来,在党中央的坚强领导下,宁夏回族自治区党委、政府始终将脱贫攻坚作为第一民生工程,坚持精准扶贫方略,截至 2020 年年底,现行标准下 80.3 万建档立卡贫困人口全部

① 赵英:《青海民族关系的新特点与民族团结进步示范区建设》,《攀登》2012 年第 5 期,第 109—114 页。
② 郭家骥:《云南创建我国民族团结进步边疆繁荣稳定示范区的实践与探索》,《云南社会科学》2014年第 5 期,第 106—110 页。

脱贫,9个贫困县(区)全部摘帽,1100个贫困村全部出列,脱贫攻坚取得了历史性胜利,各族群众的生活得到了有效改善,打牢了民族团结进步创建工作的物质基础。四是坚持典型引领。宁夏每年命名一批民族团结进步创建模范单位,每三年开展一次全区十大民族团结进步模范人物评选活动,每五年召开一次全区民族团结进步表彰大会,积极培育选出不同领域、不同行业的创建示范单位、模范人物,加大表彰和宣传力度,及时传递社会正能量,影响和带动越来越多的人关注、关心、支持、参与创建活动,截至2020年12月,宁夏已召开十次自治区级民族团结进步表彰大会。

二、创建"示范区"面临的挑战和现实问题

在先行实践的推动下,宁夏的民族团结进步事业蓬勃发展,创建工作正迎来新的大好机遇。2016年习近平总书记来宁夏视察,为宁夏绘制了实现经济繁荣、民族团结、环境优美、人民富裕,与全国同步全面建成小康社会的美好愿景。2020年6月8日至10日,习近平总书记再次来宁夏视察时强调,决胜全面建成小康社会,决战脱贫攻坚,继续建设经济繁荣、民族团结、环境优美、人民富裕的美丽新宁夏,尤其对宁夏的民族团结提出了更高的期许和重托。自2017年宁夏召开民族团结进步创建互观互检现场观摩会以来,宁夏各地对创建工作重视程度进一步提高,创建工作机制和路径进一步完善,创建平台和载体进一步丰富,创建工作的引领和促进作用更加凸显,创建水平整体有了明显提升。从各单位创建工作整体情况来看,呈现出宣传力度明显加大,创建活动与工作职能的结合愈益精准,与脱贫攻坚目标更加契合,法治化和规范化水平显著提高等特点。随着国际和国内环境继续发生深刻变化,创建工作也面临一系列挑战和问题。从外部因素来看,创建工作面临市场化、法治化、国际化实践中的各种复杂因素影响;从创建工作本身来看,宁夏创建全国民族团结进步示范区亦面临着挑战,存在着一些现实问题。

(一)适用于"示范区"建设的运行机制尚待完善

创建全国民族团结进步示范区是宁夏"十三五"期间自治区党委提出的一项目标任务,是落实习近平总书记对宁夏民族团结进步事业提出的新要求,这就需要高度重视创建全国民族团结进步示范区的重要性。宁夏创建全国民族团结进步示范区要稳步有序进行,需要建立健全与之相适应的创建工作运行机制,尤其要加强党对创建全国民族团结进步示范区建设的领导,完善党委领导、政府负责、部门协调、全社会通力合作的示范区建设工作格局。①宁夏创建全国民族团结进步示范区在全区层面有统一的领导小组,也都建立起了与示范区建设相匹配的各项机制。但是在创建过程中,随着新形势下新问题的不断呈现,创建工作的落实机制、协调机制和评价监督机制等尚待健全,如创建全国民族团结进步示范区的具体业务需要协调部门,创建测评指标体系的科学性和合理性有待落地检验、示范单位命名的动态化管理机制尚未建立等,这些都会影响创建有效深入地推进。

(二)基层创建的主体意识尚未普遍自觉

宁夏创建全国民族团结进步示范区目标已经提出,实施方案正在落地。但现实中存在的问题是,创建全国民族团结进步示范区目标的提出是自治区党委做出的重大决定,如何具体落实,不仅需要各级党委、政府的大力推动,更需要调动基层参与的自觉。如何增进各族群众对创建活动的认识、了解、理解和支持,需要激发宁夏各族群众对创建工作的热情,并自觉投身和参与创建全国民族团结进步示范区工作,通过自我教育、自我提高,形成全社会通力合作的格局。诚如有学者指出,我国民族团结进步事业最主要的依靠力量是最广大的各民族群众,相信各民族人民、依靠各民族人民是我国民族团结进步事业一贯坚持的方针,也是其之所以能够不断取得进步的根本原因。②基层不仅是创建活动的实施主体,也是创建活动取得实效的关键。当前宁夏对创建全国民族团结进步示范区的基层宣传还不到位,尤其是利用各类新媒体的宣传自觉不够,还有个别基层干部群众对创建全国民族团结进步示范区的重要性认识不到位,对于自身在创建工作中的角色缺乏明确的认识,基层创建的主体性尚未普遍自觉。

(三)创建整体内部的不平衡和差距客观存在

由于经济发展的差距,以及各地创建步骤、重视程度不一,宁夏各市县(区)前期创建工作进度不一、参差不齐、成效各异,有些县(市、区)经过多年的努力,成功创建成为国家级民族团结示范单位,积累了前期经验,锻炼了各级干部开展创建工作的能力,增强了他们抓创建工作的自觉性和主动性,但是还有个别县区和单位,创建工作相对滞后,抓创建工作的主动性和创造性不够,存在着有创建任务就去向先行单位学

---

① 云南省民族宗教事务委员会:《云南民族团结进步示范区建设工作手册》,2017年,第22页。
② 孙懿:《试论我国民族团结进步事业的主要特征》,《思想战线》2014年第2期,第60—63页。

习的现象,鹦鹉学舌,亦步亦趋,缺乏在创建实践中经验的积累,推动创建工作的能力不能得到有力提升。这种横向层面的不平衡性和差距的客观存在,势必影响宁夏创建全国民族团结进步示范区的整体推进。

（四）基层干部开展工作的能力有待提高

宁夏创建全国民族团结进步示范区,关键在党,关键在人。坚持在各级党委的领导下,充分发挥各级政府在创建中的积极性和主动性,需要增强各级干部对创建工作的重视,提升他们的工作能力,需要培养一批理论素养高、责任心强、工作主动性高的干部。云南省在创建全国民族团结进步示范区实践中,致力于抓好两支队伍建设,坚持"不懂民族工作的领导干部不称职"的原则。[1]在实地调研中发现,宁夏在创建活动中,基层依然存在个别单位领导干部理论素养不够,工作能力、工作积极性不高的情况。有的单位重部署轻落实,雷声大雨点小,满足于创建工作停留在表层,重视度不够,真抓实干的责任心欠缺,创建工作难以深入群众、深入人心。

（五）民族团结进步创建的经验提炼不够

宁夏民族团结进步创建虽有个别市、县(区)的经验提炼,但将个别经验上升到一般经验需要不断检验,并在实践检验中不断完善。要站在全区民族团结进步事业的高度,以宏观的视野,观照自治区创建工作的全局性和整体性,充分发挥各级党委、政府和学界的智慧,坚持去粗取精、去伪存真、因地制宜、具体问题具体分析的原则,从个体到一般,从特殊到普遍,提炼宁夏民族团结进步创建的整体经验。就当前而言,代表全区层面的"宁夏经验"提炼与总结是不够的,典型示范作用发挥有限,在全国层面的影响力不够。

（六）配合和推动创建工作的理论和实践研究较为缺乏

示范区创建是一项综合性的系统工程,需要发挥各方面力量,集思广益,综合发力,助推创建工作的顺利开展。创建工作不仅是一项实践性很强的工作,也是铸牢中华民族共同体意识的重要路径,这就需要从理论和实践层面,通过扎实深入的学术研究,产出高质量的学术研究成果,为创建工作提供必要的智力支持。从现实情况来看,创建工作中各级党委、政府与学术界的联系与沟通欠缺,学术界对创建工作的智力贡献不够。从全区层面来看,宁夏哲学社会科学界重视对铸牢中华民族共同体意

---

[1] 云南省民族宗教事务委员会:《云南民族团结进步示范区建设工作手册》,2017年,第4页。

识的理论研究,区内高校和科研单位大都成立专门的实体性研究机构,但是对于民族团结进步创建的重视程度不够。截至 2021 年 6 月,全区高校和科研单位,没有一家设有关于民族团结进步创建的实体性研究机构,区内个别高校科研人员虽关注宁夏创建全国民族团结进步"示范区",并组建团队开展相关研究,但也存在一无平台,二无经费,三与各级党委、政府沟通不畅,始终处于单打独斗的状态,高质量研究成果较少,服务地方经济的能力不足,成效不够明显。

三、建设好全国民族团结进步示范区的思考与建议

宁夏创建全国民族团结进步示范区,就是要在民族工作领域探索出一些好的政策措施、好的工作机制,总结好的工作方法,产生好的社会效果,整体推动宁夏民族团结进步事业始终走在全国前列,进而在全国层面上总结出一些可观摩、可借鉴、可复制的做法和经验。基于此,为了更好地推动宁夏创建全国民族团结进步示范区,我们有以下几点思考与建议。

(一)创建全国民族团结进步示范区要坚持正确的政治方向

诚如有学者指出,马克思主义民族观是一种世界观,可以为民族团结进步创建提供正确的世界观和方法论指导。[①]做好新时代我国民族工作,必须进一步统一思想、深化认识,深刻领会习近平总书记关于加强和改进民族工作的重要思想的精神实质、丰富内涵和实践要求,让这一马克思主义中国化的最新理论成果在民族工作领域发挥强大威力。要注重从习近平总书记关于加强和改进民族工作的重要思想中获得正确认识和处理民族问题的立场、方法。实践表明,我国民族工作只有始终坚持马克思主义指导,才能拥有做好民族工作的正确的方法论,我国的民族政策才能显示出制度优势和强大生命力。宁夏创建全国民族团结进步示范区,要以习近平总书记关于加强和改进民族工作的重要思想为指导,使民族团结进步示范区建设始终坚持正确的政治方向。

(二)健全有效开展创建活动的工作机制

从创建全国民族团结进步示范区的高度,提高民族团结进步创建工作的标准,健

---

① 江明生:《马克思主义民族观在指导民族团结进步示范区创建中的方法论意义》,《广西民族研究》2013 年第 4 期,第 32—37 页。

全有效开展创建工作的工作机制。一是建立健全创建工作协调推进机制,建立示范区创建的业务管理与协调机制,设立示范区创建办公室。作为全区示范区创建的业务单位,协调处理创建全国民族团结进步示范区具体事宜。二是实施以具体项目形式的创建任务落实机制,做到专款专用,用到位,用到实处。三是健全工作协调机制。从纵向建立全区、市、县(区)、乡(街道)、村(社区)五级创建网络,从横向建立各部门联动协作机制,更好地推动创建工作的开展。四是完善创建工作考评体系,将定期评估作为监督检查的主要形式。完善科学的评价指标体系,健全第三方评估机制,组建一支专业复合型的评估专家组,以评促建,以评促改,评建结合。五是建立集成信息平台。建成一个宁夏民族团结进步示范区网站、一个微信公众平台和一个"示范区"创建内部简讯,服务于创建工作中的政策宣传、信息传递、经验交流与展示等。

(三)深化民族团结进步宣传教育

围绕新时代党的民族工作的主线,各级党委、政府要加强宣传教育,要不断适应互联网时代的工作需要,尤其要利用区内各种新闻媒体及各类新媒体,广泛宣传,既要着力提升创建工作的人文内涵,又要营造氛围,凝聚共识,团结人心。民族团结进步教育在宏观上要有一个宣讲主题,要紧扣铸牢中华民族共同体意识这一工作主线,在全区开展铸牢中华民族共同体意识教育。在具体的教育开展中要兼顾不同对象,教育内容要有侧重,不能千篇一律,不能眉毛胡子一把抓,要针对不同情况,采取有针对性的教育内容,在满足他们诉求的基础上,达到民族团结进步教育的目的。民族团结进步教育要结合各自实际,把握重点,突出难点,通过问题意识的发觉,有目的地开展宣传教育,以解决问题为现实诉求,提高基层对教育内容的兴趣和关注。示范区创建要走内涵式建设道路,在创建活动中要加强铸牢中华民族共同体意识教育,要讲清楚中华民族是一个大家庭,处理好大家庭和家庭成员间的关系,讲清楚一部中国史就是一部各民族交融汇聚成多元一体中华民族的历史、各民族共同缔造、发展、巩固了统一的伟大祖国的历史。加强对各民族四个共同的全面深入教育,讲清楚我们辽阔的疆域是各民族共同开拓的、我们悠久的历史是各民族共同书写的、我们灿烂的文化是各民族共同创造的、我们伟大的精神是各民族共同培育的。在各族干部群众中加强社会主义核心价值观教育,增强各族群众对中华文化的认同,让各族干部群众自觉树立起正确的国家观、历史观、民族观、文化观、宗教观,构建各民族共有精神家园。

(四)提高各族群众参与创建的积极性

民族团结进步创建工作要有坚实的群众基础,创建工作必然体现在各族群众的生产生活实践中。民族团结进步创建工作一定要眼界朝下,坚持走基层群众路线,抓基层,强基础,把创建工作重心下沉到社区、乡村、企业、学校、连队等基层单位,搭建群众乐于参与的平台。[1]因此,宁夏的创建活动要注意向基层延伸,同时应该立足基层,示范区创建应多从城市中的社区、县、乡镇、村庄中选拔,不断创新创建载体。这需要调动基层群体参与活动的自觉性、主动性、积极性,也就是把民族团结进步实践活动的重心放在加强基层基础工作上,贴近实际,鼓励各族干部群众积极探索实践。调动各族群众参与创建的热情和积极性,就是使各族群众人人争创建,创建工作大众化,形成全社会共同参与创建的良好氛围,使各族群众在参与创建工作中受到教育,得到应有的实惠。充分尊重基层群众的主体地位和首创精神,将重在交心、重在基层的理念贯穿于实践,确保创建过程群众参与,创建成效群众评判,创建成果群众共享。

(五)培育好"示范区"建设的示范品牌

所谓示范,就是做出榜样或典范,供别人学习、仿效。[2]那么,在哪些方面可以做出典范,这就需要找准和找好示范点。结合宁夏具体实际,做好创建工作的顶层设计和定位,明确宁夏打造"示范区"能够在哪些方面发挥示范作用,这需要认真研究,并要与云南、青海等先行省进行横向比较。如云南民族团结进步示范区建设力争在民族经济发展、民生改善保障、民族文化繁荣、民族教育振兴、生态文明建设、民族干部培养、民族法治建设、民族理论研究、民族工作创新、民族关系和谐等十个方面做出示范;[3]青海在民族工作体制机制示范、民族团结宣传教育示范、民族团结进步典型引路示范、民族宗教事务社会管理创新示范、民生改善示范、文化生态保护、欠发达民族地区科学发展示范七个方面作为示范区推进的主要内容。[4]宁夏在民族团结进步示范区建设中,要充分尊重本地区长久以来积累和形成的"地方知识",所谓示范不仅是一种既定的经验或模式,而且民族团结进步示范区的区域道路和模式也要因地制宜。宁夏的"示范区"创建,在明确示范点时,要借鉴先行省区的经验,寻找最大公约数,但

---

[1] 中央办公厅、国务院办公厅:《关于全面深入持久开展民族团结进步创建工作 铸牢中华民族共同体意识的意见》,《新华社》,2019 年 10 月 23 日。

[2] 肖宪:《从民族团结走向民族融合——对云南建设"民族团结进步示范区"的几点思考》,《思想战线》2012 年第 4 期,第 42—47 页。

[3] 王延中、管彦波:《云南建设民族团结示范区与和谐民族关系的基本经验及启示》,《民族研究》2014 年第 3 期,第 1—12 页。

[4] 赵宗福:《青海建设民族团结进步先进区读本》,青海人民出版社,2016 年,第 378—379 页。

不能简单照搬,要准确定位、因地制宜、科学规划,既要考虑全面,又要凸显重点。笔者认为,示范品牌的培育要围绕新时代我国民族工作的总任务,以铸牢中华民族共同体意识为主线,中华民族共同体意识是国家统一之基、民族团结之本、精神力量之魂。因此,示范品牌的培育既要以铸牢中华民族共同体意识为主线,也要结合宁夏"努力建设黄河流域生态保护和高质量发展先行区"的时代重任,突出宁夏的特色和优势。

(六)牢牢把握创建全国民族团结进步示范区的本质所在

将自治区经济社会发展与民族团结进步创建结合起来,把民族团结进步示范区创建贯穿于宁夏经济社会发展事业中,在推进宁夏法治、经济、文化、生态等建设中,同步推进全国民族团结进步示范区建设。把加快宁夏各民族共同发展摆到更加突出的位置,"中华民族是一个大家庭,一家人都要过上好日子"[1]。要坚持小康建设同步、公共服务同质的原则,以推动民族团结、社会稳定和人民幸福,着力解决好经济发展问题,提高公共服务能力,增进民生福祉,让宁夏的各民族群体共享改革发展成果,增强宁夏各族群众的获得感、幸福感、安全感,夯实民族团结进步的物质基础。在具体创建工作中,要以铸牢中华民族共同体意识为主线,紧扣"示范区"创建任务,把握重点,突出难点,牢牢把握"示范区"创建工作的本质所在。一是"示范区"建设的核心是坚持党的领导。坚持把党的政治领导、思想领导和组织领导贯穿于"示范区"创建的全过程,宁夏创建全国民族团结进步示范区成功的关键,在于依靠和发挥党的领导这一强有力的政治保障作用。二是"示范区"建设的关键在于搞好民族团结。紧扣这一关键,统揽全区各项工作。三是"示范区"建设的根本在于发展进步。要将经济发展和民生建设摆在"示范区"建设工作的重要位置,以发展促进创建工作,以社会进步带动经济发展。四是"示范区"建设的要义在于创新引领。要善于总结宁夏创建经验,在全国范围内充分发挥典型示范引领带动作用。五是"示范区"建设要始终坚持以宪法、法律为依据。依法依规开展民族工作,推进民族事务治理法治化,引导各族群众牢固树立遵纪守法的公民意识。六是"示范区"建设要以铸牢中华民族共同体意识为主线做好此项工作。加强铸牢中华民族共同体意识教育,增进宁夏各族干部群众对伟大祖国的认同、中华民族的认同、中华文化的认同、中国共产党的认同、中国特色社会主义的认同。七是"示范区"建设要坚持以促进各民族交往交流交融为根本途径。

---

[1] 习近平:《在全国民族团结进步表彰大会上的讲话》,《人民日报》2019年9月28日,第2版。

推进建立相互嵌入式的社会结构和社会环境,开展富有特色的群众性交流活动,不断铸牢中华民族共同体意识。

(七)进一步深化理论研究,为创建工作提供必要的智力支持

要依托宁夏统一战线智库人才和智力优势,成立宁夏创建全国民族团结进步示范区专家咨询委员会,作为直接服务于宁夏创建全国民族团结进步创建的智囊团。支持区内高校科研单位加快新型智库建设,如依托宁夏高校,成立民族团结进步研究中心,寻求党委、政府部门与高校间的合作机制,给予必要的政策和经费支持,引导他们将服务地方社会的功能集中在民族团结进步创建这一主题上。"示范区"创建基于工作需要,以问题为导向,以课题招标、委托课题的形式,通过专家、学者开展课题研究,撰写研究报告为各级党委、政府创建"示范区"提供智力支持。由各级党委、政府工作人员和高校科研人员组成考察组,深入基层开展调研指导督查,帮助基层及时挖掘经验、总结提炼。赴云南、青海、内蒙古和广西等先行省区进行实地考察,撰写考察报告,总结和借鉴其他省区创建经验,为宁夏创建民族团结进步"示范区"提供必要的智力支持。

(八)加强各级领导干部的理论学习与培训,提高开展创建工作的综合能力

做好民族工作,关键在党,关键在人,培养一批理论素养高、工作能力强、忠诚干净有担当的领导干部,是做好民族工作最宝贵的人力资源和组织优势。宁夏"示范区"创建工作落实与实践,最终要靠各级领导干部去执行。这就需要不断提升他们开展工作的自身素质和能力,加强各级领导干部的理论学习与培训,尤其是基层领导干部是学习与培训的重点。实践证明,忠诚于党和人民事业的高素质干部队伍是协调民族关系、带领各族群众脱贫致富奔小康的中坚力量。习近平总书记指出:"成为好干部,就要不断改造主观世界、加强党性修养、加强品格陶冶。"[1]这既要靠自身努力,也要靠组织培养,要将干部的学习、实践和组织培养结合起来[2],要加强领导干部思想政治建设,加强马克思主义民族观和新时代党的民族理论政策教育,要用马克思主义民族观武装头脑,切实增强各级领导干部的政治意识、大局意识、核心意识、看齐意识,建设一支理论素质高、责任心强、工作能力强的干部队伍,这是示范区创建取得实效的关键所在。

---

① 习近平:《习近平谈治国理政》第一卷,外文出版社,2018年,第417页。
② 习近平:《习近平谈治国理政》第一卷,外文出版社,2018年,第417页。

加快建设铸牢中华民族共同体意识示范区

刘 攀

宁夏回族自治区第十三次代表大会报告指出,全面建设社会主义现代化美丽新宁夏,必须加快建设铸牢中华民族共同体意识示范区。民族团结是我国各族人民的生命线,中华民族共同体意识是民族团结之本。新征程中,要紧紧抓住铸牢中华民族共同体意识这条主线,加快建设铸牢中华民族共同体意识示范区,更好引导全区各族群众和睦相处、和衷共济、和谐发展。

一、增强获得感、幸福感、安全感

加快建设铸牢中华民族共同体意识示范区,必须依靠全区各族群众共存共荣、共建共享。只有全区各族群众共享发展成果,获得感、幸福感、安全感得到真正提升,认同感、归属感才会真正增强。

近代以来,中华民族饱受屈辱和欺凌,各族人民深刻意识到中华民族是一个一荣俱荣、一损俱损的命运共同体。在中国共产党的坚强领导下,各族人民同仇敌忾、勠力同心,共同谱写出反抗外来侵略、推翻专制统治、建设人民的国家、推进改革开放的壮美赞歌,浓墨重彩书写全面建设社会主义现代化国家新篇章,各族人民的中华民族共同体意识不断提升。

共同富裕是中国特色社会主义的本质要求,是人民群众的共同期盼。全区广大党员干部始终坚持全心全意为人民服务的根本宗旨,在教育、就业、住房、医疗、社保等关系各族群众切身利益的领域,综合运用"互联网+教育"、推进创业服务提升工程、发展保障性租赁住房、构建全民全程健康保障体系、提高生活困难群众基本生活救助等有力举措,使全区各族群众在高质量发展中共享实实在在的成果,获得感、幸福感、安全感不断增强,促进了各民族广泛交往、全面交流、深度交融,铸牢中华民族共同体意识示范区建设有形、有感、有效。共同体意识融入全区各族群众血脉,互帮互助、互相带动,合力共创共同富裕、幸福生活福地。

二、增强吸引力、向心力、凝聚力

宁夏回族自治区第十三次代表大会明确指出,全面构筑共有精神家园,大力弘扬中华民族伟大精神,实施党员干部培元固本、青少年学生夯基育苗、各族群众凝心聚魂、社科理论正本清源工程,教育引导各族人民正确认识中华民族历史,使各族群众精神相依,构建起维护国家统一和民族团结的坚固思想长城。加快建设铸牢中华民族共同体意识示范区,必须建设好中华民族共有精神家园。

历史上,"天下兴亡、匹夫有责""苟利天下生死以,岂因祸福避趋之""先天下之忧而忧,后天下之乐而乐",这种德行修养、家国情怀充分体现了共同利益和共同命运是中华民族共同体意识的鲜明底色。回顾党的百年风雨历程,作为中华民族的主心骨和定盘星,党在增强中华民族的吸引力、向心力、凝聚力过程中,使人民群众物质生活得到极大丰富的同时也要着力实现精神生活的富裕。

立足新发展阶段,共同富裕凝聚了各族人民最殷切的期盼。在党的领导下,全区各族群众牢固树立正确的国家观、历史观、民族观、文化观、宗教观,锻造各民族同呼吸、共命运、心连心的牢固精神纽带,旗帜鲜明反对和抵制各种错误观点,形成适应新时代要求的思想观念、精神面貌、文明风尚、行为规范,不断满足全区人民群众多元化、高品质需求。在扎实推动共同富裕中增进全区各族人民对中华民族、中华文化、中国共产党、中国特色社会主义制度的高度认同,促进各民族在理想、信念、情感、文化上的团结统一,加快建设铸牢中华民族共同体意识示范区,凝心聚力打造共同富裕精神高地。

三、增强积极性、主动性、创造性

建设铸牢中华民族共同体意识示范区不是一蹴而就的,需要持续奋斗,久久为功,必须充分调动全区人民积极性、主动性、创造性,汇聚各族人民智慧和力量,共同努力奋斗,使中华民族成为牢不可破的共同体。

以史为鉴知兴替,中华民族始终是一个各民族同心协力、同甘共苦的大家庭。在中华民族文明史中,无论是在民族危亡、共抵外侮中团结一致,还是为谋求暖衣饱食、安家乐业而同舟共济,各民族的具体利益早已同中华民族共同体的整体利益融为一体。"治国有常,而利民为本;政教有经,而令行为止""厚爱利,足以亲之;明智礼,足以教之"等中华优秀传统文化表明,要认识到人民群众中蕴含的伟大力量,通过利民、爱民来调动人民群众的积极性、主动性、创造性。一部党的百年光辉历史,正是党团结带领全国各族人民战胜各种风险挑战、艰难险阻,从胜利走向新的胜利的历史。其中关键在于始终坚持大团结大联合,调动一切可以调动的因素,团结一切可以团结的力量,运用好统一战线这个重要法宝,最大限度凝聚起奋发进取的磅礴伟力。

实现共同富裕作为建设美丽新宁夏和共圆伟大中国梦的重要一环,正以前所未有的力度凝聚全区各族人民群众,使得加快建设铸牢中华民族共同体意识示范区有了更明确的实践方式,即在扎实推进共同富裕中更好地激发全区各族人民的积极性、主动性、创造性。共同富裕是"一个民族也不能少"的共同富裕,是物质层面和精神层面的双富裕,同时共同富裕也是干出来的、奋斗出来的。由此说明了实现共同富裕必须依靠奋斗。全区各族群众要在这片有着光荣革命传统的红色奋斗热土上实干苦干、笃行不怠,为全面建设现代化美丽新宁夏而不懈奋斗,同向同行创建共同富裕奋斗宝地。

普通高校铸牢中华民族共同体意识的落实机制

靳泽宇　周福盛

摘　要：中华民族共同体意识是国家统一之基、民族团结之本、精神力量之魂。高校作为人才培养的主阵地，普通高校与民族院校均承担着铸牢中华民族共同体意识的重要使命，必须建立科学合理的落实机制才能完成这一光荣使命。建立科学有效的落实机制包括坚持和完善党的领导机制，构建多部门联动的协同育人机制，形成与时俱进的教材创新机制，创建良性互动的教学方法优化机制，健全满足时代诉求的师资队伍建设机制，建立卓有成效的激励约束机制。

关键词：普通高校；中华民族共同体意识；落实机制

中华民族共同体意识是中国各民族在不断交往交流交融的历史进程中，在历史、心理、社会、制度、政治、文化等不同层面所取得一致性或共识性的集体身份认同，是国家统一之基、民族团结之本、精神力量之魂。[①]习近平总书记在党的十九大报告和多个重要工作会议中提出要"铸牢中华民族共同体意识"，这是站在世界百年未有之大变局、党和国家事业发展全局，从坚持和发展中国特色的社会主义，全面建成社会主义现代化强国和实现中华民族伟大复兴的千秋伟业高度所提出的科学论断。

高校作为人才培养的主阵地，肩负着"铸牢中华民族共同体意识"的重要使命，必须认真学习并坚决贯彻落实习近平总书记关于"铸牢中华民族共同体意识"的重要讲话精神，发挥铸牢中华民族共同体意识的基础性、先导性作用。而铸牢中华民族共同体意识本身是一项艰巨复杂的系统工程，不是仅停留在思想、理论和精神层面的宣传动员就能解决问题，需要统筹规划、稳步实施、持续推进。因此，研究和探索高校铸牢

---

① 哈正利、杨胜才：《中华民族共同体意识基本内涵探析》，《中国民族报》2017 年 2 月 24 日。

中华民族共同体意识的落实机制具有重要的理论和实践意义。

一、"落实机制"的概念解析

"落实机制",顾名思义,就是为落实某些特定的思想观念或精神诉求而建立起来的相关机制和制度。通俗地说,也就是指为保证把特定的思想观念、任务要求或指示精神贯彻到具体的实践过程之中而建立的明确相关部门或人员的职责、规范事务处理的运行程序、调整各有关方面的协作关系、确保实践活动有序高效运行的一系列制度规范的总称。

"落实机制"是描述任务完成过程所循"机制"的抽象概念,因其本身不具精准性,因此也造成了人们在"落实机制"认知上的差异。多数情况下,人们认为"落实机制"应该包括领导机制、责任分担机制、压力传导机制、交流互动机制、问题排查反馈机制、风险监督机制、奖惩激励约束机制等相关内容。"落实机制"是把某些特定的思想观点或精神要求贯彻落实到位的保障机制,客观上就要求我们必须明确落实什么、谁来落实、怎么落实、落实的力度、落实的成效等一系列问题。而"落实什么"实际上就是指所要落实的具体内容,它涉及对落实内容的准确诠释和正确理解问题,从机制角度而言就是内容的优选机制。"谁来落实"实际是指"谁领导、依靠谁、服务谁"的问题,就是领导机制和责任分担机制问题。"怎么落实"实际上就是采取何种措施和手段、经过哪些途径、程序和步骤来落实的问题,实际上就是措施和方法的优化机制。"落实的力度"问题就是行动执行的速度和行动所涉的范围问题,这涉及动力激励机制、压力传导机制、监督反馈机制等问题。"成效问题"实际上就是要明确检验标准,并对照工作实际审查特定的精神或要求是否被落实到位或任务是否圆满完成的问题,也就是评判机制问题。这样的理解有其合理之处,但其所包含的机制划分标准是否合理、表述是否妥帖,还有待商榷。故而,对"落实机制"具体内容的准确理解,尚需我们结合具体"落实对象"的属性、特征及行为过程等多种因素来确定。

二、高校建立健全铸牢中华民族共同体意识落实机制的重要意义

高校建立和健全铸牢中华民族共同体意识的落实机制是由高校自身性质、工作特点和根本任务决定的。首先,高校作为人才培养的重要场所,与其他社会团体或组织最大的区别在于其"育人的机构"属性,是党和国家为培养社会主义事业的合格建设者和可靠接班人而设立的专门场所。高校肩负着培养具有崇高的共产主义理想、

坚定的社会主义信念、深厚的爱国情怀、高尚的社会主义道德、高度的法制意识,以及能够担当民族复兴大任的时代新人的光荣使命。而具有牢不可破的中华民族共同体意识本身就是爱国的基本条件和中华民族伟大复兴的重要前提。因此,高校自身的性质就决定了它必须把铸牢中华民族共同体意识的落实机制建立好,把铸牢中华民族共同体意识的任务落实好。其次,高校作为多民族学生共同接受高等教育的聚居地,几乎每所学校均招有一定数量的、来自不同民族的大学生,在这个特殊的场所,对正处在思想价值观念形成的广大青年学子进行全方位的"家国情怀教育"正是高校工作的一大亮点和突出优势。因此,充分利用这种便利条件对广大青年学生及时进行铸牢中华民族共同体意识教育,让中华民族共同体意识深入广大大学生的内心,既恰当其时又便捷高效。再次,高校是社会思潮的最前沿,广大学生在接受新鲜事物的同时,也极容易受到一些极端的、错误的、不利于国家统一和民族团结交融的思想侵害而走上错误道路。为此,党和政府要求高校各级党员干部和广大教师必须高度重视意识形态的斗争,时刻保持清醒的头脑和敏锐的政治警觉,防止敌对势力和民族分裂势力在意识形态领域对青年学生的侵害。铸牢中华民族共同体意识是抵御和防范敌对势力和分裂势力进攻的有效途径,需要高校真正贯彻好、落实好。

目前,在贯彻落实习近平总书记铸牢中华民族共同体意识的重要指示上,有些高校干部和教师存在一定的认知偏差。一种表现是有的人认为共同体意识教育和通常的思想政治教育有相似的教育内容,所以他们认为无须再专门建立铸牢中华民族共同体意识的体制、机制。这实际上是一种错误的"替代论"。另一种表现就是有人认为铸牢中华民族共同体意识问题主要是民族院校的任务,普通高校不必过分强调共同体意识的教育,也不必再专门部署,更不必设立专门的体制和机制。这实际上是一种变相的"搁置论"。正是基于以上两种错误认识,一些高校对于开展铸牢中华民族共同体意识的工作,并没有真正做到细致、扎实、有效,最终的结果其实是让铸牢中华民族共同体意识停留在了口号上。

因此,只有在普通高校也特别强调铸牢中华民族共同体意识的落实机制,高校才能以高度的使命感和责任感把铸牢中华民族共同体意识工作提到一定的认识高度,也才能真正保证把铸牢中华民族共同体意识的工作落到实处。

三、构建高校落实铸牢中华民族共同体意识机制的基本思路

构建高校铸牢中华民族共同体意识的落实机制,需要做好以下六方面工作:

1.坚持和完善党的领导机制。中国共产党是中国工人阶级的先锋队,也是中国人民和中华民族的先锋队,是各民族利益的忠实代表。自党诞生之日起,就秉持着全心全意为人民服务的宗旨,为中华民族的独立和解放、为国家的富强而努力奋斗。无论是新民主主义革命时期,还是社会主义建设时期,抑或改革开放的关键时期,中国共产党均一直发挥着民族先锋、中流砥柱、定海神针的重要作用。中华民族由近代不断衰落到根本扭转命运、持续走向繁荣富强的历史进程表明,推动中国的发展进步、实现中华民族伟大复兴,离不开中国共产党领导。习近平总书记多次强调指出,坚持党的领导、服从党的领导、维护党的领导,是我们做好一切工作的根本政治前提,是国家的根本所在、命脉所在,是全国各族人民的利益所系、幸福所系。铸牢中华民族共同体意识必须坚持和完善党的领导,在思想上政治上行动上同党保持高度一致。

在铸牢中华民族共同体意识的工作中坚持和完善党的领导,主要体现在以下三个方面:一要加强思想理论武装。要以马克思主义为指导,全面贯彻落实党的教育方针,坚持用中国特色社会主义理论体系武装头脑,坚决贯彻习近平新时代中国特色社会主义思想,增强"四个意识"、坚定"四个自信"、做到"两个维护"。教育和引导广大师生深刻理解铸牢中华民族共同体意识的基本内涵,充分认识铸牢中华民族共同体意识提出的时代背景和重大意义,准确把握铸牢中华民族共同体意识的战略要求,增强学校各级党组织的使命感和责任感。二要加强党的各级组织建设。学校党委是铸牢中华民族共同体意识工作的全面领导者,除要承担起培育工作的主体责任,把好方向、管好大局、做好决策、保障落实,还要不断完善学校的制度建设,加强各院系党组织和基层党支部的建设,建立健全基层党组织,配齐配好基层干部队伍,充分发挥高校基层党组织的战斗堡垒作用和党员的先锋模范作用。要让每个师生党员都能做到在党爱党、在党言党、在党为党,不断提高党的各级组织铸牢中华民族共同体意识的能力。三要不断改进工作方式,提升工作效能。要把铸牢中华民族共同体意识作为一项重要的、持久的工作纳入学校事业发展规划,纳入重点课程建设的计划,纳入重要工作日程,纳入专项督查清单;要定期召开党委会议研究中华民族共同体意识的培育工作,保证该项工作的有序推进和稳步落实;学校的主要领导和各院系领导要定期深入基层和一线现场办公,定期参与中华民族共同体意识的教育活动,多关心和鼓励师生,及时回答师生所关注的有关民族团结和共同体意识培育中出现的理论和现实问题,保证把党的关怀和工作要求及时传达给师生,把党的教育政策贯彻落实到位。

2.构建多部门联动的协同育人机制。协同育人机制是通过对教育过程中的不同参与主体进行有机调整和综合平衡,使不同育人主体在发挥各自优势的基础上,不断强化协同合作,从而使育人工作均衡有序发展的一系列措施办法的总称。建立协同育人机制是学生成长成才的内在要求,也是学校不断提升人才培养效能的重要保障。高校、政府、企业实现协同育人,可以扩张自身教学资源、更新教学平台、优化教育环境,将高校的个体行为转化为社会整体行为,发挥整体竞争优势,提升人才培养效能。高校内部不同部门进行协同育人,可以充分发挥组织、宣传、思政、人事、教务、团委、学工等部门的职能优势,使各部门形成整体合力,系统高效地推动学生铸牢中华民族共同体意识。

高校构建铸牢中华民族共同体意识的协同育人机制,首先,就是要根据中华民族共同体意识培育的要求,建立系统完整的组织架构。要通过对校外资源和学校的组织、宣传、思政、人事、教务、学生、共青团等党政部门和各基层教学、科研机构的有机整合,形成一个多主体参与的、利于促进共同体意识培育的立体网络体系,使每个部门明确各自在铸牢中华民族共同体意识工作中的责任、所要完成的任务,以及必须遵守的工作要求,形成有机联动的工作格局。坚持高位推动、全员参与、全程贯穿和全方位实施。①其次,要建立校内外各有关主体相互协调沟通的渠道,推动学校和社会、学校和家庭、学校各部门之间形成纵向互通、横向联动的知识经验、信息共享机制。不断加深各主体间有效沟通与相互协调,不断增强主体间包容和信任,形成沟通顺畅、协调到位、上下贯通的良好态势,营造共铸中华民族共同体意识的良好氛围,提升铸牢中华民族共同体意识的效能。再次,各部门要不断加强思想教育,强化价值认同,提升工作的积极性和主动性。要在正确认知不同主体的利益、考量不同主体的需求、发挥不同主体优势的基础上,持续有效地开展思想政治教育和学习,使大家不断强化使命担当和责任意识,克服麻痹大意的心理,增强对错误思潮和消极思想的判断力,共同教育和引导学生牢固树立中华民族共同体意识。

形成与时俱进的教材创新机制。教材是教学内容的主要载体,是教学活动的直接依据,也是做好教育工作的重要根基。在中华民族共同体意识的培育过程中,形成与时俱进的教材体系创新机制,不仅可以展示中华民族共同体的精神风貌、更好地贯

---

① 杨胜才:《民族院校铸牢中华民族共同体意识的价值意蕴、方法路径与保障体系》,《中南民族大学学报》(人文社会科学版)2020第5期,第9—14页。

彻落实党的教育方针,还能充分体现时代特征和马克思主义中国化的具体要求。形成与时俱进的教材创新机制,是确保中华民族共同体意识培育理论,实现思想性与时代性、科学性与民族性有机统一的重要保证,对于铸牢中华民族共同体意识具有重要意义。

形成与时俱进的教材创新机制,首先,要明确中华民族共同体意识培育所必须设置的教学内容。各学校要在梳理和明确铸牢中华民族共同体意识与日常思政教育关系的基础上,使二者在教学内容上有机渗透,知识体系上密切融合。要扎根中国人民共同开发锦绣河山、共同书写悠久历史、共同创造灿烂文化、共同培育伟大精神的艰苦卓绝的奋斗史,以中华民族在振兴的实践中所涌现出的英雄人物、典型事迹和为民族交融作出重大历史贡献的人物为主线,编写铸牢中华民族共同体意识的教材和讲义。通过对各民族学生进行抵御外部势力入侵的历史教育,不断强化各民族学生的"五个认同",让他们树立正确的祖国观、历史观、民族观、宗教观、文化观。其次,要与时俱进不断修编完善中华民族共同体意识培育的教材讲义。中华民族共同体意识的培育是一项长久的工作,在不同的发展阶段会遇到许多不同的问题,也会出现许多有碍民族团结进步的消极因素,这就需要我们不断与时俱进,做好教材的改革创新。各高校要在使用国家统编教材的基础上,结合时代主题和各民族的共同关切点,以及师资水平、学生认知发展状况等多方面的因素,不断调整、补充和完善教师的参考用书、教学案例解析、学生辅学读本、疑难问题解析等教学系列用书,要使教材内容既能够及时有效反映现实问题、体现鲜明的时代性,又要确保正确的价值导向和强烈的政治性。再次,要不断创新教材形式。既要发挥好纸质教材的作用,也要有效用好数字化多媒体教材、信息网络不同媒介形式的教材,要充分调动广大教师守正创新的热情,促使更多更好的新教材、新讲义面世,"充分发挥思想政治教育载体负载教育内容的整合效应、放大效应、感染效应"①,为中华民族共同体意识的培育奠定坚实的基础。

3.建立良性互动的教学方法优化机制。不断优化教学方法是人才培养效能提升的关键所在,也是铸牢中华民族共同体意识的重要保证。

建立中华民族共同体意识培育方法的优化机制,首先,要建立课堂教学方法的优化研究机制,鼓励教师不断优化课堂教学。课堂教学是铸牢中华民族共同体意识的

---

① 杨威:《思想政治教育载体运用的三个维度》,《学校党建与思想教育》2009年第24期,第17—19页。

主要途径与教育方式,要确保中华民族共同体意识的培育工作取得实效,首要任务就是搞好课堂教学的改革与创新。近些年来,许多学校已采取了多种措施和办法来调动教师教学改革的积极性,除常用的灌输法之外,还推出了许多新的教学方法,如侧重问题导向的案例教学法、问题式教学法、范例式教学法;侧重互动交流的讨论式教学法、启发式教学法、演讲辩论式教学法;侧重情感的情景教学法、体验式教学法;侧重研究的课题式教学法、科研式教学法;侧重信息技术的多媒体教学法、网络教学法等。这些成果均在一定程度上体现了学生的主体性地位,活跃了课堂教学氛围,提升了教学效果。今后还需要进一步完善有关制度,鼓励和支持广大教师根据现实需要,与时俱进、不断创新。只有如此,才能保证中华民族共同体意识的培育和铸牢工作有旺盛的活力和持久的动力。其次,要强化实践教学改革,不断丰富和拓展实践教学形式。实践教学是中华民族共同体意识培育的重要途径和必不可少的教学环节,制定相应的实践教学标准,增加实践教学的比重,深化实践教学的方法改革,系统开展实践教育活动,把解决思想问题和实际问题相结合,是高校教育教学的重要任务。我们必须把推动中华民族共同体意识教育的实践教学与学生的第二课堂活动、校园文化建设活动和社会实践活动、志愿服务活动相结合,选好中华民族共同体意识教育的主题,利用开展这些活动的机会和重要节假日活动等契机,让学生走进各地区各民族的广大家庭,积极开展实践教育,做好调查、访谈、政策宣传、生活帮扶和社会服务活动,讲好民族交融与同心发展的故事,不断强化广大学生的共同体意识,坚定共同体信念。再次,要结合现代科技发展,不断加强网络教学。要加强互联网教学平台建设,加强学生社区互动、主题教育网站、专业学术网站和"两微一端"建设,提升校园新媒体网络平台的服务力、吸引力和黏合度,增强网络阵地的示范性、引领性和辐射度,综合运用大学生喜欢的表达方式,书写大学生喜欢的教学内容,实现表达通俗、内容生动、形式多样、风清气正的网络教育,全面完善中华民族共同体意识的网络培育载体。①

4.健全满足时代需求的师资队伍建设机制。师资队伍为中华民族共同体意识教育的开展提供基础性保障。健全师资队伍的建设机制,首先,要建立健全教师队伍的优选机制,配齐配好思政教师队伍。各学校不仅要按照国家有关规定,配齐配足专职

---

① 杨威:《思想政治教育载体运用的三个维度》,《学校党建与思想教育》2009年第24期,第17—19页。

教师,着力培养一批有丰富专业知识、深厚爱国情感、高超教学技能的专职教师队伍,还要拓宽选拔的视野,发现和凝聚一批信念坚、政治强、思维新、自律严、人格正的兼职思政教师,实现专兼职教师的有机融合,保证有足够的师资力量来守好渠、种好田。其次,要建立教师的思想政治教育机制。要通过多种形式的思想政治教育,不断提升师资队伍的政治觉悟,进一步深化对铸牢中华民族共同体意识的认识,使他们能够在重大事件面前保持清醒的政治头脑;要通过教育,不断厚植广大教师的家国情怀,引导他们关注民生,关注社会现实问题;要通过教育,不断加强师德师风建设,使广大教师能够自觉做到教书和育人相统一,坚持言传和身教相统一,坚持潜心问道和关注社会相统一,坚持学术自由和学术规范相统一,成为一支深具"有理想信念、有道德情操、有扎实知识、有仁爱之心"的高素质队伍。[1]再次,要建立专业技能提升机制。学校要出台教师培训的相关制度,加强与国家级培训机构、省级培训机构的联系,把学校自主培训、省级培训和国家培训有机结合,不断提升师资队伍的知识视野和专业水平,自觉弘扬主旋律,积极传递正能量,用真理的力量感召学生,以深厚的理论功底赢得学生,能够充分运用辩证唯物主义和历史唯物主义方法,引导学生在铸牢中华民族共同体意识方面习得知识、掌握方法、树立信念。要建立中青年教师社会实践和校外挂职制度,切实加强教师与社会实践的联系,让广大教师在实践中不断成长,不断增强实践教学能力。[2]

5.建立卓有成效的激励与监督机制。建立激励与约束机制,是高校铸牢中华民族共同体意识的内在要求,也是确保中华民族共同体意识培育工作落细落小落实和合理有序推进的有效手段。

建立科学有效的激励和约束机制,包含建立考核激励机制和监督约束机制两部分内容。考核激励机制,主要是指在长期教学实践的基础上,围绕特定的教学目标,通过分析和总结教学运行过程,建构一套具有本校特色、能够涵盖整个教学过程各环节工作标准的、具有可评价和可测度的指标体系,以及能够推动教学工作不断向更好、更高的目标迈进的一系列制度和规定。学校的考核和激励制度不仅要包含对教学做出科学评价的各类指标体系、考核实施的途径、程序和步骤,能够服务日常和年

---

① 杨威:《思想政治教育载体运用的三个维度》,《学校党建与思想教育》2009年第24期,第17—19页。
② 中共中央、国务院:《关于加强和改进新形势下高校思想政治工作的意见》,《人民日报》2017年2月28日,第1版。

终考核,还要有能够促进教师不断提升工作积极性和工作质量的有效措施。当前许多学校已通过协调学校的组织、宣传、人事、教务、工会等相关部门,研究出台了在职务晋升、职称评审、津(补)贴发放,以及外出培训、挂职锻炼和科研项目的立项上对一线从事中华民族共同体意识培育工作教师的特殊照顾和倾斜政策,让广大教师获得了从事相关教育工作的价值满足感、荣誉感,也认识到作为该领域教师所应有的政治地位、社会地位和学术地位。此外,要建立宣传制度,加大宣传力度,对一线教师和在中华民族共同体意识培育工作中有突出表现和突出贡献的先进人物和先进事迹及时进行宣传报道,要通过对先进典范的树立和表彰,激发人才队伍的不断壮大和素养的不断提升,进而引导更多的教师把精力投入铸牢中华民族共同体意识培育的教学内容、教学方法的守正创新和实效提高上。

同时,应设立监督机制,对那些有违正面倡导的行为,如没有完成教学内容、不愿积极改进和创新教学方式,或因懒散、缺少激情、上课应付等行为进行问责。但也要注意"给教师充分的信任,不抓辫子、不扣帽子、不打棍子"[1]。通过建立卓有成效的激励与监督机制,保证广大教师成为铸牢中华民族共同体意识的引路人,保证中华民族共同体意识的培育工作在正确的道路上健康发展。

---

[1] 习近平:《思政课是落实立德树人根本任务的关键课程》,《求是》2020年第17期,第4—17页。

民族院校铸牢中华民族共同体意识的
实践及经验启示研究

李珊珊

摘　要：新时代以来，铸牢中华民族共同体意识是党和国家民族工作的鲜明主线。民族院校肩负着为党和国家服务、为少数民族和民族地区发展服务、为中华民族团结进步事业服务的责任，承担着实现中华民族伟大复兴的特殊使命。本文以国家民委直属六所高校为研究对象，对当前民族院校进行铸牢中华民族共同体意识的实践探索和经验总结，以期民族院校长远高效发展。

关键词：民族院校；铸牢中华民族共同体意识；实践

民族院校始终与时俱进，铸牢中华民族共同体意识成为民族工作的主线后，民族院校积极响应国家号召，从各领域多方面不同视角积极进行实践探索。

一、建立教育实践基地，搭建教育宣传平台

中央民族大学、西南民族大学、西北民族大学、北方民族大学、中南民族大学都成功入选国家铸牢中华民族共同体意识研究基地，其中中南民族大学是与黄冈市委统战部共建的研究基地。中央四部委联合设立教育实践研究基地，能够进入入选名单的院校不是"双一流"高校就是具有一级博士学位授权点的相关院校，这就从基础上保证了教育实践基地后续工作的顺利开展，前提条件的设置为教育实践基地提供了学术理论及实践环境支持，建立铸牢中华民族共同体意识教育实践基地是学术上的创新，更是国家培养科研人才的创新平台。入选的教育实践基地全部隶属国家民委开设的院校之中，是民族院校贯彻落实党的民族理论与政策方针的体现，基地建设要符合社会实际发展要求，有制度、有方法、有手段地确保教育实践基地高效规范运转。教育实践基地的建设要把握好方向目标，聚焦中国特色社会主义理论与政策的完善发展研究，建设成有中国特色、风格、气派的研究体系，从而深化民族团结进步创建活动，打造共建共享的教育实践基地。

　　自教育实践基地建成以来,各基地不仅致力于理论研讨,开展学术研究,还积极承办多项实践活动,充分发挥基地建设的影响力,对中华民族共同体建设起到至关重要的作用。

表1　各院校搭建的铸牢中华民族共同体意识教育宣传平台

院校	时间	内容
中央民族大学	2020年12月	通识教育系列公开课全网上线
	2022年3月10日	《中华民族共同体研究》正式创刊
中南民族大学	2021年3月21日—5月16日	校团委举办铸牢中华民族共同体意识短视频训练营
西北民族大学	2021年9月	民大青年APP上线
大连民族大学	2020年12月4日	学习强国号正式上线
北方民族大学	2020年5月	开设铸牢中华民族共同体意识专栏

来源:根据各院校的官方资料整理所得

　　现六所院校已全网开设"铸牢中华民族共同体意识"的专题网站,网站内容大致都分为中央精神、民委要闻、理论解读、学校时讯等方面,便于本校及其他院校的学生全面快速地了解掌握学校在铸牢中华民族共同体意识方面所做的努力及成就,不仅方便学生查阅,还对学校起到一定的社会大众监督的效果。个别院校还开设微信公众号推出专栏、学习强国,利于大众了解国家、社会、院校各层面的实践动态,着力将主线地位贯穿于国家人才培养、社会科学研究、文化创新发展等各个领域中去,有形且潜移默化地铸牢中华民族共同体意识。

二、组织开展主题思政课、主题党日活动

　　九场主题教育活动旨在深入贯彻落实铸牢中华民族共同体意识理论,以立德树人铸教育之魂,构筑各民族学生共有精神家园夯实学校思想政治教育工作,以铭记时代和牢记历史加强新时代青年爱国主义教育,高扬新时代主旋律正能量,增强师生的"三个离不开""四个自信""五个认同"的意识。在时代奋进的浪潮中,积极做铸牢中华民族共同体意识的实践者。

表2　院校举办主题思政课

院校	时间	主题名称
中央民族大学	2021年6月26日	专业思政剧《长征路·民族情》内部观摩专场演出举行
西南民族大学	2020年10月20日	校党委书记杨敏为全体本科新生上"第一堂思政课"
西北民族大学	2021年6月30日	西北民族大学"石榴花开同心向党"专场文艺晚会精彩上演
	2021年6月12日	西北民族大学受邀参加榆中县民族团结进步文艺晚会
	2021年10月16日	学校师生赴康乐县举办"铸牢中华民族共同体意识"专场文艺演出
大连民族大学	2021年6月25日	校举办"记忆民大"2021届毕业晚会
北方民族大学	2019年10月31日	《家园——中华民族一家亲同心共筑中国梦》主题思政课
	2020年10月31日	《旗帜》主题思政课
	2021年3月24日	《石榴花开》主题思政课

来源:根据各院校的官方资料整理所得

　　百年征程,精神如炬,盛世如斯。在党的百年华诞之际,师生用艺术展现青春的光芒,为党的百年华诞诚挚献礼。学校用一堂堂生动的"大思政课",用青年学生喜闻乐见的方式将思政课堂搬到舞台上,走进师生的心里。《长征路·民族情》是以铸牢中华民族共同体意识为主线,活化长征精神,通过舞台的艺术再现与展演,在新时代年轻人中播种中华民族的伟大精神。西南民族大学在2020级本科新生"第一堂思政课"中,对学生们明确提出了四点期待:一是一定要牢牢坚定铸牢中华民族共同体意识,树立"一家人"理念,强化"一家人"的观念,铸牢"一家亲"的意识;二是必须厚植家国情怀;三是要成就过硬本领,认真学好专业知识;四是锤炼崇高品格,不断增加青春的厚度、拓展生命的宽度,不断创造出有益国家、服务社会、造福人民的创新成果。为不断强化民族团结进步的行动自觉和"中华民族一家亲"的情感认同,西北民族大学师生受中共榆中县委统战部邀请,2021年6月12日参加了榆中县民族团结进步文艺晚会。10月16日,学校100余名师生应邀赴康乐县举办"铸牢中华民族共同体意识"专场文艺演出。活动充分展现了民大学子昂扬向上的精神风貌,普及了丰富多彩的民族文化知识,增强了民族团结意识和跨地域跨文化的交流能力。学校把民族团结教育作为促进学生成长成才的重要手段,以活动为载体创建民族团结品牌,在党的民族政策下融合发展。

表3 院校主题党日活动

院校	时间	主题名称
中央民族大学	2021年4月2日	中央民族大学领导班子集体参观党史学习教育主题展览
	2021年5月24日	结合专业特色开展"全体党员讲党史、坚定不移跟党走"主题党日活动
	2021年6月4日	开展党史学习教育
	2021年4月27日—6月30日	图书馆圆满完成百年党史主题文献线上推介
中南民族大学	2021年4月21日	图书馆举办"永远跟党走"大型主题展览
西南民族大学	2020年9月—11月	学校顺利开展"党课开讲啦"活动

来源：根据各院校的官方资料整理所得

为推进党史学习教育,中央民族大学领导集体参观党关于民族工作各个时期的实物资料,开展党史学习教育课程,利用民族院校珍贵的红色资源优势,在图书馆推介党史主题文献,举办主题文献展。2021年5月24日,为进一步深入开展党史学习教育,中国少数民族语言文学学院文学教师党支部,结合专业特色开展了"全体党员讲党史、坚定不移跟党走"主题党日活动。6月4日,信息工程学院开展"百岁民大人讲百年党史"活动,推动党史学习教育纵深发展。校图书馆通过微信公众号平台,从4月27日至6月30日,共计推出六期100本党史主题文献。党史文献推介是图书馆"'文'诵党史、'献'礼百年"党史学习教育主题服务系列推介的重要内容,是图书馆立足馆藏资源,紧紧围绕党史精选推送百本图书,鼓励广大师生读者在阅读和思索中重温这伟大的百年征程,为党的百年华诞呈上一份别致而殷实的献礼。中南民族大学"永远跟党走"大型主题展览2021年4月21日在图书馆卓越走廊举办,展览期限15天,形式新颖、内容多样,将传统与虚拟仿真结合起来,以生动、形象、具体的全方位视角学习党的百年奋斗史。此次主题展览由图书馆党总支主办、重庆公图网络科技有限公司承办,旨在高标准推动党史学习教育扎实开展,结合图书馆文化育人特色,积极拓展教育载体,丰富学习形式,确保"自选动作"出新出彩,推动党史学习教育入脑入心、走深走实。西南民族大学为增强党支部的凝聚力和创造力,组织开讲党课,整个活动的重点放在提升党的组织力,将党支部的建设融入铸牢中华民族共同体意识的工作当中。

通过将全覆盖落实组织生活制度与创新开展活动相结合,不断将基层党支部建设成铸牢中华民族共同体意识的前沿阵地。

通过主题党日活动,坚定了我们对党的根本宗旨的理想信念,明确党就是以全心全意为各族人民谋幸福为永恒追求,发扬党的优良传统与清正廉洁的工作作风,积累宝贵学习经验,坚定师生紧跟党走的自信心,主题党日活动的开展还需常态化建设,以此促使党史学习教育纵深走实发展,为铸牢中华民族共同体意识打牢政治基础。

三、深化校园文化建设,多举措并行

新时代以来,民族院校的中心任务都是围绕立德树人,铸牢中华民族共同体意识积极展开的,学校通过各种活动的举办尽可能打造民族团结进步教育平台,促进民族团结结对共建,打造交流先进经验的平台。

西南民族大学的庆国庆游园活动设置了八个项目:四史及校史知识竞答,古诗、红色诗歌接句,飞花令,成语接龙,你比我猜,猜字谜,唱句红歌给党听等。同学们踊跃参与、气氛热烈,广大师生用自己特有的方式表达了对伟大祖国的深情祝福。各学校的青春诗会通过诗歌朗诵和歌曲的形式,带领同学们走进1919年至建党初期的光辉岁月;以朗诵的形式再现了革命先辈一往无前的勇气与信念;改革开放后的欣欣向荣、翻天覆地是通过舞台剧这种生动吸引人的方式呈现的,展现了祖国自强不息取得的伟大成就,奋斗来的美好前程;文艺晚会的主题多为"团结奋进新征程""五四运动精神"等。文艺会演的结尾大多采用合唱的形式,用心中的赞歌唱响对党深深的祝福,庆祝中国共产党成立100年各族同胞欢聚一堂的美好愿景。青春诗会主题鲜明,内容精彩纷呈,充分展示了学校浓厚的校园文化底蕴,铺展了中华优秀传统文化的绚丽画卷,展现出新时代民大学子用担当点亮信仰火炬、用青春书写华彩篇章的精神风貌,为民族团结进步事业献礼。

中南民族大学的学生成长训练营参观了武汉革命博物馆,博物馆利用直观的图片、珍贵的影像、逼真的雕塑、仿真的场景为学生们上了一堂生动的思政课,学生们学习了中共五大召开的背景,了解了会议的经过。这种身临其境带来的强大冲击力,对学生的教育影响起到事半功倍的效果,强大的震撼力使学生们深刻地认识到现在的生活有多么来之不易,时刻警醒自己不忘初心、牢记使命。

西北民族大学扎实做好从"思政小课堂"到"社会大课堂"的知行教育,2021年暑期,学校各族青年学子通过集中与分散相结合、线上与线下相结合的形式积极参与国

情观察、党史学习教育、理论宣讲、民族团结等实践,将青春华章写在祖国大地上。学校社会实践依托各地红色资源,组织学生开展"行走中的青马工程",巩固深化共青团"学党史、强信念、跟党走"党史学习教育实效。据悉,今年暑期社会实践,学校共有近500名师生参加36支小分队集中实践,18名学生参与暑期实习"扬帆计划",近800名学生线上参与全国少数民族大学生暑期实习计划生涯教育公益辅导。学校民汉双语志愿服务团通过"返家乡"爱心支教、"好伙伴·共成长"优秀大学生结对留守儿童、推广普及国家通用语言文字、文艺展演、红色革命文化教育等方式增进"五个认同",铸牢中华民族共同体意识。

大连民族大学确立了8个专题重点项目、7个"返家乡"社会实践项目、5个"助力乡村振兴"社会实践项目及1个"科普边疆行"专项,总计四类21个项目,全方位各领域具体化开展暑期社会实践活动。大连民族大学学生采用集中实践与分散实践相结合的方式,分为五组分别赴林芝市丹娘乡12个村落和拉萨红色教育基地开展实践。活动由党史宣讲团主讲老师和生态学教授带队,志愿服务学生们积极配合老师将党史学习教育材料、科学种植双语手册等宣传单发到村民手中,对于汉语不好的村民还会有专门学生为其进行讲解,除了理论层面上的解读,整个团队还组织300余名村民到现场观看主题演出,在歌声与舞蹈等表演节目中传达中华民族一家亲的真情实感。

北方民族大学共组建40余支下乡社会实践团队,还组织开展"在家乡讲家乡""在红色阵地讲红色故事""寻访最美校友""寻家风知家训传家风""劳动教育"等300余项"返家乡"社会实践项目。各团队、各项目3000余名学生结合国情、党史、理论、文化等多方面,进行多形式在多个地区开展丰富多彩的社会实践活动。

四、民族院校铸牢中华民族共同体意识实践的经验启示

民族院校的创建就是为国家和民族地区培养人才,是民族地区得以发展的后方基地,是民族团结进步教育事业的重要场所,牢牢以政治、团结、特色作为价值确立的目标。分析民族院校在铸牢中华民族共同体意识实践探索中取得的成就,将经验启示运用到民族院校的工作之中。

(一)坚持党建引领发展,践行民族院校特殊使命

坚定不移地坚持党的领导,我们国家在政治上就是安全的,民族关系上也必然是团结的,有效应对任何不利于国家稳定、民族团结的因素,反对任何政治势力的挑拨。中国共产党肩负着团结各族群众、振兴中华的历史使命。在党的领导下,我国的民族

关系更加亲密和睦,促成并巩固了中华民族的多元一体格局。中国共产党是整个中国的领导核心,而党建则是整个学校发展的领导组织。民族院校因其肩负着国家交给的特殊使命,更需坚持党建引领发展。民族院校为少数民族和民族地区培养优秀人才,确保有持续新鲜的血液融入民族地区工作,这就显得践行民族院校特殊使命必然要与党建引领发展方向保持一致。民族院校要紧抓党建工作,以党建带教学、带德育,发挥党员的模范带头作用,形成以党员为核心的学校建设管理,以党建引领教育教学发展,为学校可持续发展奠定基石。当前的民族院校在日常的教育实践工作中,党支部会组织"主题党日""三会一课"等活动,通过政治学习从理论上落实意识形态的工作责任制,以党员坚定的信念、率先垂范带领全校务实创新,向前发展。坚持党的领导是中国发展的命脉所在、幸福所在。①民族院校文化底蕴深厚,凭借的就是每一位教育人不变的信仰之心,对中国共产党领导的坚守,对学校党建工作的贯彻落实。民族院校将党的全面领导落到实处,办有信仰的学校,做有信仰的教师,育有信仰的学生,夯实民族院校的政治根基。

大学之"大",是其使命重大②,担负着为国家培养未来实现中华民族伟大复兴的人才,保证我国的建设人才代代相传,大学需承担使命扛起责任,发扬贡献奉献之精神。③民族院除了和普通高校一样都具有用先进文化服务社会,促使社会可持续发展外,它的特殊性体现在"民族"二字上,民族院校身上还肩负着党和国家民族工作事业,建设少数民族和民族地区的发展,为民族地区出力,为民族团结尽心。民族院校要坚持党建引领发展,党建工作在学校治理中发挥统领教学工作,紧跟党走,践行"中华民族大家庭,建设中华民族共同体"的使命,为民族工作事业尽职尽责,建设成高水平现代化综合大学。

(二)坚持立德树人职责,构建协同育人机制

立德树人的本意是首先提高自己的职业道德素养,之后再给学生作榜样力量,强调"德"一定要在"育"之前,这是我国历代教育共同遵循的。民族院校在实施党的民族政策时,必须与铸牢中华民族共同体意识相结合,必须将立德树人职责交融进去,综合全面地贯彻执行,培养高素质人才,对民族地区特有的情况有针对性地开展教

---

① 习近平:《在庆祝中国共产党成立95周年大会上的讲话》,《人民日报》2016年7月2日,第2版。
② 国家民委教育科技司:《改革开放30年我国民族院校的发展成就和基本经验》,2009年1月5日。
③ 陈浩:《大学之大与大学之道》,《光明日报》2015年8月7日,第16版。

育,培养全面发展的、高素质的解决民族地区实际问题的民族人才,真正做到服务民族地区,促进民族地区的发展。民族院校在发展过程中,要清楚认知自己需承担的责任使命,认真思考教育教学中为谁培养人才、应该培养怎样的人才、又该如何培养人才等一系列系统问题,为此建设高水平现代化的培养体系,构建民族院校协同育人机制,坚定坚持立德树人职责,在中华民族共同体大家庭中将民族院校积极努力建设成中华民族共同体意识的培养基地。民族院校在教书育人的过程中,要遵循"三全育人"理念,同频同振、同向同行,推动"校内校外联合融通,课上课下综合教学,全员育人、同向贯通"①。民族院校在协同育人格局中,需调动一切可利用的资源,不能将视野放在学校教育之中,还需协调社会与家庭教育,不能忽视社会、家庭教育的引导作用,要以学校教育为主导,各领域协调配合,搭建协同育人体系。

铸牢中华民族共同体意识与立德树人二者的关系是相互关联的,不能割裂开来,在实际的教学工作中,从二者的结合点入手进行管理会起到事半功倍的效果。民族院校要坚持将德育教育贯穿始终,培养学生的爱国主义精神,践行自己为党为国家服务的使命责任,为民族地区培养爱党爱国家爱社会主义,致力于民族地区发展的优秀人才。民族院校身上承载着国家与民族的希望,它将普遍性与特殊性相结合,争取办成让国家、民族地区人民都满意的院校,是立德树人的政治要求与职责所在。首先,民族院校的教育者、工作者要发挥先锋模范的示范作用,给学生们树立榜样,教师要注重自身的道德与素质修养,以身作则。其次,营造一个良好的生活、学习、工作环境,我们要重视氛围感的作用,潜移默化影响着学生的学习与生活,更在无形之中帮助学生树立社会主义核心价值观,充分利用精神文明建设引领良好道德风尚的形成。最后,不能忽视学生的主观能动性,使学生通过自身的学习能力提升自己德育能力,提升自己的道德修养。民族院校既要承担普通高校的常规任务,还要肩负起民族教育的发展任务。民族院校教育的开展要顺应时代潮流,符合教育发展的基本规律,发挥自身特色,将铸牢中华民族共同体意识贯彻到教育过程中,依托学校的思政课,将中华民族共同体意识由无形化为有形,将实际理论、观点及案例印刻在学生知识体系中,内化于心。将无形的意识作用转化为实际工作中的强大力量支撑。

① 余凤:《在各族师生中铸牢中华民族共同体意识——对民族院校宣传思想工作的几点思考》,《中国民族报》2019年10月22日,第5版。

铸牢中华民族共同体意识教育实践需要统筹多方力量，不是单一的工作结构，需要兼顾多个方面，涉及面广、系统性强、实施方案多，是一项复杂且长期性的工作，需要我们持续努力，多方支持。铸牢中华民族共同体意识绝不是学校自己的事情，在民族院校中固然是重要的，但是民族院校在开展工作时要协调多方力量，让多个机构积极参与，在全社会形成良好的风气风尚，把铸牢中华民族共同体意识推到社会各领域多方面，多线联动，在全社会构建中华民族共同体意识教育体系，将民族院校中取得成效的实践活动推广到社会活动中，形成全覆盖的工作格局。

（三）开展民族团结进步创建工作，建设和谐校园

民族团结进步创建工作为民族工作的顺利开展起到积极的推动作用，民族院校中各民族师生和睦相处是开展民族团结进步创建工作的有利因素，而民族团结进步创建工作的实施，必然会将各民族师生更加紧密地联合在一起，共建美好和谐的校园环境。从2010年《关于进一步开展民族团结进步创建活动的意见》到2019年《关于全面深入持久开展民族团结进步创建工作铸牢中华民族共同体意识的意见》，可以明显看出，这九年时间里我国都在积极研究推进民族团结教育，从意见内容的变化不难看出，创建工作代替了创建活动，这说明民族团结教育更加系统化开展，意见加入了铸牢中华民族共同体意识，表达更加具体，给出了准确的方向，拓宽领域范围的同时提升了理论层次。中南民族大学举办第七届民族文化交流节，现场活动丰富，有歌舞、美食、展讲、趣味游戏。除此之外，为庆祝中国共产党成立100周年，特别设立"红色故事展演"环节，各民族展区纷纷讲述本民族在党的领导下与全国人民同心同行、团结奋斗，实现繁荣发展的感人故事。案例说明民族院校要找到创新载体，增强各民族师生对中华文化的认同，在校园里营造良好和谐的文化氛围，积极搭建民族团结进步创建工作的平台。民族团结教育首先要充分利用好课程教学的主渠道，在课程内容编排上要加强学生的爱国主义教育、党史学习教育。其次，充分发挥实践影响力的作用，运用典型案例增强师生对民族团结教育的认同，发挥榜样模范作用，鼓励师生为民族团结进步创建工作贡献力量；举办民族团结的主题教育活动，为师生创造广泛交往交流交融的机会，营造和谐友善、团结友爱的校园文化氛围；打造共建、共享、共学的育人平台，学校要利用集中力量办大事的资源优势，积极开展社会实践活动，组织师生深入民族地区历练，与地方进行合作，将民族团结进步创建工作融入民族地区发展建设，二者有机结合，在了解社情民意的基础上，协同创新，提升民族工作建设水平。

民族院校要认识到中华民族是多元一体的这个特点，基于这一特点民族院校就

要正确对待教学工作中的共同性与差异性,求同存异,增进各民族之间的共同性,但更要包容不同民族之间的差异性,努力创造各族群众共居、共学、共事、共乐、共享的社会条件,让各民族在中华民族大家庭中手足相亲、同心共筑中国梦。①新时代,民族之间的交往受多种因素的影响,是主观因素与客观因素相统一作用的结果。随着城市城镇化进程加快,人们为了追求更好的经济水平,各族群众开始大规模向城市涌入,并将长时间生活在城市,人口跨区域现象频繁,城市里便有了各民族群众共同生产生活,因此,城市便成了各民族之间交往交流交融的新的平台。学校是一个开放性场所,尤其是民族院校包容性更强,校园里有来自各民族各地区的师生,个体之间存在着文化差异,而民族院校就是求同存异的教育场所,是民族团结进步事业的实践基地。尽管各民族之间的文化不尽相同,但学校一直致力于中华民族共同体建设,因此师生们可以在这样开放、包容、和谐的校园氛围中培养互鉴、互赏、互学的能力,将民族院校打造成为促进各族师生交往交流交融的重要阵地。各民族之间的交往交流交融都是建立在对个体尊重的基础上的,而"三交"也反映了其他民族对本民族文化的认同,抑或是对中华民族共同体意识的强烈认同,为民族院校在校园文化建设和校园氛围的营造上树立了新的价值目标,增强文化自信,求同存异的发展理念也有助于少数民族优秀文化的继承与发展。加强不同民族之间的交往交流不仅取决于其自身的意愿、主动性,还取决于客观上的引导性。西北民族大学建文明宿舍,为强化公寓育人功能,营造良好的校园文化氛围举办了第十七届公寓文化节系列活动。2021年11月20日至12月5日,通过线上线下相结合的方式开展了"宿舍风采展示大赛"和"文明宿舍视频征集大赛"活动。评委们对入围宿舍进行实地查看,集中观看视频,评选出36间"宿舍风采展示大赛"获奖宿舍,18间"文明宿舍视频征集大赛"获奖宿舍。通过以上系列活动,丰富了学生的公寓文化生活,展示了学校文明宿舍创建工作成果和良好校园环境。民族院校通过课堂教学、主题教育活动及社会实践等方面,从理论思想、感情培养、知行统一的角度引导民族团结教育,有利于民族院校营造和谐的校园文化环境,构建各族师生共有精神家园。

(四)坚持深化铸牢主线,打牢实践工作根基

做好铸牢中华民族共同体意识工作是开展民族工作的"纲",要明确其主线的位

---

① 习近平:《在全国民族团结进步表彰大会上的讲话》,《人民日报》2019年9月28日,第2版。

置,而民族院校又是开展民族工作的重要场所,民族院校主线意识的强化可以从以下四方面入手:一是加强顶层设计;二是拓展实践载体;三是服务地方主线工作;四是加强舆论宣传。加强顶层设计中,坚持党建引领发展,服从组织领导;发挥专家团队的引领作用,将课程思政深化,从更深层次的层面去给学生讲解,使学生学会学透。拓展实践载体中,设立《中华民族共同体概论》课程,成立课程建设委员会,明确课程定位,加强教材建设、教学建设、教改研究、队伍建设和考核评价工作,力争将课程打造成国家级一流课程;加强国家铸牢中华民族共同体意识研究基地建设;开展"部门负责人和书记、院长谈铸牢中华民族共同体意识"专题活动;开展铸牢中华民族共同体意识宣讲活动;建设铸牢中华民族共同体意识文化长廊。服务地方主线工作中,举办铸牢中华民族共同体意识研讨会,邀请其他学校教师前来交流学习;组织创新团队到校外其他学校进行中央民族工作会议精神宣讲;在专业指导的陪同下,鼓励学生参与建设家乡的暑期实践活动。在加强舆论宣传上,开通"学习强国"账号,创办期刊,开设专题网站,入驻抖音、微博等平台,学校要加强校内各类平台的网络监管,确保发布高质量、正能量的内容。

　　一切民族工作的开展都要建立在基础牢固之上,民族院校的长远发展不仅需要物质上的支持,最重要的是精神上的支撑,铸牢中华民族共同体意识就是民族院校建设高水平现代化综合大学的精神根基。民族院校要打造全覆盖、多层面的教育体系,推进中华民族共同体教育体系建设,增强各民族师生亲切友好的交往交流交融,坚持铸牢中华民族共同体意识的主线地位。

西夏文献所见黄帝形象研究

彭向前

摘　要：西夏文献中所载黄帝形象可以分为两种，一种是指以颜色特征命名的"五色帝"之一，另一种则是为人们所熟知的古代杰出人物的代表。西夏人为避免混淆，把前者译作"黄色帝"，把后者译为"轩辕皇帝"。对黄帝形象的塑造不仅各民族广泛参与，即便在民族政权对峙时期也没有停止。辽宋西夏金时期，黄帝作为民族共祖形象继续得到弘扬，并与魏晋南北朝时期一脉相承。西夏王朝也曾经参与对黄帝形象的塑造，宣称党项拓跋出自鲜卑拓跋，进而认为黄帝是党项人的远祖，党项人是黄帝之孙昌意少子悃的后裔。西夏文献关于黄帝形象的记载，为论证西夏对中国的认同，为黄帝历史形象塑造研究提供了新的内容。

关键词：西夏；党项；拓跋；五色帝；黄帝

　　黄帝作为中华民族人文始祖的形象，是经过不断凝练而升华成就的。学界一般认为，黄帝形象的形成，有一个从神观念的建立到人格化的转变过程。至于五色帝与黄帝之间的关系，或认为先有五色帝，后被赋予具体的神话古帝称谓；或认为黄帝传说出现在前，五色帝神话是五行学说流行之后的附会之物，迄无定论，此不赘述。被当作历史人物对待的黄帝，出于民族凝聚力的需要，其形象大致经历了从部落领袖到华夏汉族始祖，再到北方各族共祖，最终放大成为中华民族公认的人文始祖的漫长历程。《史记》的作者司马迁总结西汉孝武帝开疆拓土的成果，将黄帝从部落领袖提升为华夏汉族始祖。《魏书》的作者魏收总结北魏孝文帝的汉化改制成果，将黄帝拓展为北方各族共祖的形象。唐朝之后，弘扬黄帝的运动方兴未艾，为此而努力者层出不穷，遂使黄帝的影响从黄河流域推广到大江南北、长城内外，在广袤的中华大地上传播开来，深入社会各个阶层。对黄帝形象的塑造不仅各民族广泛参与，即便在民族政权对峙时期也没有停止。辽宋西夏金时期,黄帝作为民族共祖形象继续得到弘扬,且与魏晋南北朝时期黄帝形象的塑造一脉相承。尤其值得注意的是,地处西北的西夏王朝也曾经参与对黄帝形象的塑造。挖掘相关史事,可为研究黄帝历史形象塑造、论证西夏对"中国"的认同提供新的内容。[①]

一、"黄色帝"与"轩辕皇帝"

西夏文献中所载黄帝形象可以分为两种,一种是指以颜色特征命名的"五色帝"之一,另一种则是为人们所熟知的古代杰出人物的代表。西夏人似乎不认为二者之间有什么关系,为避免混淆,他们刻意把前者译作"黄色帝",把后者译作"轩辕皇帝"。刻印于西夏仁宗乾祐十三年(1182年)的西夏文《圣立义海》,有关于西夏祭祀"五色帝"的明确记载。五色帝往往与五方相配伍,组合成"中央黄帝、东方青帝、南方赤帝、西方白帝、北方黑帝"。在历代国家祀典的各种官方祭祀中,五色帝始终是祭祀的重要对象。《圣立义海》一书,体例似仿汉文《艺文类聚》,分门别类地记载星宿、天象、时令、山川、草木、农田、物产、耕具、畜产、野兽、服饰、饮食、皇室、官制、佛法、司事、军事、人品、亲属、婚姻、贫富等方面,共15章142类。每类中有若干词语,每一词语下有双行小字注释。第三章专门讲时令,沿袭自中原王朝《月令》类文献,按月从正月至十二月依次加以叙述,残存七至十二月、闰月、中央等条目。在"中央之名义"条下的记载,汉译文如下(小一号字体者为双行小注。西夏文原文下面给出这段文字的对译和新译,与旧译[②]不同之处则出注说明):

𗼉𗊟𗷦𘃡𗴮

𗼉𗊟𗈁𗑐。𗼉,𗋽。𗣼𗗚𘊣𗵘,𗒢𗤒𗨞𗵘,𘜶𗗚�𗵘,𘝵𗗚𗄿𗵘,𗉛𗗚𗏹𗵘,𘂤𗕑𘓩𘆄𗆼𘍞。𘋩繗𘕿𗴮𗷉,繗𘑮𗌭𘓩𘍞𘟂𘕄𗒷𗵘,𘌽𘝵𗵘𘋩繗𘍞𗼊𘆄𗤀𘍞𗼊𗴸,𗎫𘕿𘉍𗓱𘍞𗷦。

---

① 黄帝形象塑造研究,可参看李凭《黄帝历史形象的塑造》,《中国社会科学》2012年第3期,第149—181页。关于西夏对古代"中国"的认同,可参看史金波《论西夏对中国的认同》,《民族研究》2020年第4期,第103—115页。

② 克恰诺夫、李范文、罗矛昆:《圣立义海》,宁夏人民出版社,1995年,第55页。

对译:

中央之名义

中央黄帝中中音中唇属五行土属性中信属事中思属味中甘属神脾以先供祭四季于固依季数己处十八日各土属故年属四季十二月七十二节卦依显明也谓

新译:

中央之名义

中央黄帝。中,中间。音中属唇[1],五行属土,性中属信,事中属思,味中属甘,供祭神以脾为先[2]。固依于四季,每季各十八日属土[3],故年有四季、十二月、七十二候[4],依卦显示[5]也。

注释:

[1] 中,中间。音中属唇:旧译文作"中,中音'渴',属口"。本句的意思是,中指四时的中间,与此时相配的音是五音中的唇,即"宫音",《梦溪笔谈》记载"切韵家则定以唇、齿、牙、舌、喉为宫、商、角、徵、羽"①旧译文把"五音"误解为"读音"。

[2] 供祭神以脾为先:旧译文"以神脾供祈先",不知所云。本句的意思是,此时祭神所用五脏祭品,以脾脏为先。

[3] 固依于四季,每季各十八日属土:旧译文作"依四季区分,各有时数。十八日属土",不知所云。西夏文"骰(数)"本为实词,这里作为附加成分,可以附着在任何表示可计量事物的名词之后,构成复数形式,句中的"骰(季数)"指四季。每季各十八日属土,是五行分配四时的结果。在将五行时令纳入四时节令的过程中,木火金水四行与四时相协,土行则分寄于四时,这叫"播五行于四时"。具体的做法,如孔颖达疏解《月令》"中央土"曰:"四时系天,年有三百六十日,则春夏秋冬各分居九十日。五行分配四时,布于三百六十日间,以木配春,以火配夏,以金配秋,以水配冬,以土则每时辄寄王十八日也。"②

[4] 七十二候:旧译文作"七十二节",不妥。西夏字"蓖"有"节"义,这里指"物候"。

[5] 依卦显示:旧译文作"依卜显示",不妥。关于四季、十二月、七十二候是如何依卦显示的,文献记载:"十二月有十二中气,则置十二辟卦以主之。辟卦平铺,四时

---

①[宋]沈括撰,金良年点校:《梦溪笔谈》卷一五《艺文二》,中华书局,2015年,第150页。
②[清]阮元校刻:《十三经注疏》,《礼记正义》卷一六《月令》,中华书局,2009年,第2970页。

对待,故二十四气、七十二候分列其中而不紊焉。盖地上之气起于二,二而六之为十二月,二而四之为二十四气,二而三之为七十二候。此十二辟中,所以藏了七十二候;四正卦中,所以藏了二十四气;六十卦中,所以藏了三百六十日。"①这里的"十二辟卦",指"泰、大壮、夬、乾、姤、遁、否、观、剥、坤、复、临"十二卦。

西夏文《圣立义海》中的这段文字,与《礼记·月令》中的记载多有重叠之处,兹将相关记载转录如下,以资比对。

中央土。其日戊、己。其帝黄帝,其神后土。其虫倮。其音宫,律中黄钟之宫。其数五。其味甘,其臭香。其祀中霤,祭先心。②

需要指出的是,《圣立义海》中与时令有关的内容,并非抄袭自《礼记·月令》,二者之间存在显著的差异。其一,祭品搭配不同。在四时的中间,《圣立义海》祭品"以脾为先",《礼记·月令》则作"祭先心"。这是因为木、火、土、金、水有"位"与"气"之分。"以上、下、左、右、中之位言之,则脾春、肺夏、心中、肝秋、肾冬;以金、木、水、火、土之气言之,则肝木、心火、脾土、肺金、肾水"③《圣立义海》以气言不以位言,《礼记·月令》则以为言不以气言,故在夏秋之间,前者祭品为动物脾脏,后者祭品为动物心脏。其二,尚未将作为五行之神的"五色帝"与神话古帝联系在一起。在《圣立义海》"十月之名义"条中出现"𦦵𡗉𦦵𦥷(北郊黑帝)"④,以此类推,"中央之名义"条中的"黄帝"只能是"黄色帝"。《礼记·月令》则记载:"孟冬之月,日在尾,昏危中,旦七星中。其日壬、癸。其帝颛顼,其神玄冥。"⑤这里的五色帝"黑帝",则被赋予具体的神话古帝称谓"颛顼"。《圣立义海》中的五色帝与《礼记·月令》中的神话古帝对应关系如下(括注文字为笔者所补):

①[明]王邦直撰,王守伦等校注:《律吕正声》卷一五《律历同道上》,中华书局,2012年,第145页。
②[清]阮元校刻:《十三经注疏》,《礼记正义》卷一六《月令》,中华书局,2009年,第2971页。
③[清]焦循:《礼记补疏》卷一,凤凰出版社,2015年,第303页。
④旧译文作"北极黑帝","北极"不如"北郊"更符合原义。参见克恰诺夫、李范文、罗矛昆《圣立义海》,宁夏人民出版社,1995年,第54页。
⑤[清]阮元校刻:《十三经注疏》,《礼记正义》卷一六《月令》,中华书局,2009年,第2989页。

表1 五色帝与神话古帝对应关系表

出处	五色帝	神话古帝	出处
《圣立义海》	（青帝）	太皞	《礼记·月令》
	（赤帝）	炎帝	
	（白帝）	少皞	
	黑帝	颛顼	
	黄帝	黄帝	

大概为了区分作为"五色帝"的黄帝和作为历史人物的黄帝,在用西夏文翻译的汉文典籍中,遇到作为历史人物的"黄帝"一词时,夏译者往往改译为"𗗙𗟲𘔼𗖠(轩辕皇帝)",见西夏文《孙子兵法三注》第九《行军》。①具体内容如下:

𗗙𗟲𘔼𗖠𘃎𗡛𘔼𘝵𘋈𗾺𗆄𗏹𗥹。

𘅫𗝢𗗟:𗗙𗟲𘔼𗖠𘃏𘃎𗡛𗋽𘊝𗪘𘝯𗉏𗱸,𘋩𗏫𗰝𘍋𘔼𗬐𘃸𗏣[1]。𘈷𘃎𘇂𘑣𘕿𘇡,𘝯𗏣。○𗩛𘉒𗝢:𗗙𗟲𘔼𗖠𘃏𘊩𗆄𘊙𗥹𘓐𗅉𘈷,𘃎𗡛𘝯𘊩𘉤,𗪘𘃎𘔼𘃸𘝯𗏣𘊩。

汉译:
轩辕皇帝胜于四方帝。
魏曹曰:轩辕皇帝始令四方诸侯立,然各自妄而取帝名。依此四种地用兵,胜之。○李筌曰:轩辕皇帝始学兵法于风后,服四方,则故曰胜于四帝。

原典:
黄帝之所以胜四帝也。
曹操曰:黄帝始立,四方诸侯无不称帝,以此四地胜之也。○李筌曰:黄帝始受兵法于风后,而灭四方,故曰胜四帝也。

注释:
[1]𗗙𗟲𘔼𗖠𘃏𘃎𗡛𗋽𘊝𗪘𘝯𗉏𗱸,𘋩𗏫𗰝𘍋𘔼𗬐𘃸𗏣:轩辕皇帝始令

① 俄罗斯科学院东方研究所圣彼得堡分所、中国社会科学院民族研究所、上海古籍出版社:《俄藏黑水城文献》第11册,上海古籍出版社,1999年,第165页。

四方诸侯立,然各自妄而取帝名。原文为"黄帝始立,四方诸侯无不称帝"。此处夏译者断句有误,误以"四方诸侯"上属。"𘊄𗏹(*xjij-Hjwã)",是对汉文文献中黄帝的名字"轩辕"的音译。

"𘊄𗏹𘝾𗤒(轩辕皇帝)",汉文原本《十一家注孙子》无论是经文还是注文,均作"黄帝"。夏译者没有采取"𗣼𗤒(黄色帝)"的译法,均特译作"𘊄𗏹𘝾𗤒(轩辕皇帝)",以示区别。此处的"黄帝",显然是被作为历史人物来对待的,表明在西夏人看来,黄色帝与轩辕黄帝,尽管都可以称作"黄帝",但二者不是一回事,同时也反映了夏译者对"人文始祖"黄帝的熟悉与尊崇。

二、西夏自称为黄帝的后裔

西夏人尊崇黄帝是一种政治行为,即他们出于巩固统治的需要,宣称自己也是黄帝的后裔。西夏文《宫廷诗集》为西夏人创作的文字作品,似为西夏大臣应制诗集。现存33首。以往在涉及党项族源问题时,我们往往引用甲种本诗集第6首《𗾔𗏹𗤒𗿸》(《夏圣根赞歌》)。开头提到党项族的发祥地"黑头石城漠水边,赤面父冢白高河,高弥药国在彼方",诗歌的主体内容为西夏始祖"啰都"及其儿子们的英勇事迹。[1] 需要强调的是,这里是西夏人对近祖的追溯,此外在诗集中还有他们对"𗦂𗦻𗫜(远祖)"的追溯。西夏《宫廷诗集》旁征博引、化古通今,大量使用汉民族和本民族的典故来抒情写意,[2]其中甲种本诗集第8首《𗧋𗀚𗣒𗿸》(《严驾山行歌》),在将汉籍中的历史人物入典时提及"轩辕"[3]。请看如下两句(西夏文原文下面依次给出对译和新译,与汉文不能形成对应的语法词用△符号表示):

𗦂𗦻𗫜[1]𘊄𗏹𘗇𗭪𘉶𗼓𗥃𗠝[2]𗭾𗟻𗬬
𗼽𗋽𗱕𗩾𗰖𗉜[3]𗈁𘖚𗟷𘃸[4]𗡸𗬯𗗚

对译:

△过祖轩辕于起备有言△何时终

① 聂鸿音:《西夏文〈夏圣根赞歌〉考释》,《民族古籍》1990年第1期。
② 梁松涛:《西夏文〈宫廷诗集〉用典分析》,《西夏研究》2011年第3期,第7—14页。
③ 俄罗斯科学院东方研究所圣彼得堡分所、中国社会科学院民族研究所、上海古籍出版社:《俄藏黑水城文献》第10册,上海古籍出版社,1999年,第290页。

故位袭魏拓跋土无城筑教导圣

新译：

详载始于过去祖轩辕，我等言说何时终？

故袭位自北魏拓跋氏，无土筑城圣教导。

注释：

[1]𗊠𗊱𗣩，过去祖，即远祖。

[2]𗿲𗆟，"𗆟"是动词"𗿲（言）"的人称后缀，表示第一人称复数，与句中被省略的主语"我们"相呼应。

[3]𗣝𗆟𗺌，魏拓跋。"𗣝（*we）"，是对汉文"魏"的音译，指北魏。"𗆟𗺌（*tha—pha）"，是对汉文"拓跋"的音译，这里指鲜卑拓跋。自元昊改姓嵬名后，汉文史籍中再不见有"拓跋"一姓，而西夏文姓氏中也不见"拓跋"二字。西夏文"𗆟𗺌（拓跋）"的写法，可能仅此一见。①

[4]𗥤𗤒𗒹，无土筑城。本句又见甲种本诗集第 13 首《𗣩𗥤𗙴𗩾𗎟》（《新修太学歌》），"𗥤𗥉𗥤𗤒𗈛𗒹，𗥤𗥉𗤒𗒹，𗗚𗙝𗰙𗗚𗃛𗧗𗎟𗎟（土虽无城△筑土无城筑天久地久妙耀耀）"，意思是"无土却能筑城，无土筑城，天长地久光耀耀"②。

　　诗歌中言西夏袭位自北魏拓跋氏，此说源于开国皇帝元昊。早期党项有八大部，各以族姓为别，"其中每姓别自为部落，一姓之中复分为小部落，大者万余骑，小者数千骑，不相统一，有细封氏、费听氏、往利氏、颇超氏、野律氏、房当氏、米禽氏、拓跋氏，而拓跋最为强族"③。八大部中最强的部族是拓跋部，后来演变为西夏的皇族。党项族是西羌的一支，现在的语言学研究成果也表明西夏语是汉藏语系藏缅语族羌语支，此外如发式、服饰、婚姻、葬俗、信仰等，都与羌系民族接近。党项羌元昊本姓拓跋，为

---

① 彭向前：《元昊改姓考》，《青海民族大学学报》2013 年第 2 期，第 46 页。
② 聂鸿音：《西夏文〈新修太学歌〉考释》，《宁夏社会科学》1990 年第 3 期，第 9 页。西夏诗歌中一再提及"无土筑城"，一直不了解这个事典的来历和含义。《夏圣根赞歌》称"故袭位自北魏拓跋氏，无土筑城圣教导"，把"无土筑城"与北魏联系在一起。受此启发，我们认为此事或与司马楚之"伐柳为城"有关。据《魏书·司马楚之传》记载，司马楚之负责督运军需，突遭柔然军袭击，"即使军人伐柳为城，水灌之令冻，城立而贼至，冰峻城固，不可攻逼"，受到北魏太武帝拓跋焘的嘉许。冰城在日光下闪闪发亮，与诗句中的"光耀耀"亦颇相合。此表明西夏人出于特殊的政治目的而对北魏的历史是熟悉的。
③[唐]杜佑撰，王文锦等点校：《通典》卷第一百九十《边防六·西戎二·党项》，中华书局，1988 年，第 5169 页。

证明自己做皇帝的合法性,不惜高攀冒认北魏鲜卑拓跋,声称"臣祖宗本出帝胄,当东晋之末运,创后魏之初基"①。元昊把先祖上溯到北魏,继任者更是有过之而无不及,在贯彻西夏开国皇帝元昊意图的基础上,把党项先祖上溯到华夏初祖黄帝。这是因为鲜卑拓跋曾经依托轩辕为先祖。魏道武帝在登基时就曾赞许朝廷群臣所谓"国家继黄帝之后"的奏言:

> 天兴元年,(道武帝)定都平城,即皇帝位,立坛兆告祭天地……事毕,诏有司定行次,正服色。群臣奏以国家继黄帝之后,宜为土德,故神兽如牛,牛土畜,又黄星显曜,其符也。于是始从土德,数用五,服尚黄,牺牲用白,祀天之礼用周典。②

魏道武帝建国伊始,就力图将拓跋鲜卑列入华夏黄帝体系。魏收在撰写《魏书》时,在《序记》里通过所谓昌意少子的传说,将拓跋氏的初祖设定为黄帝的后代。

> 昔黄帝有子二十五人,或内列诸华,或外分荒服;昌意少子,受封北土,国有大鲜卑山,因以为号。其后,世为君长,统幽都之北,广漠之野,畜牧迁徙,射猎为业,淳朴为俗,简易为化,不为文字,刻木纪契而已,世事远近,人相传授,如史官之纪录焉。黄帝以土德王,北俗谓土为托,谓后为跋,故以为氏。其裔始均,入仕尧世,逐女魃于弱水之北,民赖其勤。帝舜嘉之,命为田祖。爰历三代,以及秦汉,獯鬻、猃狁、山戎、匈奴之属,累代残暴作害中州,而始均之裔,不交南夏,是以载籍无闻焉。③

此段文字意在表明,鲜卑拓跋氏系自黄帝部落分化出去的一支,并在早期一直与五帝部落有所联系。为了增加可信度,魏收同时援引"拓跋"与"后土"对译作为此说的佐证。魏孝文帝进一步采取汉化政策,热衷于姓氏的汉化,取拓跋有土之义,土为万物之元,率先改姓元氏,并将其他部落姓氏全部改为汉姓。为了体现孝文帝姓氏改革的成就,魏收特编撰《姓氏志》,详载拓跋部落联盟新旧姓族。如果说《魏书·序纪》为纲,《魏书·姓氏志》则为目,通过二者的配合,魏收遂在司马迁的基础上将黄帝弘扬

①[元]脱脱等撰:《宋史》卷四百八十五《夏国传上》,中华书局,1985年,第13995页。
②[北齐]魏收撰:《魏书》卷一百八之一《礼志四》,中华书局,1974年,第2734页。
③[北齐]魏收撰:《魏书》卷一《序纪一》,中华书局,1974年,第1页。

成为北方各族的共祖。①

　　既然元昊以北魏鲜卑拓跋为祖宗,而鲜卑拓跋曾经依托轩辕为远祖,西夏继任者把先祖进一步上溯到黄帝,也是顺理成章的事。西夏自称为黄帝的后裔,这在同一时代的宋人记载中也可以得到印证,如南宋罗泌《路史》一称"党项,悃之后"②,再称"悃迁北土,后为党项之辟为拓跋氏"③。这里的"悃"就是昌意的少子,"有子三人,长曰乾荒,次安,季悃"④。西夏此举含有深刻的政治目的。囿于狭隘的民族观和封建正统思想,辽、北宋和继起的金无不显出一副居天下之正的模样,视偏居西北的西夏王朝为藩属国。西夏王朝强烈要求改变屈居人下的局面,一心渴望与中原王朝平起平坐,这应该是他们远攀黄帝后胤主观动机之所在。同时,此举也是西夏社会进一步发展的反映。西夏《宫廷诗集》的写作时间,应在夏乾祐十六年(1185年)至西夏光定十一年(1221年)之间。⑤夏仁宗堪称西夏历史上一代励精图治的明君,他在长达半个多世纪的统治期间,先后采取了一系列强有力的内政与外交措施,推动了封建生产关系的调整和发展,西夏社会出现鼎盛时期。这一时期西夏儒学发展也达到顶峰,西夏人庆三年(1146年)"尊孔子为文宣帝"⑥,超过中原王朝"文宣王"的封谥规格。正是在这种背景下,西夏进一步把黄帝当作党项族的远祖。元昊冒认北魏鲜卑拓跋为先祖,只不过为了证明自己做皇帝的合法性,相比之下仁孝时期远攀黄帝为远祖,并不是简单地贯彻元昊的意图,而是西夏社会汉化程度加深的需要。西夏共祖意识的产生,有力地推动了民族融合。

　　有趣的是,辽宋西夏金时期少数民族对黄帝共祖形象的塑造,与魏晋南北朝时期遥相呼应。西夏作为黄帝的后裔,在南宋人的笔下有更具体的记载"悃之后"。无独有偶,辽朝史官耶律俨在修《辽史》时,依据契丹源于东胡之后鲜卑的说法,取《晋书》《魏书》以东胡、慕容鲜卑、拓跋鲜卑为黄帝之后的观点,进而认为"辽为轩辕后"⑦,将

---

① 李凭:《黄帝历史形象的塑造》,《中国社会科学》2012年第3期,第180页。
② [南宋]罗泌:《路史》卷二四《黄帝后姬姓国》,明历代小史本,第517页。
③ [南宋]罗泌:《路史》卷一四《黄帝纪上》,明历代小史本,第140页。
④ [南宋]罗泌:《路史》卷一四《黄帝纪上》,明历代小史本,第246页。
⑤ 梁松涛:《〈宫廷诗集〉版本时间考述》,载《薪火相传——史金波先生70寿辰西夏学国际学术研讨会论文集》,中国社会科学出版社,2012年,第197—202页。
⑥ [元]脱脱等撰:《宋史》卷四百八十六《夏国传下》,中华书局,1985年,第14025页。
⑦ [元]脱脱等撰:《辽史》卷六十三《世表》,中华书局,1974年,第949页。

契丹人说成是黄帝子孙。辽圣宗时期的《大契丹国夫人萧氏墓志》，在介绍萧氏丈夫耶律污斡里时说"公讳污斡里,其先出自虞舜",明确将黄帝之子昌意的七世孙虞舜说成是耶律污斡里的祖先。[①]为何契丹、党项在追溯先祖时都不约而同地指向黄帝之子昌意? 这一切都肇始于《魏书》的作者魏收。原来司马迁在《史记》中编织了一张硕大的黄帝血脉网络,在《黄帝本纪》提及黄帝之子昌意时称"昌意娶蜀山氏女曰昌仆,生高阳"[②]。据此昌意似乎是实实在在的人物,至于昌意除高阳(帝颛顼)外还生有多少个儿子,昌意少子为谁,却没有确切的记录,这就为后世少数民族在昌意的名下加入中华预留了一个空间。[③]于是魏收得以利用昌意少子的传说,将鲜卑拓跋的初祖设定成为黄帝的后代,完成与司马迁编织的黄帝血脉网络的对接。前有车后有辙,辽和西夏以少数民族加入中华,对黄帝公祖形象的塑造,皆模仿于此。

需要指出的是,西夏拓跋托始推本于轩辕,这一政治行为不是孤立的。西夏在将党项拓跋氏加入黄帝血脉网络之中的同时,出于同样的动机,也将自己的政权纳入华夏正统传承序列之中。如西夏国名"大白高国",是受其在五德中的行序"金德"的决定,以白为高,进而以色尚称国。西夏以大唐王朝的土德为续统,土生金,宣称"国属金"[④],表明他们是继唐王朝之后统治西北地区的。[⑤]一些西方学者长久以来错误地认为,党项族建立的西夏是属于中亚系统的独立国家,实际上种种迹象表明西夏王朝从来也没有自外于中国。确如中国学者近年来所强调指出的,西夏与同时代的宋、辽、金三个王朝一样,对中国表现出高度认同。[⑥]西夏是古代中国地方割据政权,而不是独立国家,更不是属于中亚系统的独立国家,西夏历史只能是中国历史不可分割的一部分。[⑦]

在黄帝由华夏始祖放大成为中华民族共祖的形象塑造过程中,各民族为了顺应

① 金永田:《大契丹国夫人萧氏墓志及画像石初探》,苏赫主编《中国北方古代文化国际学术讨论会论文集》,中国文史出版社1995年,第118页。黄帝之子昌意的七世孙为虞舜,具体世系传承如下:黄帝、昌意、高阳(帝颛顼)、穷蝉、敬康、句芒、蟜牛、瞽叟、重华(帝舜)。
②[汉]司马迁撰:《史记》卷一《黄帝本纪》,中华书局,1982年,第10页。
③ 李凭:《黄帝历史形象的塑造》,《中国社会科学》2012年第3期,第173页。
④ 克恰诺夫、李范文、罗矛昆:《〈圣立义海〉研究》,宁夏人民出版社,1995年,第55页。
⑤ 王炯、彭向前:《"五德终始说"视野下的"大白高国"》,《青海民族学院学报》2009年第3期,第71页。
⑥ 史金波:《论西夏对中国的认同》,《民族研究》2020年第4期,第103页。
⑦ 李华瑞:《西夏是一个中亚国家吗?——评俄国近三十年的西夏史研究》,杜建录主编《西夏学》第20辑,甘肃文化出版社,2020年,第46—80页。

民族融合的历史发展趋势,都做出了自己的努力,少数民族在其中的贡献不容忽视。黄帝的历史形象在注入少数民族的新鲜血液之后,被推广成为各族共同祖先的形象,从而成为中华民族凝聚力最核心的精神要素。各个少数民族政权多试图将自己纳入黄帝谱系,这种多民族对黄帝的血缘认同,对共同起源与共同世系的集体追溯,消除了民族隔阂,促进了中华民族多元一体格局的形成与发展。

清朝宁夏儒学教育与共同体构建

马　慧　梁向明

摘　要：中国古代儒学教育长盛不衰，成为中央政权的官方学术，为历代王朝"大一统"国家形成和稳固夯实了思想根基，为君臣百姓树立"家国"意识提供了遵循，发挥了不可估量的作用，为今时铸牢中华民族共同体意识提供了借鉴之义。清朝为延伸帝国权力，在宁夏地区大力推行儒学教育，"尊儒重学"成为历任宁夏地方官吏的使命。在此基础上，建立起了由府、州、县官方儒学和书院、蒙学组成的民间儒学教育机制，为统治阶级培养了大批儒生，增强了王朝统治的向心力。几千年儒学教育的渗透对边疆民族共同体构建具有重要作用：第一，强化了中华民族共同体意识的国民心性；第二，促进了民族地区乃至全国社会秩序的良性运行；第三，丰富了中华民族多元一体格局理论。

关键词：清朝；宁夏；儒学教育；中华民族共同体

古往今来，中国一直保持统一的多民族国家态势，并未因朝代更迭而没落，得以维系其统一局面的强大内生动力源于历朝历代的"大一统"思想。"大一统"思想产生于春秋乱世，形成于秦汉政权建立之际，尤其是汉武帝"独尊儒术"后，儒家"大一统"思想成为保证统一的多民族国家意识形态，历代统治者积极推行儒学教育正是为了延伸与拓展这一思想体系。清朝入关后，承袭明代在民族地区的儒学教育政策，发展了大批府、州、县官学、书院教育及蒙学启蒙教育。儒学教育的全面推行与普及，使儒学思想得以社会化，融入了民众的衣食住行中，塑造了民众"家国一体""大一统"的文化心理结构，从而达到边疆与内地社会整合的效果，为清朝统一的多民族国家政权的稳固奠定了基础。几千年儒学教育的沉淀，合和同一的观念深深植根于中华儿女的内心。直到今天，依然深刻地影响着中国人民，是凝聚中华民族精神力量的重要根源，是加强中华文化认同的心理支柱，是形成中华民族共同体意识的思想渊源。

一、权力延伸：清朝在宁夏推行儒学教育的政治考量

中国封建社会时期，"文教治国"是被普遍认可的一项政治策略。以文化教育维护政治统一，实现长治久安是历朝统治者积极推行的政策。清朝作为少数民族政权入主中原建鼎称尊、一统中华，更需要发挥文化教育的功能，以稳定各地社会秩序，加强社会规范，巩固多民族的大一统国家。当时，最能凝聚人心，动员社会力量，发挥文化教育功能作用的当数儒学。因而清朝统治者入关后，积极融入中华儒家文化圈，定科举，尊五经，以儒道传统，教化人心，巩固政权合法地位。清顺治十年（1653年）颁发圣诏："国家崇儒重道，各地方设立学宫，令士子读书，各治一经，选为生员，岁试、科试入学肄业，朝廷复其身，有司接以礼，培养教化，贡明经，举孝廉，成进士，何其重也。"①欲通过在各地设立学宫等儒学教育机构，教化民众，培养国家统治人才来增强政权的向心力。康熙时期，进一步明确儒学教化的重要性，指出："朕惟至治之日，不以法令为亟，而以教化为先……盖法令禁于一时，而教化维于可久，若徒恃法令，而教化不先，是舍本而务末也。"②把儒学教育提升到一个新的高度。

宁夏地处中国西北边陲，回族民众聚居，民族矛盾频发，抗清事件不断发生。政府以儒学教育使其移风易俗，达到"文明化"的效果，可减少冲突，使民族关系趋向融洽、社会秩序更加安定，是延伸统治权、控制边疆的重要方式。儒学教育在此肩负着思想意识一体化、多民族统一国家构建的重任。因此，宁夏地方官员深谙此道，努力践行儒学教育，在顺治年间开始兴办宁夏官方儒学教育机构，如宁夏府学、灵州州学和隆德县学。宁夏官方儒学教育的推行，为清朝培养了大批儒生，他们成为朝廷控制边疆地区的重要力量，为清朝大一统作出了重要贡献。

由于官学资源有限，普及率低，无法教化更多民众，直到康熙时期，都未能达到移风易俗的效果。康熙帝三十六年（1697年）颁布《谕宁夏绅士官民》上谕："朕体天育物，日以治安为念……远莅宁夏，无非为荡涤寇氛，绥义生灵计也……法纪不可不明，礼教不可不肃。勿以地处边陲，而不治以经术；勿以习尚气力，而不泽以诗书。总期上率下从，庶几驯臻雅化。"③对康熙帝而言，"兴礼教""治经术"以诗书教化边陲宁夏

---

①《清世祖实录》卷七十四，顺治十年四月，中华书局，1985年影印本，第三册，第585页。

②［清］章梫纂，褚家伟等校注：《康熙政要》，中共中央党校出版社，1994年版，第24页。

③［清］张金城修，杨浣雨辑：《宁夏府志》卷一《恩纶纪》，成文出版社，1968年影印本，第28页。

既是风俗雅化之文化策略,又是延伸统治权威之政治策略,关乎清朝兴盛。宁夏地方官员谨遵朝廷旨意,进一步推广儒学教化以改其尚武习气,开始扩大儒学教育范围,推行民间儒学教育,包括书院教育①,社学、义学、私塾等蒙学教育,以拓展儒家文化圈,形成民众共同的价值观念和社会规范。在此基础上,使宁夏儒学教育制度化,构建起了一套完整的教化系统,即府州县学、书院和蒙学教育体系。

普及儒学教育是一项持久而宏大的"化心"工程,清朝统治者欲通过官方及民间儒学教育的践行使儒家观念深入人心,培养边疆民众"尊君""孝悌""忠义""爱国"的价值观念,以延伸国家统治权,构建起清朝道德规范、政治规范、文化规范、思想规范的多民族社会统一体。在此境况下,宁夏地区的儒学教育得以较快发展并走向成熟。

二、教化与规训:清朝宁夏儒学教育的实践

基于教育的文化认同功能符合统治需要,历任宁夏地方官员皆以兴建学校作为自己的重要使命。明清以来,宁夏地区形成了完备的儒学教育体系,包括府州县官学和书院、蒙学等民间儒教机构。

(一)学宫:府、州、县正统儒学

学宫即学习的地方,包括儒学、庙学、文庙、圣贤祠等。明清两代地方学制,皆设学宫,清代各级学宫又称府学、州学、县学等。"府教授、正七品。训导,从八品。州学正、正八品。训导、县教谕、正八品。训导,俱各一人。教授、学正、教谕,掌训迪学校生徒,课艺业勤惰,评品行优劣,以听于学政。"②可见,府、州、县儒学是统治者设立、支持和支派的官方正统儒学教育机构,是集政治与文教于一体的机构,既是地方教育行政官员的衙门,又是兼领教学任务的文教机构,其目的是宣传儒学和准备科举选士。

清朝承袭明朝教育传统,大力兴修府、州、县官学,尤以清朝前期(顺治—乾隆前期)为盛。顺治九年(1652年),世祖诏谕:"各提学官督率教官、生儒,务将平日所习经书义理,着实讲求,躬行实践。不许别创书院。"③雍正二年(1724年),宁夏卫改为宁夏

---

① 康熙平定各地叛乱后,适当放宽书院办学政策,宁夏各地书院兴建始于康熙四十八年。
② 赵尔巽等撰:《清史稿》卷一百十六《职官三》,中华书局,1976年,第3358页。
③《古今图书集成·选举典·学校部》卷三八三。转引自李国钧、王炳照主编《中国教育制度通史》(第五卷),山东教育出版社,1999年,第202页。

府,所属左卫改为宁夏县,右卫改为宁朔县,中卫改为中卫县,平罗所改为平罗县,灵州千户所改为灵州,次年,原有卫所儒学更改为府学、州学和县学。①据《宁夏府志·学校》载:"学宫在府治北,明永乐元年镇人宋镇奏请建设……国朝顺治十八年巡抚刘秉政、河西道李崇阳增修,康熙三十八年监守同知李珩重修。旧为卫学,雍正三年改府即以为府学,十年本郡官吏复捐修,乾隆三年地震毁,四年奉旨动帑修建。"②此外,各州、县还设有州学和县学,据《宁夏通志》统计,直至清朝中后期,宁夏地区已有1所府学、2所厅学、2所州学、7所县学的官方儒学教育规模。③(表1)

表1 清朝宁夏府、州、县官学统计表

序号	学校名称	创办时间	筹建者	官学建置
1	宁夏府学	顺治十八年(1661年)	巡抚刘秉政、河西道李嵩阳	大成殿五间,东、西厅各七间。戟门三间,东、西角门各一间。棂星门三间。栅门牌坊二座,东曰圣城,西曰贤阁。在府学周围还建有崇圣祠、名宦祠、乡贤祠、尊经堂及文昌阁、魁星阁等儒教建筑
2	宁灵厅学	—	—	建有崇圣祠、文昌庙、文庙
3	化平直隶厅学	—	—	设有训导一员,岁试原取文学、武学各二名
4	固原州学	—	魏光焘	"叅曩岁防剿庆阳睹学宫缺状筹建。大成殿俾释荣有所迨,至固原学宫倾圮更甚"[清]王学伊等纂修:《固原州志》卷九《艺文志三》,成文出版社,1970年,第982页
5	灵州州学	顺治十六年(1659年)	巡抚黄图安	康熙四十六年(1707年)重修。雍正二年(1724年)重修,大成殿七间,戟门三间……名宦祠三间,乡贤祠三间,泮池环桥一座,棂星门三间,尊经阁一座,明伦堂五间

---

① 宁夏通志编纂委员会编:《宁夏通志》(教育卷),方志出版社,2009年,第76页。
② [清]张金城修,杨浣雨辑:《宁夏府志》卷六《建置》,成文出版社,1968年,第105页。
③ 宁夏通志编纂委员会编:《宁夏通志》(首卷),宁夏人民出版社,2017年,第460页。

续表

序号	学校名称	创办时间	筹建者	官学建置
6	宁朔县学	—	—	清代宁夏府辖宁夏县、宁朔县,三衙同治一城,因而府学和二县学学宫同建一处 吴忠礼:《清代宁夏府城孔庙与儒学管窥》,《宁夏史志》2018年第5期,第9—18页
7	宁夏县学	—	—	
8	中卫县学	康熙四十八年(1709年)	教授刘追俭修	中卫县儒学,在新鼓楼西,文庙之右。教谕署堂室一十五间。训导署堂室一十二间。明伦堂,在学署之前 [清]黄恩锡纂修:《中卫县志》卷二《建置考》,成文出版社,1968年影印本,第111页
9	平罗县学	道光二十三年(1843年)	—	修有大量宫坛、庙祠,包括万寿宫、社稷神祇坛、文庙、文昌旧宫、启圣宫、昭忠祠、节孝祠等
10	海城县学	光绪三十二年	知县张时熙	高等小学堂
11	隆德县学	顺治八年(1651年)	知县郭亮	复置城内北隅
		顺治十六年(1659年)	知县常星景	兴建先师正殿五间,启圣祠三间,戟门三间,棂星门坊三间,名宦祠三间,乡贤祠三间……明伦堂三间,儒学门三间。文昌宫位明伦堂东南隅,魁星阁建棂星门外,泮池开魁星阁前 [民国]桑丹桂修、陈国栋纂:《隆德县志》卷四《艺文》,成文出版社,1976年影印本,第363—364页
		乾隆三十四年(1769年)	知县范履乾	补修学宫,先后修崇圣祠、大成殿、棂星门、戟门等
12	平远县学	—	—	—

资料来源:此表由笔者根据《宁夏府志》《灵州志》《固原州志》《中卫县志》《隆德县志》《海城县志》《平远县志》《化平县志》《宁灵厅志草》《平罗记略》整理而成。

从以上府、州、县学建置格局可知,儒学提倡的尊孔重礼传统思想已植根其间。清朝历届地方官吏上任后都会翻新、修葺文庙,修缮殿阁,装点门面,修筑戟门、棂星门和泮池等建筑,展现了文庙等机构在儒学教育中的导向作用。此外,在府、州、县学周围修建乡贤祠、崇圣祠、名宦祠祭祀先贤、贤圣和功臣名宦,也是促进儒学教育的社会教化功能。欲通过学宫潜移默化地影响,让众生员在日常衣食住行等生活中感知儒学,从而在认知行为上培养尊儒重学的道德伦理观,形成思想文化认知的一体化,促进清朝多民族一体化统治格局的稳固。

清朝宁夏官方儒学教育的发展对大一统格局的构建作出了重要贡献。首先,各府、州、县官学是朝廷授意下成立的,官学教员皆由中央委派,府设教授,州设学正,县设教谕,训导协同管理,皆代表着王朝旨意和官方意志。其次,学额受中央严格限定。雍正三年(1725年),吏部等衙门议复原任川陕总督年羹尧等疏言:"陕西宁夏等卫所新经改设郡县,请分设宁夏、西宁、凉州、甘州、四府教授、训导各一员,取进文武童生各二十名,廪增各四十名一年一贡。灵州学正一员,取进文童二名,武童十五名,廪增各三十名,三年两贡。宁夏、宁朔二县教谕各一员,取进文童各十五名,武童各二十名,廪增各二十名,两年一贡。中卫县教谕一员,取进文童十二名,武童十五名,廪增仍照旧额,三年两贡。"①又定固原直隶州学额,所属平远、海城学额,化平直隶厅学额,平凉府属隆德县学额。再次,官学的教学管理严格,教学用书须经官府核准,非规定之书不得诵读。如宁夏府学宫所藏书目:《御纂周易折中》六部,《御制日讲四书解义》六部,《定春秋传说汇纂》六部,《御纂朱子全书》六部等。②学生在府、州、县学宫受到正统而系统的儒学教育,深受儒学思想的熏陶,对培养其与清朝相一致的思想道德价值观念具有重要作用。换言之,儒学教育成为清朝在宁夏地区实施多民族一体化策略的重要途径,担负着消除民族矛盾的思想文化重任,为清朝建立多民族大一统政权提供不竭的精神动力。

(二)民间儒学:书院与蒙学

儒学教育更重要的"文治"功能在于对民众的普及性,只有使整个社会成员融入儒家文化圈,达到"全民认同"的程度,才能真正地形成共同体意识。因而,清朝通过扩大民间基层儒学教育,使中原民族与边疆民族、上层贵族与普通民众拥有了共同的儒学文化认同,在这一价值观的导向下,消除了不同民族、不同群体之间的隔阂,对教化边疆民族、拓展边疆儒家文化圈、加快全国思想一体化进程具有重要作用。

---

① 《清世宗实录》卷三三,雍正三年六月,中华书局,1985年影印本,第七册,第502—503页。
② [清]张金城修,杨浣雨辑:《宁夏府志》卷六《建置》,成文出版社,1968年影印本,第111页。

1.书院:民间儒学教育中心

书院是培养儒学人才、传播儒家文化的民间教育组织,对儒学的普及、传播具有重要作用。"各省书院之设,辅学校所不及,初于省会设之。世祖颁给帑金,风励天下。厥后府、州、县次第建立,延聘经明行修之士为之长,秀异多出其中。"①虽然清朝前期因担心书院聚众议政,几经废止,但康熙帝之后普遍重视书院,欲以书院弥补官学之不足以教化民众。宁夏书院晚于内地,始于明朝中后期,盛于清朝。尤至清朝中后期(乾隆后期—光绪),内地书院日益走向衰败,而与学宫平行发展的书院却在宁夏各处兴修。从康熙四十八年(1709年)到光绪二十一年(1895年),宁夏地区相继创立书院11处(表2)。②

表2　清朝宁夏书院统计表

序号	书院名称	创办时间	筹建者	书院建置
1	应理书院	康熙四十八年(1709年)	西路同知高士铎	知县黄恩锡为书院划拨学田,前署知县周濂集资建新址,知县郑元吉筹资维修,地震毁,知县封景岷在原址重建
2	维新书院	雍正三年(1725年)	—	地震毁,乾隆五年(1740年)改于城西新建
3	银川书院	乾隆十八年(1753年)	知府赵本植	三十三年,知府顾光旭等筹资扩建、划学田,同治年间毁于兵乱,嵩武军统领张曜命乡儒修复,光绪年间,宁夏府知府谢大舒、李藻李宗宾先后主持改建
4	又新书院	乾隆二十一年(1756年)	知县宋惟孜	三十年知县李鸣壎维修,四十九年知县王世治增建整修,六十年知县张炳扩建,后知县王楚堂、知县徐保字、知县任懋修皆予维修
5	灵文书院	乾隆三十八年(1773年)	署知州周人杰	署知州广玉和知州杨芳灿移建,毁于兵乱,知州孙承弼重建
6	宁灵厅书院	同治十一年(1872车)	同知赵兴隽	光绪中期,同知洪翼维修扩建

---

① 赵尔巽等撰:《清史稿》卷一百六《选举一》,中华书局,1976年,第3119页。
② 宁夏通志编纂委员会编:《宁夏通志》(首卷),宁夏人民出版社,2017年,第460—461页。

续表

序号	书院名称	创办时间	筹建者	书院建置
7	蠡山书院	光绪十九年（1893年）	知县王宝镰	—
8	五原书院	光绪十七年（1891年）	固原提督雷正绾	—
9	临泉书院	—	—	同治年间毁于起义
10	峰台书院	光绪十九年（1893年）	乡人杜克勤之妻李氏	临泉书院原址
11	归儒书院	同治十一年（1872年）	湘军提督喻胜荣	左宗棠建

资料来源：此表由笔者根据《宁夏府志》《朔方道志》《预旺县志》《灵州志》《隆德县志》《中卫县志》《固原州志》《平罗记略》《化平县志》《银川小志》整理而成。

如上表可知，宁夏地区每任地方官上任几乎都以筹建、兴修书院为己任，书院均由地方官员直接筹建，官办色彩浓重，且均设于府、州、县城内，易被官方垄断话语权，因而代表着中央王朝的意志。陕甘总督左宗棠在同治年间创建归儒书院，并在《归儒书院碑记》中强调"若以儒者之说进之，因其性而达其情，又推其情致之君臣、夫妇、朋友之间，固天方之徒性所有也，庶几循途而返，适其所而休焉，伦谊明而习俗化矣。"[1]在他看来，兴修书院具有3个层级的功能：从个人层级看，是要修身养性，以内在德性伦理处世，安守本分，协调好君臣、父子、朋友的关系；从社会层级看，是要振兴民风，教化民心，以儒家道德伦理完善社会治理；从国家层级看，是要以儒家德性伦理观培养百姓忠君爱国之情结，进而构建全民的爱国意识。

书院作为传播儒家思想文化的另一重要中心，不仅为国家培养"合格"的人才，对规范边疆社会秩序也发挥着重要作用。"柔以诗书，枭獍亦化鸾凤，国家数十年之安

---

[1] 胡玉冰等辑校：《陕甘地方志中宁夏史料辑校》（上），上海古籍出版社，2015年，第376页。

也"①，"使为士者……敦于孝悌忠信、礼义廉耻，以为齐民之法……经正民兴，化行俗美，一变至道，其庶几乎!"②这也正是宁夏书院的特殊社会价值，书院教育培养之人才有着深厚的儒学知识，思想上深受儒学浸染，忠孝节义之情结较为敦厚。五原书院讲堂楹联就直接题字"奉先王诗书礼乐以造士，作斯民忠孝节义之完人"③。可见，通过教化民心，构建儒家道德伦理秩序的书院教育，对促进社会良性运行，巩固帝国一体化格局具有重要意义。

2.蒙学:基层儒学教育

蒙学是中国古代的初级教育，其实质是普及启蒙式的儒学教育，以达到"以蒙养正"，清代宁夏地区的蒙学教育以社学、义学和塾学三种形式④推行普及儒学知识来教化民心。

社学属官方主导下创办的基层儒学教育机构。清代社学是针对乡村和边疆民族地区而建立的普及教育，"同社公建以教其同社之子弟"，主要教育本社12—20岁的青少年诵读《论语》《孝经》《孟子》《小学》等儒学经典。清代宁夏境内的社学有29所，包括宁夏县5所、宁朔县4所、中卫县10所、平罗县5所和灵州5所。宁夏地方官通过社学竭力在宁夏各民族中推行了"有教无类"的儒学风气，以使民众"含育于圣明之休息教化，可不父诫兄勉，更肆力于学，以孝悌忠信立其本，以礼让敦睦厚其俗，以学问道德进希圣贤"⑤。

义学"由好义之士独建或合建，以教其贫难入学之子弟者"而得名，据《宁夏通志》记载，原湖广提督俞益谟回到家乡广武营，"不惜千金，设义学，置学田"。宁夏地区的义学多设立于乡间寺院、庙宇，无学费负担，以化民成俗，稳定地方秩序为目的。乾隆年间，朝廷谕令地方在回族聚居区开设义学，招揽回族子弟入学，使其接受儒学教育，学习儒家文化，培养其儒家道德伦理价值观。同治年间，左宗棠亦强推儒学教育，强令回族聚居区设义学。据史料记载，化平直隶厅就曾设义学12所，平罗县先后设有3处，中卫县5处，平远县5处，海城县6处，宁灵厅1处，隆德县设有12处之多。此外，还

---

①《与黄恕陔少宗伯》，左宗棠撰，刘泱泱等校点：《左宗棠全集》（书信二），岳麓书社，2009年，第十一册，第375页。

②[清]黄恩锡纂修：《中卫县志》卷九《艺文》，成文出版社，1968年影印本，第325页。

③[清]王学伊等纂修：《固原州志》卷十《艺文志四》，成文出版社，1970年影印本，第1174页。

④李国钧、王炳照主编：《中国教育制度通史》（第五卷），山东教育出版社，1999年，第275—287页。

⑤[清]黄恩锡纂修：《中卫县志》卷九《艺文》，成文出版社，1968年影印本，第310页。

有一些个人和社团借庙堂、寺院创办义学,义学遍及宁夏各地。义学办学方式更加亲民、灵活,较之社学更具普及性。

塾学即私塾,是私人创办的学校,按其设置性质的不同,可分为私自设馆、家塾、族塾和义塾,发展乡村教育。塾学主要教学生认字、写字和儒家道德伦理。明清以来,宁夏城乡"各处私塾难以指计","一邑、一乡、一里、一阁,无不有之",仅中卫一县即设12处,塾学的普及化发展,对宁夏地区的启蒙教育泛化发挥着重要作用。

宁夏地区蒙学教育以德育为中心,主要教授孝悌、忠义等内容,以蒙养正,使学生从幼儿开始接受儒家文化。通过耳濡目染、潜移默化的熏陶,培养儒家道德伦理观,使其行为始终契合清朝统治要求。儒学教育的普及改善了宁夏地区的风气,2015年宁夏彭阳县发现清光绪钦赐诰封,赞扬陈荣先①的父母具有品行高雅、崇尚素朴、克勤克俭的高尚品德,赞扬了陈家将这种品德传为"庭训"②。这说明清朝时期儒学教育在宁夏已取得一定成果,已然影响了普通民众的行为作风。

三、边疆地区共同体构建:清朝宁夏儒学教育的实质分析

费孝通先生在"多元一体格局"理论中指出:"汉族继续不断吸收其他民族的成分日益壮大,而且渗入其他民族的聚居区,构成起着凝聚和联系作用的网络,奠定了以这疆域内部多民族联合成的不可分割的统一体的基础,形成一个自在的民族实体。"③儒学教育正是中央政权渗入其他民族聚居区的手段,正是这一纽带凝聚和联系了中央与地方、中原各民族与边疆少数民族,为奠定疆域内多民族统一格局作出了重要贡献。儒学教育实际上也是清朝对边疆民族地区进行治理和不断巩固的历史过程,是中华民族共同体建设的实践,其中已经孕育了自在的中华民族共同体意识。④

(一)强化中华民族共同体意识的国民心性

首先,学宫教育奠定了国民共同体意识的思想基础。学宫作为地方的官方儒学教育机构,教授儒学知识,培养民族地区儒学人才,并在其周围设文庙、崇圣祠、名宦

---

①《新编固原直隶州志·人物卷》记载:"陈荣先,贡生,咸丰中署合水县训导。"
②《宁夏彭阳发现清光绪帝钦赐诰封》,2015年3月,宁夏文明网(http://nx.wenming.cn/rwnx/rwnxwz/201503/t20150305_1613126.html)。
③ 费孝通:《中华民族的多元一体格局》,《北京大学学报》(哲学社会科学版)1989年第4期,第1页。下文多处引用此文章中的观点,不再一一标注。
④ 王文光、文卫霞:《中国古代大一统思想中正统观念与中华民族共同体意识研究》,《思想战线》2021年第3期,第63—70页。

祠等代表儒家文化。这使得学宫的设置增强了民族地区的儒学影响力,拓展了儒家文化圈,夯实了边疆地区对"大一统"国家观的认同基础。其次,书院与蒙学的创办扩大了儒学文化的群众基础,构建了边疆民族地区普适的精神信仰,增强了民族地区普通民众对国家一体化格局的认同感。孔子曾曰"政者正也",认为行政者有责任教育、教化民众的精神信仰,使其形成个人—国家一体化的格局。书院和蒙学这些普及性儒学教育的拓展,使官方层面的"庙堂儒学"逐渐转化为民间的"大众儒学",为构建中华民族共同体的精神信仰提供群众基础。最后,边疆地区儒生的增多,表明其儒学化程度的提高,对国家"大一统"意识的形成起到了舆论引领的作用。"科第今胜于前代",据《宣统固原州志》《民国朔方道志》等地方志文献和朱保炯、谢沛霖的《明清进士题名碑录索引》统计,仅以进士人数计算,清代宁夏中进士者达141人,相比于明代的49人,已有很大程度提升。此外,还培养出举人223人,贡生211人,廪生248人,增生248人和佾生(学宫中担任祭礼乐舞者)64名,童生不计其数。①进士、举人、贡生等人数的增加是儒学教育的显著成效,是儒家文化圈的圈层扩展。儒生作为儒学的社会舆论引领载体,通过个人德行的表率把修身、齐家、治国、平天下的社会理想行动化,使民众的爱国情结成为一种常态和自觉追求。换言之,学宫、书院数量和儒生人数较多的地区表明其儒学化程度相对较高,与统治中心亲缘关系程度更近。

学宫、书院和蒙学等机构作为边疆民族地区儒学教育的特定场域,影响着边疆人民对"忠君爱国""家国一体""大一统"国家意识的认知,对树立其共同体意识具有重要导向作用。布迪厄用"惯习"概念论述了人类实践深层的这种认知结构,"认为这一认知结构是实践过程中持久潜在的行为倾向系统,其存在于实践者的身体和行为之中,构成了一种'实践感',即对实践的前认知把握。"②也就是通过儒学教育可使儒家思想文化渗透到民众的内心深处,唤醒其家国大义的思想感情,塑造民众爱国的"惯习",进而构建起"中华民族共同体"的心理认知结构,并以此价值观指导实践活动,形成持久潜在的爱国行为倾向。因此,儒学教育肩负起了构建中华民族共同体社会精神认知的重任。深入研究儒学教育及其凝聚力、感染力,对当下中华民族共同体意识之国民心性的形成具有重要意义。

---

① 马静:《清代宁夏传统学校教育状况探析》,《西夏研究》2019年第2期,第95页;宁夏通志编纂委员会编:《宁夏通志》(教育卷),方志出版社,2009年,第76、102页。
② 侯钧生:《西方社会学理论教程》(第四版),南开大学出版社,2017年,第386页。

（二）促进民族地区乃至全国社会秩序的良性运行

学宫、书院和蒙学等儒学教育机构的设立为宁夏地区"大一统"思想的渗透、儒家社会道德伦理的熏陶作出了重要贡献，为宁夏的社会治理提供了新的借鉴，为边疆民族地区乃至全国社会秩序的良性运行提供了新思路。社会的良性运行是"特定社会的经济、政治、思想文化和社会生活四大系统之间，以及各系统内部不同部分、不同层次之间的相互促进"①。而思想文化的控制又是四大系统的中心枢纽和关键因素，正如涂尔干在《社会分工论》中所述："在机械团结占主导地位的古代社会里，集体意识几乎笼罩着全部的个人意识，驾驭着大部分个人，左右他们的日常生活，表现出强大的社会强制力。"②集体意识是社会成员共有的精神信念和情感慰藉，对民族团结、社会安定发挥着重要的作用，儒学正是古代社会集体意识的精神基础。儒学教育向边疆少数民族地区的扩展可淡化民族独特性、差异性，强化各少数民族人民对中华文化的整体认同，能对其自觉维护国家利益发挥重要作用。民族地区逐渐形成敦孝事亲、尊儒重学、忠信爱国的集体意识，社会秩序更加稳定、民族关系更加融洽，为国家社会秩序的良性运行作出了重要贡献。

儒学教育对社会秩序的促进作用，恰是儒学经世致用的社会价值所在。"儒学阐发的齐家、治国、平天下等理念涉及社会发展、社会秩序、社会分工、社会治理、社会整合等重大问题，它们将为治国安邦、经世济民提供可资借鉴的思想资源和行为规范。"③同时，儒学内容对于协调人与人之间的社会关系具有社会规范的指导作用，如儒学提倡的修己安人、仁者爱人、和善宽恕、厚德载物等思想，对我们现今个体价值观、道德观和国家观的形成，以及构建良好的社会秩序都具有重要的现实意义。

（三）丰富了中华民族多元一体格局理论

费孝通先生所提出的"中华民族多元一体格局"理论认为："中华民族这个实体格局是包含着多元的统一体，是50多个民族组成的多元的复合结构。"中华民族这一统一体是各民族的历史、各民族的文化和各民族人口等共同构成的复合体，是各民族交流融合的产物。如何理解中华民族这个"一体"，费先生指出："我将把中华民族这个词用来指现在中国疆域里具有民族认同的十一亿人民。"也就是说中华民族形成的关键在认同，是对中华民族的"一体"和中国的国家认同，只有具备强大的整体认同意

① 郑杭生:《社会学概论新修》(第四版),中国人民大学出版社,2013年,第7页。
② 侯钧生:《西方社会学理论教程》(第四版),南开大学出版社,2017年,第49页。
③ 涂可国:《多元一体的社会儒学》,济南出版社,2020年,第29页。

识,才能坚固中华民族这一共同体。但就中国当前民族现状而言,中华民族的"多元"要素呈现更为明显,如中国56个民族的具象,无论从语言、服饰、文字或生活习俗等都可凸显中华民族的多元特色。而对于中华民族这个"一体"成分,更多地表现为政治概念,呈现在意识形态上层建筑最高境界,与个体直接关联的相对来说多体现着抽象的特点,如中华民族共有的精神意志,勤劳、勇敢、坚韧、仁爱、诚信、和谐等中华文化的精魂,多以抽象概念存在。因此,铸牢中华民族共同体意识就要处理好"一体"要素"抽象"形态存在的问题,要深入挖掘中华民族共同的、物化的元素。

存在于中国几千年的儒学教育以其特有的场域联系着中华各族儿女。在古代,它以科举考试的形式吸引了各民族、各区域的民众,使儒学成为人们普遍知晓的社会文化。到现代,儒学又以其深厚的文化底蕴和历史记忆维系着中华民族的情感。儒学教育有着深刻的思想文化价值,既以史书经典的实物方式继承、弘扬了中华民族共同的精神品质,又反复强调了中华民族"大一统"的历史传统。历史上,统治者陆续通过学宫、文庙等儒学教育的方式将儒家文化广泛传播于民族地区,强化各民族对中华文化的普遍认同,形成了历史时期的"大一统"局面。事实证明,儒学教育确实以物化的形式强化了"一体"格局,为多元一体格局从多元到一体的聚合提供了精神内核,为中华民族实体的高层次民族认同提供了文化基础,丰富了多元一体格局理论,是新时代铸牢中华民族共同体意识坚实的历史基础。

四、结语

儒学教育是中央王朝政权配套政治体制一体化而实施的思想意识整合措施。无论是官方主导的府、州、县学,还是民间名人贤士扶持的书院、蒙学教育,都是政治力量不同形式支持下的结果,是推动边疆地区中心化的重要保障,是中华民族共同体构建的关键因素。清朝以来,宁夏儒学教育的兴盛,正是中央王朝调控中央与边疆关系的发力点,是国家思想意志向边疆地区的扩张,是构建中心——边缘共同体的关键。儒学教育的全面推广,塑造了王朝百姓忠君爱国、家国一体的情结,对加强边疆治理,巩固国家统一具有重要功能。这一文化基因与历史情结对新时代铸牢中华民族共同体意识依然具有重要作用,它是中华民族共同体国民心性强化的历史基础,是民族地区乃至全国社会秩序良性运行的重要方略,是中华民族多元一体格局的结构性因素,对丰富中华民族多元一体格局理论具有重要的借鉴意义。

宋夏时期河西走廊多民族交往交流交融研究

李志鹏

摘　要：宋夏时期是中国封建社会发展的关键阶段，也是多政权并存、分庭抗礼、交汇融合的重要时期。宋王朝、西夏、回鹘、契丹、吐蕃、吐谷浑等多民族政权并存。历来学界大多认为西夏在占据河西走廊之后，向往来商旅征收重税阻断了丝路贸易交流。实则不然，随着出土文物资料和学术研究的不断推进，尤其是俄藏黑水城文献的频频刊布和西夏文物资料的相互印证，对于宋夏时期河西走廊境内多民族交往交流交融的历史文化原貌有了更为深入和客观的认识。

关键词：宋夏时期；河西走廊；丝绸之路；多民族；交往交流交融

一、选题缘起

河西走廊地形险要，"黑山峙其东南，黄河绕其西南，地方二千余里，川无蛇虺，泽无虎兕，诚羌戎之都会，屯守之要区也。"①自汉武帝开发西域，在河西设置郡县以来，便成为中原王朝向西发展的战略基地，也是西北少数民族统治者割据称雄的必争之地。宋夏时期是中国封建社会发展又一分裂、割据的历史时期，也是多民族政权并存的重要时期。②河西走廊作为多民族交流的前沿，宋夏时期既兵戎相见、干戈不息，又通商贸易、互通有无。此时河西走廊在西夏政权的统治地位相当重要，自李德明、李元昊起，西夏两代君主都将其作为民族社稷的重点来经营。

西夏统治河西时期与周边民族政权开展积极的交流活动。③杜建录先生的《西夏

---

① [清]吴广成著，胡玉冰校注：《西夏书事校注》卷十二，上海古籍出版社，2021年，第153页。
② 吴天墀：《西夏史稿》，广西师范大学出版社，2009年。
③ 杜建录：《西夏与周边民族关系史》，甘肃文化出版社，1995年。

与周边民族关系史》对西夏及其建国前后的民族关系进行了研究,认为"西夏立国如此长久,除了其政治、经济、军事、文化的原因之外,与当时中国少数民族政权聚居地分立的形式,以及西夏善于处理与周边民族的关系密切相关"①。杨富学先生的《西夏与周边关系研究》论述了西夏在立国及当政过程中与周边其他少数民族政权尤其同宋王朝的关系。②同时撰文对西夏南边榷场使处理对金朝榷场贸易事务的15件文书资料进行了考释,研究得知西夏与金贸易货物种类繁多,以丝毛织品居多,此外还有食品和书写用品等。在西夏与金朝的榷场贸易中,西凉府(武威)和镇夷郡(张掖)是重要的货物供应地。③此外,西夏以畜牧业经济为主,河西境内的官营牧场尤为重要,处于河西走廊甘州地区的焉支山马场,对于西夏的畜牧业生产和经济社会发展具有重要作用。④由此可见,宋夏时期河西走廊境内物阜民丰,各民族间交往密切,对外贸易往来频繁,河西走廊境内的物资供应和保障对于西夏政权的巩固和发展具有重要的影响。

诚然,宋夏时期的贸易交往以双方的榷场贸易为主,在西夏民间曾流传着这样一句民谣"有羊比比番地梁,有钱求求汉榷场"⑤,充分反映了西夏的经济结构和广大民众要求与宋通商的迫切愿望。西夏除了与宋通商别无选择,因为周边的吐蕃、回鹘、契丹等都以游牧经济为主,经济结构更为单一。由于宋夏政权不同类型的经济结构和西夏农牧业经济发展的不平衡性,故西夏更加需要通商贸易和交流来弥补其不足。因此,丝路贸易对于西夏政权尤为重要,其颁布律令保护往来商贩,打击偷盗欺诈行为。宋夏时期河西走廊境内各民族经济文化交流密切,西夏政权为保护丝绸之路贸易的畅通也作出了贡献。如上所述,近几十年来,学术界对宋夏时期河西走廊境内各民族历史多有关注。研究者多聚焦在西夏统治河西时期的民族关系、宗教传播、文化交融等方面。本文以学界研究为基础,同时结合河西走廊各地发现的西夏文物资料和相关文献记载,对宋夏时期河西走廊境内各民族交往交流交融问题进行探究。故而可以为宋夏时期河西走廊历史文化发展和中华民族多元一体格局的形成研究有所

---

① 杜建录:《论西夏与周边民族关系及其特点》,《民族研究》1996年第2期,第79页。
② 杨富学、陈爱峰:《西夏与周边关系研究》,甘肃民族出版社,2012年。
③ 杨富学、陈爱峰:《黑水城出土夏金榷场贸易文书研究》,《中国史研究》2009年第2期,第77页。
④ 孔祥辉:《西夏时期的甘州马场》,《宁夏大学学报》2016年第4期,第84—88页。
⑤ [西夏]梁德养编,陈炳应译:《西夏谚语》,山西人民出版社,1993年,第27页。

补充,不周之处敬请批评指正。

二、宋夏时期河西走廊的丝路贸易与对外交往

　　西夏自李继迁攻占灵州,李德明拥有甘州、凉州,到李元昊夺取瓜州、沙州、肃州,党项政权从割据银夏二州的地方势力发展成为与宋、辽鼎立的民族政权。据《宋史·夏国传》载,西夏"方二万余里"[①]。西夏前期版图北与辽为邻,东南与北宋相接,西与回鹘相连,西南与吐蕃接壤,范围大致包括今陕北、内蒙古、宁夏、甘肃大部。辽、宋灭亡后,西夏北部、东南部与金接壤,西南、西北部依旧与吐蕃、回鹘相邻。[②]西夏从继迁时期到蒙古灭夏,存世240余年。在这期间,西夏统治者凭借灵活的外交策略在保全其土地的基础上,逐渐发展并强盛起来。[③]

　　宋夏时期,西夏处于丝绸之路东西方商旅贸易的必经要道。丝绸之路对西夏的影响表现在可以从事"转手贸易"上,即将宋朝的茶叶、丝绸等热卖品销往西域各地,同时又将从西域购买的东方稀缺的乳香、沉香、珊瑚、玉石、玻璃等货物高价卖给中原。正是在这样的"转手贸易"和对过往客商征取重税的过程中,西夏获取了大量的利益。不仅如此,西夏积极发挥畜牧业经济的优势,将产于西夏境内的马、羊、牛、毡毯、药材等销往中原宋朝和西域各国。其中尤以西夏盛产的毡毯、大黄和马匹最受欢迎。以毡毯为例,在《马可波罗行记》中就有记载,西夏故都兴庆府"城中制造驼毛毡不少,是为世界最丽之毡;亦有白毡,为世界最良之毡,盖以白骆驼毛制之也。所制甚多,商人以之运售契丹及世界各地"[④]。此外,在与宋朝的贸易往来中,还有不等价的岁赐、边境的走私贸易和榷场贸易等,这些贸易往来都在很大程度上使得西夏获得了巨额利润,进而推动西夏的经济迅速发展起来。

　　随着西夏经济的繁荣和国力的不断强盛,西夏改变了昔日在经济上长期受制于宋朝的局面,尤其是西夏控制了河西走廊及其以西广大地区之后,同时也加强了同西域等周边国家的关系。丝绸之路贸易及其丰厚的利润不仅缓解了西夏国内因宋王朝经济控制的不利影响,改善了国内人民的生活状况,而且改变了西夏以单一的畜牧业

① [元]脱脱:《宋史》卷四六八《夏国传》,中华书局,1985年,第14028页。
② 李学江:《地理环境与西夏历史》,《中国历史地理论丛》2002年第17期,第135页。
③ 张映晖:《西夏与周边政权的贸易往来》,《西夏研究》2018年第3期,第71—76页。
④ [意]马可·波罗著,冯承钧译:《马可波罗行记》,上海书店出版社,2021年,第156页。

为主的经济模式,加快了西夏地区的政治、经济、文化的快速发展,进而在很大程度上促成了西夏与宋、辽三足鼎立的历史局面,周边小国纷纷臣服。因此,丝绸之路河西走廊段控制权的获得,是西夏由停滞走向强盛的历史转折点。

关于西夏统治时期丝绸之路河西走廊段的对外贸易情况。昔日学界认为,由于西夏部落林立,在占据河西走廊之后对过往的商客抽取重税,"十中取一,择其上品,商人苦之"①此举阻碍了东西方之间的贸易交流,使得西方来宋朝贡的商贩改走青海道。

近几十年来,随着学术研究的不断推进和文献资料的频频刊布,学界对西夏与丝绸之路的关系有了全新的认识。譬如,陈炳应先生研究认为:"西夏的存在并未完全阻断东西方的丝路贸易。相反,在某种程度上,西夏还起着维系和中继的作用,作出过一定的贡献。"②陈炳应先生首倡其说,认为西夏时期丝路贸易基本上是畅通的;李华瑞先生认为:"由于西夏时期丝绸之路的相关文献资料的奇缺,使得学界对于西夏时期丝路断绝和畅通与否的研究不具有很强的说服力,西夏为自身发展考虑,不会刻意断绝丝路贸易,而且为了经济文化的发展积极经营丝路贸易。鉴于南宋时期陆上丝路贸易衰落、海上丝路贸易兴盛,加之中国经济中心的南移,中西交通方向由陆路向海上转移,海上丝路贸易逐渐成为中西方贸易交往的主流。"③李华瑞先生从宋夏时期陆上丝绸之路的衰落、海上丝路贸易的兴起和南宋时期中国经济中心的南移来分析西夏为了自身的发展不会刻意阻断对外贸易交往。彭向前先生对西夏经营丝绸之路的措施进行了全面总结,并把它们放在辽、宋、西夏、金时期西北民族关系的大背景下进行考察,他认为:"这些经营措施为西夏自身带来巨大的利益,在客观上也有利于东西方物质、文化交流。但西夏王朝对丝绸之路的经营自始至终要受西北民族政权分立这个历史环境的制约。"④彭向前先生从宋夏时期民族政权割据林立,客观上不利于西夏经营丝绸之路贸易的视角进行了研究。杨蕤先生提出:"传统的丝路在西夏境内并未完全失效,依然有丝路商旅穿越西夏境内抵达中原,西夏还是沟通河陇诸蕃与

① [清]吴广成撰,龚世俊校正:《西夏书事校证》卷十五,甘肃文化出版社,1995年,第175页。
② 陈炳应:《西夏丝绸之路贸易与货币》,《中国钱币》1991年第3期,第30页。
③ 李华瑞:《略论西夏时期的中西陆路交通》,《中国史研究》2014年第2期,第87—101页。
④ 彭向前:《西夏王朝对丝绸之路的经营》,《宁夏大学学报》2006年第2期,第8页。

辽朝间的重要通道,应该客观地评价西夏在丝路中的中介作用。"①杨蕤先生对西夏沟通各少数民族政权间的贸易往来所作的贡献持认可态度。杨富学先生研究认为:"西夏对丝绸之路是非常重视的,重视程度比同时期的辽、宋、金都要高,故主观上不可能像前人所言的那样有意去破坏丝绸之路的贸易。"②杨富学先生和杨蕤先生观点大致相同,且将西夏沟通丝路贸易的作用和同时期的辽、宋、金等政权相比较,认为西夏在促进丝路贸易方面贡献更多。

如上所述,当今学界对西夏经营丝绸之路有了更为深入和客观的认识。西夏的强盛必然得力于对于丝绸之路的控制和经营。西夏作为内陆政权,在生产、生活上都要极大依赖国外贸易,卖出多余的畜产品和土特产品,买入农产品、手工业品和他国的土特产品,以满足自身的需要。商业意识深入西夏人心,在出土的西夏文占卜辞中,残存八天,其中四天的内容与买卖有关,如辰日买卖吉等。③西夏王朝无时不把对丝绸之路的经营放在首位,为最大限度地获得丝绸之路贸易的丰厚利益,在攻占河西地方并稳定局势后,采取了一系列经营措施。④俄藏黑水城文献《天盛改旧新定律令》的刊布为研究提供了新的线索。

据《天盛改旧新定律令》卷七《敕禁门》所载:

向他国使人及商人等已出者出卖敕禁物时,其中属大食、西州国等为使人、商人,已卖敕禁物、已过敌界,则按去敌界卖敕禁物法判断。已起行,他人捕举告者当减一等,未起行则当减二等,举告赏亦按已起行。未起行得举告赏法获得。大食、西州国等使人、商人,是客人给予罚罪,按不等已给价当还给,此外其余国使人、商人来者。买物已转交,则与已过敌界同样判断。若按买卖法价格已言定,物现未转交者,当比未起行罪减一等。

大食、西州国等买卖者,骑驮载时死亡,及所卖物甚多,驮不足,说需守护用弓箭时,当告局分处,按全文所载法比较,当买多少,不归时此方所需粮食当允许卖,起行

---

① 杨蕤:《关于西夏丝路研究中几个问题的再探讨》,《中国历史地理论丛》2003年第18期,第117—123页。
② 杨富学、陈爱峰:《西夏与周边关系研究》,甘肃民族出版社,2011年,第4页。
③ 陈炳应:《西夏文物研究》,宁夏人民出版社,1985年,第325页。
④ 彭向前:《西夏王朝对丝绸之路的经营》,《宁夏大学学报》2006年第2期,第8页。

则所需粮食多少当取,不允许超额运走,若违律无有谕文,随意买卖,超额运走时,按卖敕禁物法判断。①

如文所见,西夏给予西州回鹘、大食使者、商人一系列优惠政策,在特殊情况下可供给驮物牲畜、粮食、弓箭等敕禁物。违法购买敕禁物品时的处罚也较别国使者、商人为轻。故而得知,西夏重视同周边民族和国家间的贸易往来,宋夏时期陆上丝绸之路贸易的畅通为西夏带来了丰厚的经济收益。显然,西夏对丝路东段贸易的垄断造成了陆上丝路贸易的中断这一观点是站不住脚的。②西夏并未阻断陆上丝路贸易,而是宋夏时期东西方国际贸易线路发生了变化,加之中国经济中心的南移,陆上丝路贸易衰落,使得西夏背上了阻断丝路贸易的"罪名"。此外,结合黑水城出土文献、西夏与金榷场贸易文书,以及《天盛改旧新定律令》中的相关记载,可见西夏物产之大致种类既有畜牧业产品,也有手工业产品,其中不乏土特产,尽管其贸易量不大,但因是他国稀缺之物而备受青睐。值得注意的是,在西夏对外贸易的物品中,有许多是舶来品,西夏经济结构比较单一,本地物产难以满足生活所需,故而需要外来物品作为补充。西夏与宋、辽、金等周边政权的经济交往颇为频繁,既促进了西夏本国经济的发展,使其多元化,又对周边民族经济的发展发挥了一定的作用和影响。③由此可见,宋夏时期河西走廊境内丝路贸易畅通客观上也促进了各民族政权之间的交往、交流和交融。

三、出土钱币窖藏所见宋夏时期河西走廊的多民族经济交流

河西走廊得天独厚的地理位置对于西夏具有重要的地位。继迁、德明、元昊祖孙三代对丝绸之路河西走廊段极力夺取和苦心经营④,其设置政府管理机构、重视农业、笃信佛法、崇尚儒家思想、培养人才,使得河西走廊成为西夏的重要粮仓之地,凉城(今武威)成为西夏的陪都。⑤在西夏统治的200余年间,河西的政治、经济、文化在一

① 杜建录:《天盛改旧新定律令》,甘肃文化出版社,2018年,第284—285页。
② 李辉:《西夏与丝绸之路》,《社科纵横》2001年第3期,第72页。
③ 赵天英、杨富学:《从朝贡和榷场贸易看西夏物产》,《西北民族大学学报》2009年第4期,第42页。
④ 李华瑞:《试论西夏经营河西》,《兰州学刊》1987年第5期,第106页。
⑤ 李并成:《西夏时期河西走廊的开发》,《中国经济史研究》2001年第4期,第223页。

定程度上都得到了恢复和发展。[①]作为经济发展的缩影,出土钱币窖藏为研究河西走廊的经济发展和多民族交流提供了实物佐证。近几十年来在甘肃河西走廊境内西夏钱币窖藏出土种类和数量很多,具体情况列举如下:

1955年,在永昌县河西堡发现西夏窖藏,其中汉至西夏钱币4528枚,西夏钱币有天盛元宝6枚,皇建元宝1枚。同年在河西堡侯家大庄发现钱币一批,共37879枚,西夏天盛元宝有28枚,乾祐元宝3枚,皇建元宝10枚,光定元宝15枚,西夏文大安宝钱1枚,福圣宝钱1枚。

1972年,在武威张义发现一批西夏遗物,其中钱币7枚,西夏乾祐元宝3枚,北宋宣和通宝3枚,其余锈蚀不清。

1979年,武威一窖藏中出土一批铜钱,重42公斤,10000余枚,28个品种;有西汉五铢、王莽货泉,唐开元通宝、乾元重宝,金正隆元宝,西夏天盛元宝等,其余皆为北宋钱。

武威师范学校、中心广场、水电局招待所等地先后发现三批西夏窖藏,总计10000余枚,其中汉半两、五铢20枚,唐开元宝通宝、乾元重宝1000余枚,五代十国钱币27枚,北宋钱10000枚,南宋钱12枚,金朝正隆元宝10枚。西夏钱币22枚,其中西夏文钱有福圣宝钱,汉文钱有天盛元宝、光定元宝等。

1986年,在武威市大坝场,发现钱币窖藏200多斤(拣回24斤),有汉至宋钱,其中主要为北宋钱,西夏钱币有天盛元宝14枚、光定元宝13枚、皇建元宝2枚,西夏文天庆宝钱2枚。

1990年,在武威古浪县干城乡大东滩出土钱币窖藏,有各类钱币105种,共计23139枚,其中汉至宋钱,北宋钱占93%,另有南宋、辽、金钱,西夏钱币有元德通宝1枚、天盛元宝65枚、天庆元宝2枚、皇建元宝4枚、光定元宝4枚、西夏文福圣宝钱1枚。

1991年7月31日,在武威地区行政公署家属楼工地发现夏末元初钱币窖藏,为汉至宋钱,其中90%以上为北宋钱,另有南宋钱、金钱,西夏钱币有天盛元宝、乾祐元宝。

如上所列,可知西夏钱币在河西走廊的敦煌、张掖、武威、民勤、古浪等地都有出土。钱币是经济交流和商业贸易的最好见证。在河西地区发现的西夏钱币窖藏中不仅有西夏铸造的钱币,还有宋、辽、金及隋唐钱币等,其中以北宋钱币为主,且占到窖

---

① 李华瑞:《试论西夏经营河西》,《兰州学刊》1987年第5期,第107页。

藏总量的85%以上。西夏钱币研究专家牛达生先生研究认为,西夏境内主要流通宋钱。①李华瑞先生也持有同样的观点,他认为:"西夏建国前期主要采取以物易物的交换形式,后随着农牧经济的发展,西夏末期货币经济虽然有了一定的发展,但是并未进入繁荣发展阶段。从出土的西夏钱币窖藏比例看,北宋钱币占86.06%,西夏钱币只占1.16%,其他钱币则是北宋以前的历代钱币。西夏建国前后主要流通的是北宋货币。"②

1988年敦煌研究院考古人员在莫高窟北区第113窟共发现钱币37枚,既有西夏钱币,又有宋代钱币,西夏钱币共有28枚(其中天盛元宝铁钱12枚,乾祐元宝铁钱16枚,未见到1枚西夏造铜钱),占该窟出土钱币总数的75%,高于其他地点西夏钱币所占比例。这一考古发现,从一个侧面为探索西夏统治下的瓜州、沙州货币经济的发展提供了珍贵的实物资料,同时还反映了西夏虽然也铸有钱币(以铁钱为主),但始终未能以其所铸钱来取代宋朝钱币。西夏都城及其附近是这样,远在河西走廊西端的瓜州、沙州也不例外。③

造成这种比例悬殊的原因在于:其一,西夏境内铜产缺乏。据《嘉靖宁夏新志》载及当地金属矿产时,仅言铅、铁,而未提及关乎西夏国计民生的铜。④另外其他文献提到西夏境内盛产金、银等,同样也未提到铜产。随着西夏社会经济的发展,尤其是西夏仁宗、仁孝时期由于广施仁政,社会经济快速发展,对于货币的需求量大增,然而西夏国内铜资源极为缺乏,难以满足铸铜钱的需要。为缓解经济发展与钱币缺乏的矛盾,西夏需从宋金辖区内大量吸入铜钱,以满足商业贸易发展的需要。其二,与宋朝发达的封建商品经济相比较,西夏经济发展水平要低得多,其对宋朝极为依赖。这是西夏经济的一大特点,同时也是宋夏关系史研究中不得不考虑的一项重要因素。诚如史书所载:"钱本中国宝货,今乃与四夷共用。"⑤由此可见,北宋社会经济的发展对周边少数民族政权具有很强的辐射性,周边少数民族政权对北宋具有向心力,亦是北

---

① 牛达生:《从出土西夏窖藏钱币看西夏货币经济》,《宁夏社会科学》1986年第2期,第84页;另见杨富学、陈爱峰《西夏钱币的流布区域及相关问题》,《陇右文博》2009年第2期,第49—80页。

② 李华瑞:《试论西夏经营河西》,《兰州学刊》1987年第5期,第106—107页。

③ 彭金章、沙武田:《试论敦煌莫高窟北区出土的波斯银币和西夏钱币》,《文物》1998年第10期,第22—27页。

④ [明]胡汝砺编,管律重修:《嘉靖宁夏新志》,宁夏人民出版社,1985年,第24—25页。

⑤ [元]脱脱等:《宋史》卷一百八十《食货志》,中华书局,1977年,第4384页。

宋同周边少数民族政权经济联系加强的体现。①

北宋货币在西夏境内钱币窖藏中的大量出现,客观反映了宋夏时期不同的民族和政权在政治和军事上虽然是对抗的,但在经济和文化生活上是相互依靠、彼此依存的。河西境内出土的西夏钱币窖藏中夹杂有不同政权的钱币,更说明西夏统治河西走廊时期经济发展、对外商贸往来活跃,西夏对于丝路贸易的繁荣也是有所贡献的。丝绸之路是经济文化交流之路,河西走廊多民族的共同开发与建设赋予了甘肃历史文化多元的内涵和多民族文化交融的斑斓色彩。②

四、敦煌壁画所见宋夏时期河西的多民族文化交融

西夏是多民族政权,除主体民族党项族之外,还有汉族、吐蕃、回鹘,以及契丹、女真等诸多民族。西夏统治河西走廊时期,在经济和文化上同周边各民族和国家保持着密切交往。党项族以本民族文化为主,吸收、融合汉族、藏族及其他许多民族的文化,形成了独具特色的西夏文化,内容包括语言文字、宗教信仰、丧葬习俗、社会生活等各方面。③据西夏学专家史金波先生研究,西夏时期的文物从人物形象、服饰、生产、生活、文字、科技、丧葬等方面都反映了多民族的特点,以及各民族间的交流与交融。④西夏国内崇信佛教,其石窟、塔寺、文献、雕塑、绘画等都反映出以佛教为主,兼有道教和原始宗教信仰的特点。对西夏文化影响最大的是汉文化,尤其是在西夏文化遗存最为集中的甘肃河西走廊地区,由于原有的儒学积淀和广泛影响,河西地区已具有深厚的汉文化基础。西夏统一河西等地之后,不仅未中断河西文化,而是继续发扬河西的本土文化,并在此基础上进一步发展儒学,形成了具有本民族特色的西夏儒学。⑤因此,吸纳了汉文化元素而日渐成熟的西夏文化成为西夏艺术的文化基础。⑥在西夏中晚期,河西走廊的瓜、沙地区(今瓜州、敦煌)佛教艺术在创作和绘制上达到空前繁荣,在形式表达与价值取向的选择上,都反映了中原汉文化的深刻影响,处处体现出中原画风的特色与痕迹。最为典型的是瓜州榆林窟第3窟《文殊变》和《普贤

① 杨富学、李志鹏:《北宋钱荒之西夏因素考析》,《西夏研究》2014年第1期,第6页。
② 李志鹏:《彩斑斓的甘肃民族货币》,《甘肃金融》2013年第2期,第39—44页。
③ 杨建新:《论西夏文化》,《西北史地》1999年第2期,第16页。
④ 史金波:《西夏文物的民族和宗教特点》,《中国历史文物》2005年第2期,第26—40页。
⑤ 李蔚:《略论西夏文化同河陇文化的关系》,《西夏史研究》,宁夏人民出版社,1989年,第119页。
⑥ 卯芳:《西夏文化探赜——以西夏壁画艺术为例》,《中国民族美术》2018年第1期,第50页。

变》,壁画内容创作以唐宋以来的白描形式进行描绘,人物描写与山水景象透露出浓浓的文人情趣,充分体现出汉文化艺术对西夏艺术的冲击与影响。而在西夏石窟壁画中大量水月观音造像的出现,更加印证了自唐周昉首创的艺术表现形式在西夏艺术中的延续与发扬。①由此可见西夏对汉文化的学习与继承亦可窥一斑。②而《玄奘取经图》在榆林窟西夏壁画中的集中出现,为汉文化在西夏境内的广泛流传和影响提供了证据。

西夏艺术文化中除了汉文化的元素外,还受吐蕃与回鹘文化的影响,究其原因,在西夏建国(1038年)以前,西凉的吐蕃与甘州的回鹘都是独立政权,后被党项人通过武力征服,绝大多数吐蕃人和回鹘人也就自然成为西夏王朝的臣民。所以,当地的吐蕃文化和回鹘文化自然就被很好地继承了下来,并与中原汉文化相融合,进而形成了西夏多民族、多文化交融的社会形态和文化特征。这些少数民族的文化必定会对西夏产生影响,故而成为西夏文化形成的来源之一。

众所周知,西夏不仅是一个多民族的政权,也是一个多宗教、多文化并存的王朝。受此影响,西夏佛教信仰形成了多宗派、多来源、多层次的特点,产生显密兼修、汉藏结合的佛教思想。③西夏时期随着藏传佛教思想的传入,藏传佛教艺术也随之传到了西夏境内并在原有艺术的基础上融入汉传和藏传佛教艺术于一体,形成了独具特色的西夏艺术风格。④这一艺术风格对元代内地藏传佛教艺术的发展产生了重要的影响⑤,成为藏传佛教艺术向中原传播与发展过程中的桥梁。

河西走廊是西夏文化保存最为丰富和集中的地区之一,敦煌莫高窟、瓜州榆林窟、张掖大佛寺、武威亥母洞、凉州护国寺感应塔碑等。莫高窟的西夏壁画以西夏早、中期最多,壁画风格上承五代、宋初风格,后逐渐融入吐蕃、回鹘,以及西夏本民族风格和特点,并进一步发展为成熟的西夏壁画艺术。近年来随着西夏考古的不断深入和学界研究的不断拓展,越来越多的西夏文物进入了人们的视野,目前国内外遗存比较完整的西夏艺术品有1600余件。主要包括绘画、雕塑、建筑、工艺美术、书法篆刻、

① 卯芳:《西夏文化探赜——以西夏壁画艺术为例》,《中国民族美术》2018年第1期,第51页。
② 杨富学、樊丽莎:《西夏弥勒信仰及相关问题》,《内蒙古社会科学》2013年第5期,第31—36页。
③ 卯芳:《西夏文化探赜——以西夏壁画艺术为例》,《中国民族美术》2018年第1期,第55页。
④ 谢继胜:《西夏藏传绘画:黑水城出土西夏唐卡研究》,河北教育出版社,2002年。
⑤ 史金波:《西夏的藏传佛教》,《中国藏学》2002年第1期,第33页。

音乐舞蹈等。①这些精美的艺术品生动而形象地记录了西夏统治时期河西走廊境内多民族交融、多文化交汇的历史文化发展特征。

西夏政权作为我国古代丝绸之路河西段上的贸易垄断者,自1038年建立到1227年灭亡,先后经历了近两百年的历史,在这期间形成了独特而灿烂的西夏文化,西夏文化最突出的特点就是多元一体,它是汉族、藏族、回鹘、吐蕃、吐谷浑、蒙古族等多民族的文化共同作用的结晶,并且渗透到社会生活的方方面面。西夏翻译了中原地区的儒学经典,譬如《论语》《孟子》《孝经》,还翻译史书《贞观政要》《十二国》,兵书《孙子兵法》《六韬》《三略》《将苑》,类书《类林》等。西夏编纂的西夏文汉文词语集《番汉合时掌中珠》,是党项人、汉人互相学习对方语言文字、培养双语人才的一部工具书,首创双语、双解辞书形式,是多民族文化深入交流的典型例证。西夏还将自己编纂的西夏文著作译成汉文。西夏崇信佛教,借助回鹘高僧,将汉文《大藏经》翻译成西夏文《大藏经》,又据藏文典籍翻译藏传佛教佛经,还用藏文为西夏文佛经注音,故而形成了西夏文化多民族文化融合的显著特点。②诚然,宋夏时期的河西走廊是多民族活跃的舞台,是丝绸之路东西方经济文化交流、碰撞的结果,也是西夏文化形成和发展的沃土,遗留有不少西夏时期的石窟、寺庙、遗址、烽燧、窖藏、瓷窑、墓葬等遗迹,是研究西夏历史和文化的珍贵资料。③借助这些丰富的文物资料可以充分地看到,河西走廊历史文化是各民族共同创造的,具有多民族交往交流交融的显著特征。宋夏时期特殊的生存空间和统治者的积极经略,使得西夏政权能够取得如此辉煌的文化和艺术成就。

五、结语

河西走廊是我国古代汉族与游牧民族、农耕文明与游牧文明交流与碰撞之地,也是多民族角逐和融合之地。西夏在打败了甘州回鹘和凉州吐蕃诸部,控制了河西走廊地区之后,建立了东临黄河,西至甘肃玉门关,南到关中屏障六盘山,北抵蒙古南部的西夏政权。西夏在占据了丝绸之路河西走廊段之后,发展农牧、重视文化、积极经营,使得河西走廊成为西夏王朝两百年屹立不倒的经济屏障和经略要地。河西历史

① 汤晓芳:《西夏艺术的遗存、分类与价值》,《宁夏师范学院学报》2003年第1期,第93页。
② 史金波:《"丝绸之路"上的少数民族》,《历史教学》2016年第6期,第7页。
③ 俄军、赵天英:《甘肃境内西夏遗址综述》,《西夏研究》2015年第4期,第24—29页。

重镇西凉府(武威)作为西夏的陪都,是其立国的基础,也是西部的政治、经济、军事、文化中心,西夏之所以能够创造出辉煌而独特的文化,原因就在于立国后没有中断的河西文化,特别是在突出党项民族文化的基础上,从河西文化中吸取养分,发展儒学,弘扬佛教,使儒学和佛学成为强化其统治的两大精神支柱。对回鹘、吐蕃等其他民族文化也是兼容并包,最终形成了多元独特的西夏文化。西夏文化不仅是对汉魏、隋唐河西文化的继承和创新,还极大地丰富了河西历史文化的内涵。①纵观西夏一朝,西凉府在其兴亡的历史中占据重要的地位,而且境内保存有极为丰富的西夏文化遗存,最负有盛名的当数"重修护国寺感应塔碑"开启了学界对于西夏文字及文化的释读和研究。甘肃省考古队多次在武威亥母洞西夏寺院遗址发现有西夏时期的佛经、唐卡、佛像等宗教文物,令人欣喜的是2018年考古发掘出土数万枚擦擦和大量经文残片,成为学界研究西夏时期凉州地区佛教信仰传播的见证物。②

敦煌在西夏统治时期佛教兴盛,据统计,仅莫高窟西夏时期的洞窟就有77个之多,由于莫高窟崖壁洞窟数量已饱和,西夏时期多为改造和修缮前朝洞窟,洞窟形制和壁画雕塑基本都沿袭了前朝的风格,一些西夏中期的洞窟出现回鹘的文化元素,而到了西夏晚期,壁画中又出现了吐蕃藏传佛教的内容,据此可见,河西走廊具有多民族文化并存和影响的历史事实。近几十年来,受限于历史文献记载的不详和学界研究的相对滞后,长久以来西夏被冠以阻碍丝路贸易的罪名。实则不然,随着研究的不断推进,尤其是俄藏西夏文文书《天盛改旧新定律令》的刊布,以及河西走廊境内西夏文物资料的不断出土和发现,为学界研究宋夏时期河西走廊历史文化提供了丰富的资料和证据。研究得知,宋夏时期,在丝绸之路河西走廊段活跃着党项、回鹘、吐蕃、契丹、蒙古、女真等诸多少数民族,这些民族间在政治和军事上征伐和对抗,在经济和文化上交流互通、频繁往来。西夏在占据河西走廊之后,励精图治、积极经略,为丝绸之路贸易的繁荣和发展作出了重要贡献,同时也促进了宋夏时期河西走廊境内多民族间的交往交流交融。此外,西夏在河西走廊的积极经营,为境内各民族间彼此交流、和谐相处提供了有利条件,是唐末五代分裂割据走向元朝统一历史趋势中不可或

---

① 黎大祥、张振华、黎树科:《武威地区西夏遗址调查与研究》,社会科学文献出版社,2016年,第1—2页。

② 《甘肃西夏亥母寺遗址考古出土大量西夏文经文残片》,新华网2018年6月19日。

缺的一环。①这种历史文化发展的特征和必然趋势,在宋夏时期的政治、经济和文化等方面都有所体现。尤其是西夏对中国传统文化的积极学习和借鉴,其尊崇儒学,实行科举;继承中华法系,仿效中原官制;继承德运传统设置年号、尊号等;借鉴汉文创制西夏文,翻译中原典籍和佛经;学习中原文学艺术、礼仪习惯;弘扬中原科学技术等,表现出对中国的高度认同。西夏还淡化"华夷"界限,把党项族纳入"中华"范畴。宋夏时期,各少数民族政权对中国的认同加强了民族间的交往交流融合,为元朝时期高度认同中国,并以中华正统身份承袭中国做了思想、理论和实践的准备。②进而为中国统一的多民族国家的建立创造了条件③,也为中华民族多元一体格局的形成奠定了历史和文化基础。

---

① 王德忠:《西夏在西北地区的统治与中国历史统一趋势的关系》,《东北师范大学学报》2012年第6期,第81—87页。
② 史金波:《论西夏对中国的认同》,《民族研究》2020年第4期,第103—115页。
③ 匡裕彻:《中华民族多元一体格局的形成》,《中南民族学院学报》1992年第5期,第50页。

扇风东来:从新疆出土便面看民族文化 的交往交流交融

张世奇

摘　要:文章利用考古材料和文献材料,对洛浦县山普拉和且末县扎滚鲁克一号墓地142号墓所出刀形扇子进行定名,认为其名称应为来自中原的便面,并进一步阐述其来源于中原的可能。在此基础上探讨了其功能,推测应有两种:一为招风取凉、遮尘蔽日及掸拂灰尘;二为烤肉扇风。

关键词:山普拉;扎滚鲁克;便面;中原

扇子,又称箑、翣(shà),作为一种常见之物,在我国有着悠久的历史。有学者认为,我国最早的扇子应出现在新石器时代。[①]据史书记载,早在舜时期就发明了扇子,西晋经学家崔豹即在其所撰《古今注·舆服》中记述:"舜广开视听,求贤人自辅,作五明扇,此箑之始也。"[②]从这可知舜时扇子是用竹子做的。后在殷商时期又出现了羽毛制作的翣。我国考古出土的最早实物为东周、战国铜器上刻画的两件长柄大扇,以及江陵天星观一号楚墓出土的木柄凤翣(羽扇)残件。[③]此外,在河南、湖北和湖南等地的战国至汉的墓葬中出土了大量的竹扇和羽扇;汉代画像石上也有数量可观的扇子形象。[④]在新疆且末县扎滚鲁克和洛浦县山普拉墓地亦有扇子实物,但仔细观察,这种厨刀形状的扇子,我们认为其应是便面,对于这种扇子的溯源和定名将进行论述,不当之处,敬请方家指教。

---

① 沈从文:《扇子史话》,《沈从文谈艺术》,江苏人民出版,2019年,第144页。钱公麟:《扇子》,上海古籍出版社,1998年,第4页。

② [宋]高承撰:《事物纪原》卷八,中华书局,1989年,第420页。

③ 沈从文:《扇子史话》,《沈从文谈艺术》,江苏人民出版,2019年,第144页。

④ 郑艳娥:《秦汉以前古扇的探讨》,《南方文物》2000年第1期,第108页。

一、新疆出土厨刀形扇子定名及溯源

新疆历代所出扇子形象有不少,如吐鲁番阿斯塔那13号墓出土的东晋时期墓主生活图中墓主人所持之团扇;吐鲁番阿斯塔那501号墓出土的唐代团扇明器,但形制像厨刀的扇子仅有两件:一是1984年新疆维吾尔自治区博物馆考古队在和田洛浦县山普拉墓葬1号墓中发掘出土的一把用毛布缝制的扇子(图1),时代为东汉时期。该扇子用圆木棍做轴,木棍长52.1厘米。扇面呈长方形,用毛毡做里子,原白色平纹毛布做扇面,红色平纹毛布锦边,扇面长17.6厘米、宽12厘米。扇面用两根锦带系在木棍上,扇面可绕木棍左右摇摆。

二是1998年新疆维吾尔自治区博物馆考古队在对巴州且末县扎滚鲁克1号墓地进行发掘时,在142号墓中发现的一把用毛布制作的扇子(图2),为3—6世纪遗物。该扇子没有山普拉出土扇子精美,同样用圆木棍做轴,木棍为红柳材质,长50厘米、粗1厘米,但木棍只是做了简单的加工。扇面呈厨刀形,为原色毛布缝制、毛布长38.4厘米、宽29.4厘米。

图1　毛布扇　洛浦县山普拉墓葬　　　图2　毛布扇　且末县扎滚鲁克
1号墓出土　　　　　　　　　　　1号墓葬142号墓出土

从上述两把扇子看,洛浦县山普拉出土的扇子较且末扎滚鲁克出土的扇子,无论材质还是制作都更为考究。对于这两件文物,有学者直接定名为扇子,似为不妥。事实上,扇子有很多种类,按照扇面制作材料分,有箑、翣、羽扇、蒲扇、缯扇等;按扇面形

制分,有便面、雉尾扇、团扇等。经与考古出土扇子实物或图像对比,我们认为此物应是便面。

 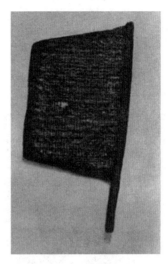

图3　长柄竹扇　　　　　　　　图4　短柄竹扇

　　便面,扇子的一种。此物最早出现于何时,不得而知,其在战国晚期到两汉成为扇子主流,以后历代多沿用。①便面最早见于史籍《汉书·张敞传》载:"然敞无威仪,时罢朝会,过走马章台街,使御史驱,自以便面拊马。"张敞所持便面的样子已无从知晓,然颜师古对该句注曰:"今之沙门所持竹扇,上褒平而下圜,即古之便面也。"②此外,曹魏陈王曹植载《九华扇赋》曰:"昔吾先王常侍得幸汉桓帝,帝赐尚方竹扇,不方不圆,其中结成文,名曰'九华'。"③可见便面材质是竹子,形制为上褒平而下圜。当然曹植记述的是张敞200余年之后的便面,颜师古所记便面更晚,那么,是否与张敞所持便面一样?我们不得而知。幸而湖南长沙西汉马王堆1号墓出土的两件竹扇使我们得见西汉时期便面(图3、图4),可见便面形制为厨刀状,扇把一长一短,扇面均呈梯形。④西汉马王堆1号墓大致年代是公元前175—145年,早于张敞生活年代大概100年。虽历经100年,但同处一个王朝,张敞的便面应是对马王堆1号墓出土便面的一种继承。

① 沈从文:《扇子史话》,《沈从文谈艺术》,江苏人民出版社,2019年,第144页。

② [东汉]班固撰:《汉书》卷76《张敞传》,中华书局,1964年,第3222—3223页。

③ [唐]欧阳询撰:《艺文类聚》卷六九《服饰部上》,上海古籍出版社,1999年,第1212页。

④ 湖南省博物馆、中国科学院考古研究所:《长沙马王堆一号汉墓(上)》,文物出版社,1973年,第119页。郑艳娥:《秦汉以前古扇的探讨》,《南方文物》2000年第1期,第109页。

　　事实上,目前考古出土最早、最完整的便面实物为江西靖安李洲坳东周墓出土,具体时代为春秋中晚期,距今约2500年(图5)。①该便面形制为厨刀形,用竹篾编成。另据统计,该种便面实物主要出土于湖北、湖南、河南等地战国早中晚期和秦汉墓葬中。图像则多画于四川、安徽、江苏、山东、河南、河北、吉林、辽宁、甘肃等地出土的画像砖、画像石、壁画、石棺上。②甚至一些俑也持有便面,如湖南长沙金盆岭九号墓出土的西晋青瓷持便面俑(图6),四川忠县涂井崖墓五号墓出土的三国蜀汉执便面俑。

图5　便面

图6　青瓷持便面俑

　　通过上述便面实物和图像的展示,我们认为扎滚鲁克和山普拉出土的扇子即便面无疑。那么,这种在中原的扇子样式怎么会出现在西部边陲呢?

　　解决这个问题似乎应从新疆周边省份寻找蛛丝马迹。遍检考古资料,我们发现这种便面在甘肃河西地区魏晋墓画像石中大量出现(表1),时代最早的如甘肃嘉峪关新城曹魏1号墓之画像砖(图7),图中名叫段清的墓主人就手持厨刀形便面。

① 江西省文物考古研究所、靖安县博物馆:《江西靖安李洲坳东周墓发掘简报》,《文物》2009年第2期,第4—17页。

② 郑艳娥:《战国秦汉墓葬及汉代砖石画像所见古扇》,《南方文物》2000年第2期,第70—83页。张琴:《汉代"执镜俑"定名刍议》,《文物天地》2018年第3期,第77页;郑岩:《魏晋南北朝壁画墓研究》,文物出版社,2002年。

图7 甘肃嘉峪关新城曹魏1号墓画像砖

表1

序号	出土地	时代	图片
1	甘肃嘉峪关新城第5号墓	魏晋	
2	甘肃嘉峪关新城第5号墓	魏晋	
3	甘肃高台骆驼城苦水口第1号墓	魏晋	
4	甘肃敦煌佛爷庙湾第37号墓	西晋	
5	甘肃省酒泉肃州区果园镇丁家闸5号墓	十六国	

续表

序号	出土地	时代	图片
6	甘肃嘉峪关新城第6号墓	西晋	

经统计,河西魏晋墓出土有便面图像7幅,且分布于河西从东到西的各个地方,可见便面在河西地区的流行程度。最为有趣的是仕嘉峪关新城5号墓画像砖中便面上的图案和马王堆1号西汉墓中的图案极其相似,这更加意味着河西的便面即来自中原,事实上这一结论也是符合史实的。前文已述及在中原的湖北、湖南、河南、四川、安徽、江苏、山东、河北、吉林、辽宁、甘肃等地战国早中晚期和秦汉墓葬,以及汉代画像砖、画像石、壁画、石棺上广泛分布着这种便面的实物和图像,可知在战国秦汉时期便面在中原的流行。而自西汉武帝开河西四郡至魏晋时期,或由政府组织迁徙,或由战争自发西迁,中原大量达官贵族或庶民百姓移居河西,由这些人将中原流行的便面带入河西是极有可能的。

二、新疆出土厨刀形扇子出现原因

我国记述先秦时期故事的文献,如《尚书》《春秋》《左传》《国语》《战国策》《竹书纪年》等,就对西域的山川地理和西王母,以及周穆王与西王母会面等有所记述,如:

"西水行四百里,曰流沙……又西三百五十里,曰玉山,是西王母所居也。西王母其状如人,豹尾虎齿而善啸,蓬发戴胜。"

——《山海经·西山经》

"吉日甲子,天子宾于西王母……西王母再拜受之。乙丑,天子觞西王母于瑶池之上。西王母为天子谣曰:'白云在天,山陵自出。道里悠远,山川间之。将子无死,尚复能来。'天子答之曰:'予还东土,和理诸夏。万民均平,吾顾见汝。比及三年,将复而野。'"

——《穆天子传》

"穆王五十七年,西王母来见,宾于昭宫。"

——《竹书纪年》

周穆王与西王母虽是历史传说人物,但通过上述三种古籍的记载,也可窥见西域地理及在先秦时期中原与西域之间的交流。目前学术界多认为张骞开通丝路之前，中原和西域之间存在一条道路，有的称之为"彩陶之路"，也有的称为"玉石之路""草原丝绸之路"等。对于中原和西域之间的玉石交往，《竹书纪年》中记载："（帝舜）九年，西王母来朝。西王母之来朝，献百环、玉玦。"①可见早在五帝时期的帝舜时期就有玉石交往。

考古证明，在先秦时期中原与西域之间确实存在着玉石交流，河南安阳殷墟妇好墓曾出土755件玉器，经对其中约300件标本玉料分析，发现有新疆玉。②这有力地证实，距今约3000年，新疆玉石已见于中原地区。除此之外，先秦时期，西域与中原地区也存在着其他的物质文化交流，如以吐哈盆地为主，全疆多点均有出土的彩陶、黍粟类农作物及海贝；阿拉沟木椁墓、玛纳斯县黑沟梁墓地、轮台县阿孜干墓地，以及阿尔泰巴泽雷克墓葬6号墓出土的战国"山"字纹铜镜；阿拉沟墓地28号墓，以及阿尔泰巴泽雷克墓葬5号墓出土战国楚式凤鸟纹刺绣及其他丝绸；哈密市五堡墓地出土的距今约3200年的红底黄蓝三角纹刺绣；阿拉沟墓地18号墓漆器等，这些具有中原特质的考古发现已深刻地表明，先秦时期中原与西域间存在着广泛的物质文化交流。③

事实上，在且末扎滚鲁克墓地和山普拉墓地同样存在着与中原两地交流的出土实物，刺绣品就是一种。刺绣是我国一种古老的技艺。根据《尚书·益稷》中相关记载，刺绣在舜禹时期就已出现，但就我国现存的花纹纺织物残料分析，刺绣应用到服饰和其他方面上，应在公元前12世纪丝绸提花技术之前。④我国目前出土最早的刺绣考古实物是河南安阳殷墟妇好墓出土铜觯上所黏附刺绣残迹，上面的锁针绣法依稀可辨。而在扎滚鲁克墓地和山普拉墓地出土刺绣制品，其中扎滚鲁克墓地出土有2件毛绣品，分别为出自3号墓的棕底涡旋三角纹刺绣和4号墓黄底果实纹刺绣斜褐片；1件丝绣为绿绢底对鸟花草纹刺绣；山普拉墓地出土有11件毛绣品，如1号墓的红底菱形格十字纹刺绣斜编毛缘，6号墓的十字草叶纹刺绣毛缘；丝绣有15件，如50号墓的

① 张玉春译注：《竹书纪年译注》，黑龙江人民出版社，2003年，第105页；高俊信：《夏商周纪年表》，天津古籍出版社，2019年，第37页。
② 中国社会科学院考古研究所编：《殷墟妇好墓》，文物出版社，1980年，第114页。
③ 穆舜英、王明哲、王炳华：《建国以来新疆考古的主要收获》，《新疆考古三十年》，新疆人民出版社，1983年；杨丽琴：《玛纳斯县出土山字纹铜镜》，《新疆文物》2007年第2期，第109页；王炳华：《新疆阿拉沟竖穴木椁墓发掘简报》，《文物》1981年第1期，第21页。
④ 沈从文：《谈刺绣》，《沈从文谈艺术》，江苏人民出版社，2019年，第101页。

绢底刺绣枕,49 号墓的绮底护领罩,24 号墓的丝绣带。①前述两墓葬出土的毛刺绣均采用锁针绣手法,时代应为汉晋时期。毛绣品是汉晋时期中原与西域文化交流的实证之物,是将中原的刺绣技艺运用到当地有着悠久历史的毛纺织品上的一种创新织物。除此之外,在民丰尼雅遗址、楼兰遗址、于田屋于来克古城遗址、尉犁营盘墓地、吐鲁番阿斯塔那古墓地等地同样出土有大量战国至汉晋时期的中原织物。

除织物外,扎滚鲁克第二期的墓葬中,还出有中原的"特产"漆器,其中 14 号墓出土了一根漆木棒,24 号墓也出土了一件涂有漆的木简,上面雕刻了鹿、羊纹,这件漆木简从材质和雕刻纹样风格上看,可判断是生产于当地,可见当地人已经熟练掌握漆工艺,或者是中原来到当地的人所制作。②此外,44 号墓也出土了残漆器。

综上所述,无论是且末扎滚鲁克墓地出土的纺织品和漆器,还是洛浦山普拉墓地出土的纺织品,都昭示着在战国至两汉时期,中原与前述两地之间存在直接或间接的物质文化交流。无论是直接还是间接,这种交流都会经过河西,这也正是为什么会在河西留下便面图像的原因。在这种频繁的交流中,将日常生活中使用的便面由中原经河西传入西域,是很有可能的。

三、新疆出土便面之作用蠡测

便面为扇子的一种,招风取凉应是其基本的作用。除招风取凉基本功能外,就目前现存的文献和考古资料来看,便面图像多出现在汉晋画像石和墓室壁画中的车骑出行、拜谒、讲经、宴饮、庖厨、乐舞百戏、西王母等画面上,可见其还应具有象征身份、掸拂灰尘、遮尘蔽日、舞蹈用具、烤肉扇风及与避邪升仙相关等功能。③那么对于且末扎滚鲁克和洛浦山普拉出土的便面具有哪些作用呢? 我们认为中原和扎滚鲁克和洛浦县出土的便面虽同为一种东西,但随着使用者和使用环境的变化,其功能作用可能会随之变化,下面将结合且末扎滚鲁克和洛浦山普拉两地的环境和考古资料进行论述。

---

① 阿丽娅·托拉哈孜:《秦新疆古代刺绣品初探》,《新疆文物》2007 年第 1 期,第 88—97 页。

② 郭物:《新疆史前晚期社会的考古学研究:从畜牧——农耕社会到草原行国和绿洲城郭国家》,上海古籍出版社,2012 年,第 360 页。

③ 汤池:《轨迹:中国美术考古研究》,陕西人民美术出版社,2014 年,第 157 页;郑艳娥:《战国秦汉墓葬及汉代砖石画像所见古扇》,《南方文物》2000 年第 2 期,第 70—83 页;夏晓伟:《汉代便面功用小考》,《东南文化》2003 年第 11 期,第 68—71 页。

(一)招风取凉、遮尘蔽日及掸拂灰尘

且末扎滚鲁克和洛浦山普拉出土便面具有招风取凉、遮尘蔽日及掸拂灰尘等功能,与两地所处的自然环境有极大的关系。且末和洛浦位于塔里木盆地,由于天山和昆仑山的阻挡,海洋水汽无法进入,使塔里木盆地形成了极度干旱的自然环境,这种干旱的气候在第四纪就已形成。[1]降水量的稀少,使盆地内植物资源贫乏,这就造成两种情况,一种夏天天气炎热;一种沙漠戈壁遍布,沙尘暴时常发生。

对且末流沙和热风,《魏书·西域传》中记载:"且末西北方流沙数百里,夏日有热风为行旅之患。风之所至,唯老驼豫知之,即鸣而聚立,埋其口鼻于沙中,人每以为候,亦即将毡拥蔽鼻口。其风迅驶,斯须过尽。若不防者,必至危毙。"[2]《周书·异域志》也有同样的记载。这种极其恶劣的自然环境为人们的生存带来极大的不便,尤其在炎热的夏天,生活在且末地区的人们势必会用到便面,进行扇风取凉;如果是在沙尘之日,用便面也可以遮尘蔽日,沙尘过后还可以掸拂灰尘。

(二)烤肉扇风

在中原和河西出土的汉魏晋时期的画像砖石上可以得见烤肉扇风这种功能的运用,如前述甘肃嘉峪关新城第1号墓画像砖。最为明显的是山东诸城市前凉台孙琮墓所出画像石中一幅庖厨图(图8)[3],上绘一人手持便面,在烤肉炉前用便面扇风烤肉。从线描图来看,便面的扇面应是可以随着中轴木棍来回摆动,以此来引风。我们通过观察,且末扎滚鲁克和洛浦山普拉所出便面均形似半门为椭圆状,一边以木棍为中轴,装有木柄,两端出扇面约两寸,供使用者抓握,可转圈使用,也可以上下左右摇摆,与山东诸城市前凉台孙琮墓画像石庖厨图中便面一样。这种像农村进户门绕户枢转动,以扇柄为轴,摇动生风的便面也称户扇。今天新疆大街上烤羊肉串时使用的煽火扇子,还保留这种"便面"的古制,是可以绕扇柄摇动的户扇。

我们认为且末扎滚鲁克和洛浦山普拉出土便面应该具有这种扇风烤肉的功能,原因有二:一是且末和洛浦均为绿洲城邦,经济主要以畜牧业为主,肉食是当地居民的主要食物来源,烤肉应是当地居民较为普遍的一种食物;二是在扎滚鲁克墓地发现

---

[1] 舒强:《历史时期以来南疆地区的气候环境演化与人地关系研究》,新疆大学硕士论文,2001年,第2页。
[2] [北齐]魏收撰:《魏书》卷一〇二《张骏传》,中华书局,1974年,第2262页。
[3] 汤池:《轨迹:中国美术考古研究》,陕西人民美术出版社,2014年,第157页。

作为食品随葬品的羊排骨串14串,这些羊排骨是相连的三四条羊肋骨,羊排骨串是将羊排骨用木棍串起来,类似现代的烤肉形式。①

图8　庖厨图

四、结语

便面作为一种扇子,就目前考古资料来看,现存最早的便面即江西靖安李洲坳东周墓出土之便面,具体时代为春秋中晚期,距今约2500年,其流行时期为汉晋时期。且末扎滚鲁克和洛浦山普拉出土的便面正处于这一时期,在中原和西域发现同一时期同一器物,说明两地存在着密切交流。从新疆各地现存与中原有关的出土物来看,这种物质文化交流更多的是由中原向西域的传入,而西域地区对这种由中原传入的物质文化,并非简单的"拿来主义",是基于当地的环境和风土人情,对其加以利用。

---

① 新疆维吾尔自治区博物馆、巴音郭楞蒙古自治州文物管理所、且末县文物管理所:《新疆且末扎滚鲁克1号墓地发掘报告》,《考古学报》2003年第1期,第120页。

基于黄河开发史视域下的宁夏建设黄河流域生态保护和高质量发展先行区的几点经验

李新贵

内容提要:近日经国务院批复同意,国家发展改革委印发《支持宁夏建设黄河流域生态保护和高质量先行区实施方案》。宁夏在建设黄河流域生态保护和高质量发展先行区上有着可以借鉴、利用和复制的经验。因地制宜、因势利导可以作为黄河流域生态保护和高质量发展的基础,大保护、共发展可以作为保护和发展的准则,讲利益、落责任可以作为保护和发展的活力与保障。

黄河是中华民族的母亲河,是中华民族和中华文明赖以生存发展的宝贵资源。"天下黄河富宁夏",黄河屈曲万余里,流经青海、四川、甘肃、宁夏、内蒙古、陕西、山西、河南、山东9个省区,宁夏是唯一全境属于黄河流域的省份。黄河是数千年延绵不绝的中华文明发祥地,自古以来,黄河水滋养着宁夏这片美丽富饶的土地,今天仍在造福宁夏各族人民。习近平总书记在擘画黄河蓝图中赋予宁夏建设黄河流域生态保护和高质量发展先行区的殷殷嘱托。近日,经国务院批复同意,国家发展改革委印发了《支持宁夏建设黄河流域生态保护和高质量先行区实施方案》。实施方案指出,通过支持宁夏建设先行区为黄河流域其他地区积累可以复制的经验。

既然将其定位为先行区,说明这里有着黄河流域其他区域无法企及而又可以借鉴、复制的经验。从宁夏高质量发展考虑,从黄河总体规划着想,不禁要问这个先行区在历史发展过程中有哪些地方做到了先行,积累了哪些可以为当今黄河流域其他地区复制的经验,为将来以点带面助推黄河流域生态保护和高质量发展,书写绿水青山就是金山银山的"黄河答卷",以做到名副其实的先行。

2017年,宁夏引黄古灌区正式列入世界灌溉工程遗产名录,这是黄河流域主干道上第一处世界灌溉工程遗产。至今,宁夏有些古灌区仍然继续发挥着灌溉的功能。这充分说明宁夏引黄古灌区在充分利用黄河灌溉进行生态保护和高质量发展中,有着领先于黄河干流乃至整个黄河流域其余地区的经验、制度、活力。

一、因地制宜、因势利导是先行区建设的基础

黄河在出黑山峡后便进入宁夏平原。宁夏平原起于中卫沙坡头区，经吴忠、银川，止于石嘴山，斜贯宁夏回族自治区北部。这片地势平坦，由黄河水冲积而成、土层深厚、引水方便的塞上江南，非常利于自流灌溉。加之这里黄河水多、含沙量少，以及地处干旱的降水地带，因此这里便有了引用黄河水自流灌溉的悠久历史，而引黄干渠主要有唐徕、汉延、惠农、西干等渠，配套排灌干支渠千余条，长达数千米，形成灌有渠、排有沟的完整灌排水体系。

中国台湾傅斯年图书馆藏有一轴宽 144 厘米、长 357 厘米，清乾隆年间墨绿写本《宁夏河渠图》。这幅图除了几处零星的闸、坝等水利工程外，最大特点就是在图面上绘制了唐徕、大清、汉延、惠农等干渠，以及以这些干渠为依托的千余条支渠。在这些支渠周围绘制了若干湖泊、城镇，这是千百年来人们在开挖河渠、引水灌溉过程中逐渐形成的黄河、河渠、湖泊、城镇独特共生共存的自然与人文景观。

至今，这种以无坝引水为主的灌溉体系，经过自秦汉以后千余年的不断完善发展，灌区范围逐步扩大，目前灌溉面积已经有 800 多万亩，成为这里工业、商业、金融业发展的重要基础，也是生活在这里的人们共筑宁夏美好精神家园的物质基础。纵观整个黄河流域，有着宁夏这样得天独厚条件的地方并不是很多，尤其是黄河下游更是面临着排水和防止洪涝灾害的难题，所以如何在新时代背景下充分借鉴、利用、复制宁夏平原以引黄灌区为依托建设生态保护和高质量发展的经验，仍是一项非常重要的课题。

二、大保护、共发展是先行区建设的准则

宁夏段黄河穿越腾格里沙漠、河东沙地、乌兰布和沙漠之间，是沙漠、河流交互演化的典型区域。宁夏平原之所以获得"塞上江南"的美誉，正是对流经宁夏平原黄河周边地物进行大范围保护、共同协调发展的结果。

位于黄河之西的南北走向，长 200 多公里、宽约 30 公里的贺兰山，既削弱了西北高寒气流的东袭，阻止了潮湿东南季风的西进，又遏制了腾格里沙漠的东移。这座地势高峻的山脉还是中国草原与荒漠的分界线，东部为半农半牧区，西部为纯牧区。这决定了历史时期宁夏平原成为游牧民族与农耕民族竞相角逐的地方。贺兰山因此成为农耕民族防御游牧民族从腾格里沙漠东进的重要屏障。安史之乱，唐朝西部疆域

骤然内缩。贺兰山因此成为唐朝与吐蕃的"闲田"。之所以如此,正是吐蕃看中了贺兰山屏蔽宁夏平原乃至关中平原的战略地位。

中国台北故宫博物院藏了一套绘制于明嘉靖二十三年左右的《宁夏镇战守图略》。该图略相当于总图的部分,有两种地物绘制非常突出,一是位于图面之北以青绿色涂绘的贺兰山。值得注意的位于贺兰山山麓密布的众多墩台,这些墩台主要是为了阻止通过山间通道而来的民族,以保障宁夏平原的河渠灌溉得以有序进行。在贺兰山南部比较低矮的地方,则修筑长城、辅以墩台进行补苴罅漏,从而在银川平原北面构筑了一道以贺兰山为依托,以长城、墩台相互结合的战守防御体系。

另外一个地物是位于图面之南以黄色涂绘的黄河。流贯宁夏平原的黄河,不仅孕育了这片富饶的土地,养育了生长于此的人们,而且她还是这片热土的守护神。夏季黄河水量较大,除了有限的几个渡口之外,其余地方并不容易渡过。不过,一旦冬季来临,河水便易结冰,从鄂尔多斯高原踏冰而过是轻而易举之事。所以,在冬季黄河容易踏冰而过的地方修筑墩台进行预警,便成为不可或缺的一项重要防御措施。

在《宁夏镇战守图略》的中间则绘制了以唐徕、汉渠为依托的粉红色的城堡。可以说正是有着对宁夏平原周边贺兰山、黄河、长城等地物的充分利用,才能使位于平原中部驻守城堡的士兵做到战守有备、河渠不易遭到破坏、屯田有序进行。虽然历代利用宁夏平原周边地物的范围有所不同,但其以宁夏平原为依托追求农业高质量发展的宗旨相同。这无疑间又促使了这里的生态保护,生态保护有效进行又反哺了银川平原农业的高质量发展。

因此,在建设黄河流域生态保护和高质量发展的时候,所保护的范围不仅要在整个黄河流域做到以点带面,而且要扩展到黄河流域之外的区域做到面面连接,打造出一幅连接一幅,锦绣壮美的山河画卷。

三、讲利益、落责任是先行区建设的活力与保障

宁夏平原位于农牧交错带而远离传统农耕区的地理位置,使其成为农耕、游牧两大势力竞相角逐的地方,于是在维护这里安全的过程中便形成了国家、地方、民众利益共同聚集于引黄古灌区的有效机制。

一般而言,像唐徕渠这样大型水利工程修建所需的大量人力、物力、资金,只有国家才能将其有效的组织、运营和投入。河渠的组织管理与渠道的兴修维护,需要的是自上而下的宏观设计和有条不紊的领导。宁夏平原的地方官员在为这里引黄灌溉所

営造的稳定环境及具体实践中,起到了不可替代的统领作用。民众是利用引黄灌区进行农业发展中最根本的因素。

国家通过统筹管理,解决了宁夏因特殊的地理区位所带来的安全问题,地方官员在解决这个问题过程中获得了应有的回报,民众则借此解决了生计与缴纳赋税的双重问题,各方利益因此凝聚在引黄灌区,同时使得各方利益在同一个支点上得到有效解决和回报。这是宁夏引黄古灌区永续发展、生生不息的活力。

由于黄河宁夏段泥沙容易堆积,所以在河渠修浚过程中不可避免地出现有人从中谋取私利的舞弊行为,在发展农业过程中不可避免地出现一些人存在狡猾懒惰的现象。这要求必须设计出一些制度规范他们的行为、杜绝这些不良的现象。虽然从古至今的制度存在着差异,但都建立了从中央至地方基层的监督、管理体系,目标就是保障宁夏农业的发展有序进行。所以,建立在共同利益基础上的有效监督、管理机制,是宁夏建设黄河流域生态保护和高质量发展先行区非常重要的制度保障。

今天,在规划黄河流域生态保护和高质量发展的过程中,同样需要从中央至地方的宏观设计。这既要有全面、到位的科普宣传,又要有在此基础上找到适合各个方面利益的支点,以及有效透明的监督机制与责任、义务明确的制度保障,以激发人们的活力、规范人们的行为,使其在共同的轨道正常运行。